新型建造方式与工程项目管理创新丛书　分册 5

全过程工程咨询管理

宋　蕊　编著

中国建筑工业出版社

图书在版编目（CIP）数据

全过程工程咨询管理 / 宋蕊编著. —北京：中国
建筑工业出版社，2021.12
（新型建造方式与工程项目管理创新丛书；分册5）
ISBN 978-7-112-26762-0

Ⅰ.①全…　Ⅱ.①宋…　Ⅲ.①建筑工程—咨询业—企
业管理—项目管理　Ⅳ.① F407.96

中国版本图书馆 CIP 数据核字（2021）第 211084 号

全过程工程咨询是对工程建设项目前期研究和决策，以及项目实施和运行的全生命周期提供包含设计和规划在内的涉及组织、管理、经济和技术等方面的工程咨询服务，既包括工程管理类的活动，也包括设计、施工等生产类活动。推行全过程工程咨询服务是深化国内工程建设项目组织实施方式改革，是提高工程建设管理水平，提升行业集中度，保证工程质量和投资效益，规范建筑市场秩序的重要措施；同时也是国内现有勘察、设计、施工、监理等从业企业调整经营结构，谋划转型升级，增强综合实力，加快与国际建设管理服务方式接轨，适应新时代中国特色社会主义市场经济高质量发展的必然要求。

本书在内容上涉及建设工程全生命周期内的策划咨询、前期可行性研究、工程设计、招标代理、造价咨询、施工前期准备、施工过程管理、竣工验收及运营保修等各个阶段的管理服务。

责任编辑：张智芊
责任校对：李欣慰

新型建造方式与工程项目管理创新丛书　分册5

全过程工程咨询管理

宋　蕊　编著

＊

中国建筑工业出版社出版、发行（北京海淀三里河路 9 号）
各地新华书店、建筑书店经销
北京建筑工业印刷厂制版
北京富诚彩色印刷有限公司印刷

＊

开本：787 毫米×1092 毫米　1/16　印张：15¾　字数：288 千字
2023 年 2 月第一版　　2023 年 2 月第一次印刷
定价：**60.00** 元
ISBN 978-7-112-26762-0
　　　（38581）

课题研究及丛书编写指导委员会

周金虎　宏盛建业投资集团有限公司董事长

杜　锐　山西四建集团有限公司董事长

笪鸿鹄　江苏苏中建设集团董事长

葛汉明　华新建工集团有限公司副董事长

吕树宝　正方圆建设集团董事长

沈世祥　江苏江中集团有限公司总工程师

李云岱　兴润建设集团有限公司董事长

钱福培　西北工业大学教授

王守清　清华大学教授

成　虎　东南大学教授

王要武　哈尔滨工业大学教授

刘伊生　北京交通大学教授

丁荣贵　山东大学教授

肖建庄　同济大学教授

课题研究及丛书编写委员会

主　任：肖绪文　中国工程院院士、中国建筑集团首席专家

　　　　吴　涛　中国建筑业协会原副会长兼秘书长、山东科技大学特聘教授

副主任：贾宏俊　山东科技大学泰安校区副主任、教授

　　　　尤　完　中亚协建筑产业委员会副会长兼秘书长、中建协建筑业
　　　　　　　　高质量发展研究院副院长、北京建筑大学教授

　　　　白思俊　中国（双法）项目管理研究委员会副主任、西北工业大学教授

　　　　李永明　中国建筑第八工程局有限公司党委书记、董事长

委　员：赵正嘉　南京市住房城乡和建设委员会原副主任

徐　坤　中建科工集团有限公司总工程师

刘明生　陕西建工控股集团有限公司党委常委、董事

王海云　黑龙江建工集团公司顾问总工程师

王永锋　中国建筑第五工程局华南公司总经理

张宝海　中石化工程建设有限公司EPC项目总监

李国建　中亿丰建设集团有限公司总工程师

张党国　陕西建工集团创新港项目部总经理

苗林庆　北京城建建设工程有限公司党委书记、董事长

何　丹　宏盛建业投资集团公司总工程师

李继军　山西四建集团有限公司副总裁

陈　杰　天一建设集团有限公司副总工程师

钱　红　江苏苏中建设集团总工程师

蒋金生　浙江中天建设集团总工程师

安占法　河北建工集团总工程师

李　洪　重庆建工集团副总工程师

黄友保　安徽水安建设公司总经理

卢昱杰　同济大学土木工程学院教授

吴新华　山东科技大学工程造价研究所所长

课题研究与丛书编写委员会办公室

主　任：贾宏俊　尤　完

副主任：郭中华　李志国　邓　阳　李　琰

成　员：朱　彤　王丽丽　袁金铭　吴德全

丛书总序

　　2021年是中国共产党成立100周年，也是"十四五"期间全面建设社会主义现代化国家新征程开局之年。在这个具有重大历史意义的年份，我们又迎来了国务院五部委提出在建筑业学习推广鲁布革工程管理经验进行施工企业管理体制改革35周年。

　　为进一步总结、巩固、深化、提升中国建设工程项目管理改革、发展、创新的先进经验和做法，按照党和国家统筹推进"五位一体"总体布局，协调推进"四个全面"战略布局，全面实现中华民族伟大复兴"两个一百年"奋斗目标，加快建设工程项目管理资本化、信息化、集约化、标准化、规范化、国际化，促进新阶段建筑业高质量发展，以适应当今世界百年未有之大变局和国内国际双循环相互促进的新发展格局，积极践行"一带一路"建设，充分彰显建筑业在经济社会发展中的基础性作用和当代高科技、高质量、高动能的"中国建造"实力，努力开创我国建筑业无愧于历史和新时代新的辉煌业绩。由山东科技大学、中国亚洲经济发展协会建筑产业委员会、中国（双法）项目管理研究专家委员会发起，会同中国建筑第八工程局有限公司、中国建筑第五工程局有限公司、中建科工集团有限公司、陕西建工集团有限公司、北京城建建设工程有限公司、天一投资控股集团有限公司、河南国基建设集团有限公司、山西四建集团有限公司、广联达科技股份有限公司、瑞和安惠项目管理集团公司、苏中建设集团有限公司、江中建设集团有限公司等三十多家企业和西北工业大学、中国社科院大学、同济大学、北京建筑大学等数十所高校联合组织成立了《中国建设工程项目管理发展与治理体系创新研究》课题研究组和《新型建造方式与工程项目管理创新丛书》编写委员会，组织行业内权威专家学者进行该课题研究和撰写重大工程建造实践案例,以此有效引领建筑业绿色可持续发展和工程建设领域相关企业和不同项目管理模式的创新发展,着力推动新发展阶段建筑业转变发展方式与工程项目管理的优化升级,以实际行动和优秀成果庆祝中国共产党成立100周年。我有幸被邀请作为本课题研究指导委员会主任委员,很高兴和大家一起分享了课题研究过程,颇有一些感受和收获。该课题研究注重学习追踪和吸收国内外业内专家学者研究的先进理念和做法,归纳、总结我国重大工程建设的成功经验和国际工程的建设管理成果,坚持在研究中发现问题,在化解问题中深化研究,体现了课题团队深入思考、合作协力、用心研究的进取意识和奉献精神。课题研究内容既全面深入,又有理论与实践相结合,其实效性与指导性均十分显著。

一是坚持以习近平新时代中国特色社会主义思想为指导,准确把握新发展阶段这个战略机遇期,深入贯彻落实创新、协调、绿色、开放、共享的新发展理念,立足于构建以国内大循环为主题、国内国际双循环相互促进的经济发展势态和新发展格局,研究提出工程项目管理保持定力、与时俱进、理论凝练、引领发展的治理体系和创新模式。

二是围绕"中国建设工程项目管理创新发展与治理体系现代化建设"这个主题,传承历史、总结过去、立足当代、谋划未来。突出反映了党的十八大以来,我国建筑业及工程建设领域改革发展和践行"一带一路"国际工程建设中项目管理创新的新理论、新方法、新经验。重点总结提升、研究探讨项目治理体系现代化建设的新思路、新内涵、新特征、新架构。

三是回答面向"十四五"期间向第二个百年奋斗目标进军的第一个五年,建筑业如何应对当前纷繁复杂的国际形势、全球蔓延的新冠肺炎疫情带来的严峻挑战和激烈竞争的国内外建筑市场,抢抓新一轮科技革命和产业变革的重要战略机遇期,大力推进工程承包,深化项目管理模式创新,发展和运用装配式建筑、绿色建造、智能建造、数字建造等新型建造方式提升项目生产力水平,多方面、全方位推进和实现新阶段高质量绿色可持续发展。

四是在系统总结提炼推广鲁布革工程管理经验35年,特别是党的十八大以来,我国建设工程项目管理创新发展的宝贵经验基础上,从服务、引领、指导、实施等方面谋划基于国家治理体系现代化的大背景下"行业治理—企业治理—项目治理"多维度的治理现代化体系建设,为新发展阶段建设工程项目管理理论研究与实践应用创新及建筑业高质量发展提出了具有针对性、实用性、创造性、前瞻性的合理化建议。

　　本课题研究的主要内容已入选住房和城乡建设部2021年度重点软科学题库，并以撰写系列丛书出版发行的形式，从十多个方面诠释了课题全部内容。我认为，该研究成果有助于建筑业在全面建设社会主义现代化国家的新征程中立足新发展阶段，贯彻新发展理念，构建新发展格局，完善现代产业体系，进一步深化和创新工程项目管理理论研究和实践应用，实现供给侧结构性改革的质量变革、效率变革、动力变革，对新时代建筑业推进产业现代化、全面完成"十四五"规划各项任务，具有创新性、现实性的重大而深远的意义。

　　真诚希望该课题研究成果和系列丛书的撰写发行，能够为建筑业企业从事项目管理的工作者和相关企业的广大读者提供有益的借鉴与参考。

二〇二一年六月十二日

张基尧

中共第十七届中央候补委员，第十二届全国政协常委，人口资源环境委员会副主任

国务院原南水北调工程建设委员会办公室主任，党组书记（正部级）

曾担任鲁布革水电站和小浪底水利枢纽、南水北调等工程项目总指挥

丛书前言

改革开放40多年来，我国建筑业持续快速发展。1987年，国务院号召建筑业学习鲁布革工程管理经验，开启了建筑工程项目管理体制和运行机制的全方位变革，促进了建筑业总量规模的持续高速增长。尤其是党的十八大以来，在以习近平同志为核心的党中央坚强领导下，全国建设系统认真贯彻落实党中央"五位一体"总体布局和"四个全面"的战略布局，住房城乡建设事业蓬勃发展，建筑业发展成就斐然，对外开放度和综合实力明显提高，为完成投资建设任务和改善人民居住条件做出了巨大贡献。从建筑业大国开始走向建造强国。正如习近平总书记在2019年新年贺词中所赞许的那样：中国制造、中国创造、中国建造共同发力，继续改变着中国的面貌。

随着国家改革开放的不断深入，建筑业持续稳步发展，发展质量不断提升，呈现出新的发展特征：一是建筑业现代产业地位全面提升。2020年，建筑业总产值263 947.04亿元，建筑业增加值占国内生产总值的比重为7.18%。建筑业在保持国民经济支柱产业地位的同时，民生产业、基础产业的地位日益凸显，在改善和提高人民的居住条件生活水平以及推动其他相关产业的发展等方面发挥了巨大作用。二是建设工程建造能力大幅度提升。建筑业先后完成了一系列设计理念超前、结构造型复杂、科技含量高、质量要求严、施工难度大、令世界瞩目的高速铁路、巨型水电站、超长隧道、超大跨度桥梁等重大工程。目前在全球前10名超高层建筑中，由中国建筑企业承建的占70%。三是工程项目管理水平全面提升，以BIM技术为代表的信息化技术的应用日益普及，正在全面融入工程项目管理过程，施工现场互联网技术应用比率达到55%。四是新型建造方式的作用全面提升。装配式建造方式、绿色建造方式、智能建造方式以及工程总承包、全过程工程咨询等正在成为新型建造方式和工程建设组织实施的主流模式。

建筑业在取得举世瞩目的发展成绩的同时，依然还存在许多长期积累形成的疑难问题和薄弱环节，严重制约了建筑业的持续健康发展。一是建筑产业工人素质亟待提升。建筑施工现场操作工人队伍仍然是以进城务工人员为主体，管理难度加大，施工安全生产事故呈现高压态势。二是建筑市场治理仍需加大力度。建筑业虽然是最早从计划经济走向市场经济的领域，但离市场运行机制的规范化仍然相距甚远。挂靠、转包、串标、围标、压价等恶性竞争乱象难以根除，企业产值利润率走低的趋势日益明显。三是建设工程项目管理模式存在多元主体，各自为政，互相制约，工程实施主体责任不够明确，监督检查与工程实际脱节，严重阻碍了工程项目管理和工程总体质量协同发展提升。四是创新驱动发展动能不足。由于建筑业的发展长期依赖于固定资产投资的拉动，同时企业自身资金积累有限，因而导致科技创新能力不足。在新常态背景下，当经济发展动能从要素驱动、投资驱动转向创新驱动时，对于以劳动密集型为特征的建筑业而言，创新驱动发展更加充满挑战性，创新能力成为建筑业企业发展的短板。这些影响建筑业高质量发展的痼疾，必须要彻底加以革除。

目前，世界正面临着百年未有之大变局。在全球科技革命的推动下，科技创新、传播、应用的规模和速度不断提高，科学技术与传统产业和新兴产业发展的融合更加紧密，一系列重大科技成果以前所未有的速度转化为现实生产力。以信息技术、能源资源技术、生物技术、现代制造技术、人工智能技术等为代表的战略性新兴产业迅速兴起，现代科技新兴产业的深度融合，既代表着科技创新方向，也代表着产业发展方向，对未来经济社会发展具有重大引领带动作用。因此，在这个大趋势下，对于建筑业而言，唯有快速从规模增长阶段转向高质量发展阶段、从粗放型低效率的传统建筑业走向高质高效的现代建筑业，才能跟上新时代中国特色社会主义建设事业发展的步伐。

现代科学技术与传统建筑业的融合，极大地提高了建筑业的生产力水平，变革着建筑业的生产关系，形成了多种类型的新型建造方式。绿色建造方式、装配建造方式、智能建造方式、3D打印等是具有典型特征的新型建造方式，这些新型建造方式是建筑业高质量发展的必由路径，也必将有力推动建筑产业现代化的发展进程。同时还要看到，任何一种新型建造方式总是与一定形式的项目管理模式和项目治理体系相适应的。某种类型的新型建造方式的形成和成功实践，必然伴随着项目管理模式和项目治理体系的创新。例如，装配式建造方式是来源于施工工艺和技术的根本性变革而产生的新型建造方式，则在项目管理层面上，项目管理和项目治理的所有要素优化配置或知识集成融合都必须进行相应的变革、调整或创新，从而才能促使工程建设目标得以顺利实现。

随着现代工程项目日益大型化和复杂化，传统的项目管理理论在解决项目实施过程中的各种问题时显现出一些不足之处。1999年，Turner提出"项目治理"理论，把研究视角从项目管理技术层面转向管理制度层面。近年来，项目治理日益成为项目管理领域研究的热点。国外学者较早地对项目治理的含义、结构、机制及应用等问题进行了研究，取得了较多颇具价值的研究成果。国内外大多数学者认为，项目治理是一种组织制度框架，具有明确项目参与方关系与治理结构的管理制度、规则和协议，协调参与方之间的关系，优化配置项目资源，化解相互间的利益冲突，为项目实施提供制度支撑，以确保项目在整个生命周期内高效运行，以实现既定的管理战略和目标。项目治理是一个静态和动态相结合的过程：静态主要指制度层面的治理；动态主要指项目实施层面的治理。国内关于项目治理的研究正处于起步阶段，取得一些阶段性成果。归纳、总结、提炼已有的研究成果，对于新发展阶段建设工程领域项目治理理论研究和实践发展具有重要的现实意义。

党的十九届五中全会审议通过的《中共中央关于制定国民经济和社会发展第十四个五年规划和二〇三五年远景目标的建议》，着眼于第二个百年奋斗目标，规划了"十四五"乃至2035年间我国经济社会发展的目标、路径和主要政策措施，是指引全党、全国人民实现中华民族伟大复兴的行动指南。为了进一步认真贯彻落实党的十九届五中全会精神，准确把握新发展阶段，深入贯彻新发展理念，加快构建新发展格局，凝聚共识，团结一致，奋力拼搏，推动建筑业"十四五"高质量发展战略目标的实现，由山东科技大学、中国亚洲经济发展协会建筑产业委员会、中国（双法）项目管理研究专家委员会发起，会同中国建筑第八工程局有限公司、中国建筑第五工程局有限公司、中建科工集团有限公司、陕西建工集团有限公司、北京城建建设工程有限公司、天一投资控股集团有限公司、河南国基建设集团有限公司、山西四建集团有限公司、广联达科技股份有限公司、瑞和安惠项目管理集团公司、苏中建设集团有限公司、江中建设集团有限公司等三十多家企业和西北工业大学、中国社科院大学、同济大学、北京建筑大学等数十所高校联合组织成立了《中国建设工程项目管理发展与治理体系创新研究》课题，该课题研究的目的在于探讨在习近平新时代中国特色社会主义思想和党的十九大精神指引下，贯彻落实创新、协调、绿色、开放、共享的发展理念，揭示新时代工程项目管理和项目治理的新特征、新规律、新趋势，促进绿色建造方式、装配式建造方式、智能建造方式的协同发展，推动在构建人类命运共同体旗帜下的"一带一路"建设，加速传统建筑业企业的数字化变革和转型升级，推动实现双碳目标和建筑业高质量发展。为此，课题深入研究建设工程项目管理创新和项目治理体系的内涵及内容构成，着力探索工程总承包、全过程工程咨询等工程建设组织实施方式对新型建造方式的作用机制和有效路径，系统总结"一带一路"建设的国际化项目管理经验和创新举措，深入研讨项目生产力理论、数字化建筑、企业项目化管理的理论创新和实践应用，从多个层面上提出推动建筑业高质量发展的政策建议。该课题已列为住房和城乡建设部2021年软科学技术计划项目。课题研究成果除《建设工程项目管理创新发展与治理体系现代化建设》总报告之外，还有我们著的《建筑业绿色发展与项目治理体系创新研究》以及由吴涛著的《"项目生产力论"与建筑业高质量发展》，贾宏俊和白思俊著的《建设工程项目管理体系创新》，校荣春、贾宏俊和李永明编著的《建设项目工程总承包管理》，孙丽丽著的《"一带一路"建设与国际工程管理创新》，王宏、卢昱杰和徐坤著的《新型建造方式与钢结构装配式建造体系》，袁正刚著的《数字建筑理论与实践》，宋蕊编著的《全过程工程咨询管理》《建筑企业项目化管理理论与实践》，张基尧和肖绪文主编的《建设工程项目管理与绿色建造案例》，尤完和郭中华著的《绿色建造与资源循环利用》《精益建造理论与实践》，沈兰康和张党国主编的《超大规模工程EPC项目集群管理》等10余部相关领域的研究专著。

本课题在研究过程中得到了中国（双法）项目管理研究委员会、天津市建筑业协会、河南省建筑业协会、内蒙古建筑业协会、广东省建筑业协会、江苏省建筑业协会、浙江省建筑施工协会、上海市建筑业协会、陕西省建筑业协会、云南省建筑业协会、南通市建筑业协会、南京市住房城乡建设委员会、西北工业大学、北京建筑大学、同济大学、中国社科院大学等数十家行业协会、建筑企业、高等院校以及一百多位专家、学者、企业家的大力支持，在此表示衷心感谢。《中国建设工程项目管理发展与治理体系创新研究》课题研究指导委员会主任、国务院原南水北调办公室主任张基尧，第十届全国人大环境与资源保护委员会主任毛如柏，原铁道部常务副部长、中国工程院院士孙永福亲自写序并给予具体指导，为此向德高望重的三位老领导、老专家致以崇高的敬意！在研究报告撰写过程中，我们还参考了国内外专家的观点和研究成果，在此一并致以真诚谢意！

二○二一年六月三十日

肖绪文

中国建筑集团首席专家，中国建筑业协会副会长、绿色建造与智能建筑分会会长，中国工程院院士。本课题与系列丛书撰写总主编。

本书前言

党的二十大报告指出，高质量发展是全面建设社会主义现代化国家的首要任务。为了实现建筑业高质量发展目标，在工程投资建设领域加快推行全过程工程咨询模式势在必行。全过程工程咨询服务是指对建设项目全生命周期提供组织、管理、经济和技术等各有关方面的工程咨询服务，适用于装配式建筑、绿色建筑、智能建筑的组织实施过程管理。全过程工程咨询涉及建设工程全生命周期内的策划咨询、前期可行性研究、工程设计、招标代理、造价咨询、工程监理、施工前期准备、施工过程管理、竣工验收及运营保修等各个阶段的管理服务。

众所周知，传统的工程咨询更多是关注项目建设准备期。但全过程工程咨询还要求关注项目建设实施期及竣工期，服务贯穿整个建设项目全生命周期。全过程咨询不单纯是工程建设各阶段咨询工作的简单叠加，而是把各个阶段的咨询服务当作是一个有机整体，实行各阶段集成融合，使得后一阶段的技术和管理信息在前一阶段集成，而前一阶段的工作结果指导后一阶段的工作实施，实现决策指导设计、设计指导采购、设计指导施工、施工指导竣工等连续闭环，从而达成工程建设的各项目标成果。由此可见，在我国工程建设领域，推行全过程工程咨询是投资建设管理体制和工程建设组织实施模式的一次重大变革，必将对各类工程咨询企业的转型升级和行业高质量发展产生重大而深远的影响。

全过程工程咨询服务面向工程建设全生命周期过程，进行多相关方、多专业、多要素的集成管控，充分体现了为业主方提供全面、系统、精益的专业服务和智力支持的特性，并与工程总承包商形成制衡关系，在工程建设中发挥着项目总控方的作用，成为业主方不可或缺的智库和助手。全过程工程咨询服务的核心价值体现在实现更快的工期、更省的投资、更高的品质和更小的风险等目标。

本书的编写主要依据《中共中央 国务院关于深化投融资体制改革的意见》（中发〔2016〕18号）、《国务院办公厅关于促进建筑业持续健康发展的意见》（国办发〔2017〕19号）、《国家发展改革委 住房城乡建设部关于推进全过程工程咨询服务发展的指导意见》（发改投资规〔2019〕515号）、住房和城乡建设部《"十四五"建筑业发展规划》（建市〔2022〕11号）等文件精神的要求、相关行业主管机构印发的标准规范，以及作者本人从事二十多年全过程工程咨询管理的经验体会，内容包括全过程工程咨询概论、全过程工程咨询政策解读、工程项目立项阶段的咨询、工程项目设计阶段的咨询、工程项目招标阶段的咨询、工程项目施工阶段的咨询、工程项目运营阶段的咨询、全过程工程造价咨询、全过程工程咨询实施模式。

本书在编写过程中得到中国招标投标协会、中国国际工程咨询协会、中国建设工程造价管理协会、中国建筑业协会、中国（双法）项目管理研究委员会、中国亚洲经济发展协会建筑产业委员会、中国科学院大学、北京建筑大学、山东科技大学、中国石化工程建设有限公司、瑞和安惠项目管理集团有限公司、华胥智源（北京）管理咨询有限公司、中国建筑出版传媒有限公司等单位学者和专家的大力支持，在此深表谢意！本书的部分内容还引用了国内外同行专家的观点和研究成果，在此一并致谢！对书中的缺点和错误，敬请各位读者批评指正！

宋蕊

二〇二三年一月十八日

宋蕊

教授，管理学博士，瑞和安惠项目管理集团董事局主席，中国十佳杰出IPMP国际项目经理，河北省政府参事，河北省十大杰出女企业家，美国佐治亚理工学院访问学者。

目录

第1章

全过程工程咨询概论

为进一步加快建筑业产业升级，深化建筑业放管服改革，增强建筑业企业的核心竞争力，提升工程质量和安全水平，促进建筑业持续健康发展，2017年2月国务院办公厅印发《国务院办公厅关于促进建筑业持续健康发展的意见》（国办发〔2017〕19号），这是近四十年来首次在国务院层面发布建筑业发展方向的指导意见。该意见在完善工程建设组织模式条款中明确提出：完善全过程的工程咨询，鼓励企业从事投资咨询、勘察、设计、监理、招标代理、造价等全过程的工程咨询；企业可采取并购重组、联合经营等方式发展全过程工程咨询；鼓励一些民用建筑项目和非政府投资工程积极尝试全过程工程咨询；鼓励并推广全过程工程咨询服务模式。可以预期，全过程工程咨询的实施必将对我国建筑业的发展产生重大而深远的影响。

1.1 全过程工程咨询的相关概念

1.1.1 全过程工程咨询的定义和服务范围

国务院在国办发〔2017〕19号文件中，要求完善工程建设组织模式，发展全过程工程咨询。这是国家在工程建设领域首次明确提出"全过程工程咨询"这一概念，旨在适应发展社会主义市场经济和建设项目市场国际化需要，提高工程建设管理和咨询服务水平，保证工程质量和投资效益。2019年3月15日，国家发展改革委、住房和城乡建设部共同印发《关于推进全过程工程咨询服务发展的指导意见》

（发改投资规〔2019〕515号）。关于全过程工程咨询的定义和服务范围，在部分省份的关于全过程工程咨询的试点工作方案中有相关描述。例如，湖南省印发的《湖南省全过程工程咨询试点工作方案》中提到："全过程工程咨询是指业主在项目建设过程中将工程咨询业务整体委托给一家企业，由该企业提供项目策划、可行性研究、环境影响评价报告、工程勘察、工程设计、工程监理、造价咨询及招标代理等工程咨询服务活动"。福建省的试点方案中对全过程工程咨询的服务内容进行了列举：全过程工程咨询服务内容包括但不限于项目决策策划、项目建议书和可行性研究报告编制、项目实施总体策划、项目管理、报批报建管理、勘察及设计管理、规划及设计优化、工程监理、招标代理、造价咨询、后评价和配合审计等工程管理活动，也可包括规划、勘察和设计等工程设计活动。江苏省住房和城乡建设厅《关于推进工程建设全过程项目管理咨询服务的指导意见》中对全过程项目管理作出了清晰的解释，即"全面整合工程建设过程中所需的前期咨询、招标代理、造价咨询、工程监理及其他相关服务等咨询服务业务，引导建设单位将全过程的项目管理咨询服务委托给一家企业，为项目建设提供涵盖前期策划咨询、施工前准备、施工过程、竣工验收、运营保修等各阶段的全过程工程项目管理咨询服务"。综上可知，全过程工程咨询是对工程建设项目前期研究和决策，以及项目实施和运行的全生命周期提供包含设计和规划在内的涉及组织、管理、经济和技术等方面的工程咨询服务，既包括工程管理类的活动，也包括设计、施工等生产类活动，涉及建设工程全生命周期内的策划咨询、前期可研、工程设计、招标代理、造价咨询、工程监理、施工前期准备、施工过程管理、竣工验收及运营保修等各个阶段的管理服务。

1.1.2 全过程工程咨询的优势

1. 节省投资

承包商单次招标的优势，可使其合同成本大大低于传统模式下设计、造价、监理等参建单位多次发包的合同成本，实现"1＋1＞2"的效益。由于咨询服务商的服务覆盖了全过程，整合了各阶段工作服务内容，更有利于实现全过程投资控制，通过限额设计、优化设计和精细化管理等措施降低"三超"风险，提高投资收益，确保项目的投资目标。

2. 加快工期

在由一家单位提供全过程工程咨询服务的情况下，一方面，承包单位可最大限度处理内部关系，大幅度减少业主日常管理工作和人力资源投入，有效减少信息漏斗，优化管理界面；另一方面，模式不同于传统模式冗长繁多的招标次数和期限，可有效优化项目组织和简化合同关系，并克服设计、造价、招标、监理等相关单位责任分离、相互脱节的矛盾，缩短项目建设周期。

3. 提高品质

各专业过程的衔接和互补，可提前规避和弥补原有单一服务模式下可能出现的管理疏漏和缺陷，承包商既注重项目的微观质量，更重视建设品质、使用功能等宏观质量。模式还可以充分体现承包商的主动性、积极性和创造性，促进新技术、新工艺、新方法的应用。

4. 减小风险

在五方责任制和住房和城乡建设部启动工程质量安全三年提升行动的背景下，建设单位的责任风险加大，服务商作为项目的主要参与方和负责方，势必发挥全过程管理优势，通过强化管控，减少甚至杜绝生产安全事故，从而较大程度降低或规避建设单位主体责任风险。同时，可有效避免因众多管理关系伴生的廉洁风险，有利于规范建筑市场秩序，减少违法违规的行为。

1.1.3　推行全过程工程咨询服务的必要性

传统建设工程的目标、计划、控制都以参与单位个体为主要对象，项目管理的阶段性和局部性割裂了项目的内在联系，导致项目管理存在明显的管理弊端，这种模式已经与国际主流的建设管理模式脱轨。"专而不全""多、小、散"企业的参与，通常会导致项目信息流通的断裂和信息孤岛现象，致使整个建设项目缺少统一的计划和控制系统，业主无法得到完整的建筑产品和完备的服务。

现阶段的建设工程普遍具有规模化、群体化和复杂化等特征，而通常不具备项目管理能力的业主方必须参与建设过程，并需要承担许多管理工作和由此带来的责任风险，大量成本、时间和精力将被消耗在各种界面沟通和工作协调上，甚至会出现众多参建方相互制衡和各项管理目标失控等复杂情况。虽然随着市场的演变逐步发展出了类似"代建整合＋专业服务"的管理模式，但从客观的角度来看，以代建方为主附带其他单项或多项的服务模式依旧没有从根本上解决传统建设模式之间分散和割裂的固有缺陷，这也导致建筑服务市场长期存在于"小、散、乱、差"的窘境之中。

回顾过去的几年，建筑行业出现重大变革趋势，从业企业发展陷于"坡顶"困境，人工、材料、运营成本处于历史高位，"营改增"等重大政策相继出台，经营压力前所未有。但是恰恰此时，房建领域的建设高峰一去不复返，市场需求缓慢下降，新兴的商业模式不断碾压传统模式发展，大型央企和民营企业之间的竞争边界日益模糊，转而代之的是"僧多粥少"的惨烈竞争局面。

推行全过程工程咨询服务是深化国内工程建设项目组织实施方式改革，是提高工程建设管理水平，提升行业集中度，保证工程质量和投资效益，规范建筑市场秩序的重要措施。同时也是国内现有勘察、设计、施工、监理等从业企业调整经营结构，谋划转型升级，增强综合实力，加快与国际建设管理服务方式接轨，是为去除现有"小、散、乱、差"窘境的最佳举措，更是适应社会主义市场经济发展的必然要求。

1.2 全过程工程咨询的发展历程

工程咨询业的产生和发展是社会分工和市场经济发展的必然要求，是为经济建设和工程项目的决策与管理提供全面咨询的智力服务业，属于第三产业的社会服务范畴。

1.2.1 国外工程咨询业的发展历程

国外工程咨询业具有领域宽、业务范围大、市场竞争激烈、有较完善的行业法规、公司数量多、从业人员专业水平高等特点。国外的工程咨询业至今已有 100 多年的历史，而其随着市场经济的发展而逐渐成熟，目前已经是相对发达的产业。在多年的历史发展进程，一共经历了个体咨询、合伙咨询和综合咨询三个阶段。

（1）个体咨询阶段。19 世纪 90 年代，美国成立了土木工程师协会，批准土木工程师可以独立承担土木工程建设中的技术咨询业务，此后，一些个人公司开始出现，如著名的美国柏克德公司的创始人 W.A.Bechtel 出身为估价师，创立了个人执业的公司。最初的工程咨询以土木工程和铁路工程为主，以及少量的公路工程。

（2）合伙咨询阶段。在第一次世界大战前后，欧洲和北美的铁路交通业受到来自公路交通业的挑战，公路交通、能源及石油化工行业飞速崛起，工程咨询业也从土木工程拓展到工业、交通、能源等领域，为提高竞争力，咨询从业者之间开始出现联合，咨询形式也由个体独立咨询发展到合伙咨询，综合工程咨询以新兴的项目总承包的形式在一些大型工程中也开始出现。根据公司的产权性质，合伙咨询阶段又分为松散合伙阶段和紧密合伙阶段，松散合伙体现为两个以上的个体咨询者或公司根据项目的需要形成联盟，紧密合伙是指根据个体咨询者的产权比例规定各自权利义务的合伙公司，并一直持续到现在。

（3）综合咨询阶段。第二次世界大战以后，全球掀起了一股建设的热潮，工程咨询业也由此发生了几大变化：工程咨询向纵深发展，全过程工程咨询不断成熟并成为主流；咨询理念不断创新，从工程技术咨询发展到项目管理咨询和战略咨询；管理思想不断创新，20 世纪 80 年代后的核心竞争力和企业再造理论的应用使得一些巨型公司开始出现并走出国门，从国内咨询发展到国际咨询，涌现出一些著名的国际工程咨询公司，如柏克德公司、艾麦克公司等。这一阶段一直延续至今，其主要特点如下：

① 国际工程咨询市场在半个多世纪的发展中已经初步形成了其独特的产业分工体系。以美国为首的欧美国家基本上控制了各行业高技术含量的制高点；日本和德国等国家由于工业制造技术发达，在与建筑工程相关的设备供应方面握有主动权；除欧美发达国家之外，较早进入国际工程市场的韩国、前南斯拉夫和土耳其等国家，在大型项目施工总承包市场中也确立了一定地位。

② 受世界经济总体环境的影响，国际工程咨询市场的业主结构和承发包模式在发展中不断变化。国际金融机构的投资增长缓慢，各国政府发包的项目有所减少，而私人资本对基础设施的投资明显增加；BOT（Build-Operate-Transfer，建设—经营—转让）项目呈缩减趋势。许多国家政府鼓励本国私营部门参与基础设施投资，在此领域的私人投资呈现出一定的潜力。

1.2.2　我国工程咨询业的发展历程

我国的咨询业起步较晚，现代意义上的工程咨询业的出现和兴起始于 20 世纪 80 年代初期。推动全过程工程咨询有助于缩小国内工程咨询水平与国际的差距，并实现与国际接轨。工程咨询业在我国的市场化发展已有三十多年，与西方发达国家上百年的发展历史相比，还处于相对落后的阶段。在我国，工程咨询业的发展大致可以分为以下三个阶段：

（1）萌芽阶段。"一五"期间至改革开放前为工程咨询业发展的萌芽阶段，咨询服务产品主要是以"方案研究""技术经济分析"为主的项目前期工作，且由政府统一的指令性计划下达。

（2）形成阶段。改革开放后至1990年为工程咨询业的基本体系形成阶段，真正意义上的工程咨询业也是在这一时期形成的，此阶段已经基本形成能够涵盖项目建设主要阶段的咨询服务产品。

（3）发展阶段。1990年至今是工程咨询业的迅速发展壮大阶段，咨询服务产品的范围涵盖了项目建设的全过程，初步形成了不同层次的产品结构体系。

国内工程咨询业经过近三十多年的发展，已经取得了显著的成果，在提供咨询服务的方法与工具、咨询服务理念及咨询服务范围等方面都与国际充分接轨。近年来，国内部分工程造价咨询企业已开展全过程造价咨询业务，但是业务的开展还不普遍，不同企业的咨询服务质量和水平参差不齐，整个行业缺乏统一或较好的固定经营。

目前，我国造价咨询企业在全过程造价咨询业务开展过程中存在的问题主要有以下四个方面：

（1）咨询工具与方法单一。工程造价咨询企业由于自身发展不足，在承接和实施全过程造价咨询业务中采用的措施比较单一，方法还不够系统、完善，如全生命周期造价管理的思想等还没有深入到造价咨询企业中，价值管理、风险管理等方法在全过程造价业务的开展过程中未得到充分的应用。

（2）咨询业务范围狭窄。由于我国造价咨询服务市场不够成熟，没有形成开展全过程造价咨询服务的环境，部分工程造价咨询企业的咨询业务仅停留在概预算、招标控制价的编制和审核，缺乏一套从项目决策阶段、项目实施阶段到项目竣工交付阶段的全过程工程造价体系。

（3）前期咨询策划不明确。全过程造价咨询是一项系统服务，但是造价咨询企业在接受建设单位委托并签订合同后，没有及时了解项目概况、组建项目部、确定咨询服务范围，项目组织形式不明确，没有及时根据造价咨询合同编制工程项目全过程造价咨询实施规划，也没有明确造价咨询的内容和范围、构建合适的组织结构、确定具体的工作流程，导致全过程造价咨询业务的可操作性比较差。

（4）信息传递不充分。将全过程造价咨询简单理解为咨询服务过程是向各个阶段的延展，将原来的项目建议书编制、可行性研究、设计概算、施工图预算、工程量清单、工程标底编制、竣工结算审核等业务罗列出来，就称为是全过程造价咨询。而不是注重把握各阶段工程建设投资控制的内在联系规律，不注重前期咨询信息向后面各个阶段的传递，不完整的信息往往导致项目建设与经营与最初的意图相差甚远，不利于全过程造价咨询目标的实现。

由以上国内外全过程造价咨询业务开展的现状可以看出，我国造价咨询企业开展的造价咨询业务还是以实现分阶段、分业务为目标，业务范围也局限于项目建设过程的某一阶段，业务开展缺乏统一的操作规范，科层组织结构导致造价咨询信息不能充分地传递，咨询工具和方法的使用比较单一，缺乏完善的信息系统，没有系统地对各个阶段的造价咨询业务进行全面、深入地研究。因此，有必要探讨国外成熟的全过程造价咨询业务的开展现状，为国内全过程造价咨询业务的开展提供一定的借鉴。

当前，国内推动全过程工程咨询面临着市场准入门槛高、刚性需求不足等问题。在市场准入方面，国内工程咨询业采取企业资质和个人资质并重的机制，不同资质由不同主管部门管理，使得国内工程咨询业的市场准入壁垒较高。在刚性需求方面，目前国内企业的咨询意识仍十分淡薄。有的企业认为没有咨询需求，也有的认为咨询机构的能力未必比自己的好。此外，咨询机构本身也存在着普遍业务能力低、无法提供适应市场需求变化的服务等问题。

企业需将自身特点与市场需求、环境形势相结合，也可以尝试与其他阶段的咨询企业形成联合合作关系。具体情况要基于企业的特点和项目需求。在开展多元化业务发展的同时，还要以自身主业及优势业务为基础，把几个业务板块串联起来，建筑师发挥主导作用，巩固核心竞争优势。开展全过程工程咨询服务必须要有完备的管理手段，也需要引入新技术来促进工程创新。通过大力开发 BIM、大数据和虚拟现实技术，可提高设计和施工的效率与精细化管理水平，提升工程设施安全性、耐久性、可建造性和维护便利性，降低全生命周期运营维护成本，增强投资效益。借助这些先进的技术手段，可为企业高效地完成全过程工程管理工作打下坚实的基础。

全过程工程咨询是国家宏观政策的价值导向，更是行业发展不可阻挡的趋势。全过程工程咨询覆盖面广、涉及专业多、管理界面宽，对提供服务的企业专业资质和综合能力有较高要求。业务模式及种类的确定、相应规范和要求的出台、政策环境的构建都十分重要。首先，需要有关部门进一步明确全过程工程咨询的概念、内容和相关政策。全过程设计管理、设计总包管理、项目管理、EPC 总包管理等是否可以视为全过程工程咨询在不同层面的体现，也需要明确。其次，全过程工程咨询项目招标投标的合法问题、资质限制等问题也亟待解决，还需进一步建立全过程工程咨询总包制度、招标投标制度、补充质量责任制度。最后，要深入开展调研和交流，特别是与国际工程咨询公司的交流、学习，培养有国际竞争力的全过程工程咨询企业，提高我国全过程工程咨询的服务能力和管理水平。

1.3　全过程工程咨询与工程总承包

"工程总承包"和"全过程工程咨询"同属于国家为完善工程建设组织模式而衍生出的新服务模式，也同属于建设单位进行工程建设项目组织方式，两者之间有区别也有一定的联系。全过程工程咨询是对工程建设项目前期研究和决策以及项目实施和运行的全生命周期管理，提供包含设计和规划在内的涉及组织、管理、经济和技术等各有关方面的工程咨询服务，虽然可以进行规划、勘察、设计等生产活动，但更偏向工程管理类服务，属于一种项目管理模式。而工程总承包是指从事工程总承包的企业受业主委托，按照合同约定对工程项目的勘察、设计、采购、施工、试运行（竣工验收）等实行全过程或若干阶段的承包，并对工程的质量、安全、工期、造价等全面负责，是由承包商主导的一种生产组织方式。

1.3.1　全过程工程咨询与工程总承包的主要区别

（1）管理范围和工作内容不同。工程总承包是"包工程"，而全过程工程咨询是"包服务"。工程总承包是将无形的智力成果与有形的、分散的材料、机械设备相融合并最终物化为建筑产品、形成固定资产的行为，工程总承包最终提供的是有形的工程；全过程工程咨询属于工程咨询的范畴，不涉及有形产品的生产制造，其提供的工作成果形式是咨询、项目管理、设计服务、施工监理、造价管理、招标代理、试运行管理等，本质上是提供能够产生收益但不产生"所有权"的服务。提供全过程工程咨询服务的企业管理范围更广，工作范围涵盖了项目的整个生命周期所有的管理和咨询服务，除了前期帮助业主进行机会研究、项目建议和可行性研究、选择相关合作方等，还包括对相关合作方的管理和监督，提供招标、造价、监理等各方面的咨询。而工程总承包单位根据和业主谈判的结果，根据合同约定部分的参与工程价值链的某些环节，最为典型的是设计—采购—施工环节。

（2）收费模式不同。以 EPC 工程总承包模式为例，其所计取的费用不仅包含设计等咨询服务类费用，还包括材料设备购置款、建筑安装工程费、试运行费用等，通常采用总价合同方式；全过程工程咨询收取的报酬是各项或各阶段咨询服务内容的服务费，这种服务费通常采用"成本＋酬金"和各专项服务费叠加后增加统筹费的方式。

（3）合同关系不同。全过程工程咨询主要是接受业主的委托，负责全过程的项目管理和服务，在合同关系上更偏向于委托合同，为业主提供有偿的咨询服务，而工程总承包模式下承包商和业主签订的是承包合同，通过合同规定发包方和承包方的权利和责任。

（4）承担的风险不同。总承包商需要对项目的质量、造价、工期等全面负责，风险较大，而工程咨询公司主要为整个项目提供一整套咨询服务，并按照合同的约定收取一定的报酬和承担一定的管理责任，风险相对较小。

1.3.2　全过程工程咨询与工程总承包的内在关联

（1）两者均体现了对工程总承包或全过程工程咨询的资质要求。目前，政策层面对工程总承包商的资质要求具备与工程相适应的设计或施工总承包资质，而关于全过程工程咨询，因涉及与多项咨询行业相关的资质，虽暂无统一规定，但通常要求具备勘察设计、监理、造价咨询等一项或多项资质，且上海、广东两地明确允许施工资质也可承接全过程工程咨询，可见全过程工程咨询与工程总承包均体现相应工程行业的资质要求。

（2）两者均指向工程建设的全过程或若干阶段，且均着重强调"设计"的关键性和全局性。工程总承包建设组织模式包含了项目设计、采购、施工和试运行的全过程或若干阶段，但从提高建设效率，对工程质量、安全、造价、进度负责等角度而言，将较大程度依赖于工程全阶段设计的先导优势，形成设计、采购与施工的深度交叉融合，降低工程建设过程中多环节工作协调造成的内耗损失。全过程工程咨询虽涉及建筑咨询多个行业的重大变革，但落实到现阶段的具体实践中，核心在于对建筑师执业权利的扩大和相应执业责任的提升。住房和城乡建设部也提出"推进建筑师负责制，充分发挥建筑师主导作用，鼓励提供全过程工程咨询服务，明确建筑师权利和责任，提高建筑师地位要求"。

（3）全过程工程咨询与工程总承包单位之间存在管理与被管理的关系。一般情况下，全过程工程咨询单位受建设单位委托，按照具体的委托内容对工程提供项目建议、前期策划、勘察设计、监理、招标代理、造价咨询、项目竣工后评价及运营等多元化的咨询服务，并在授权范围内代表建设单位对工程总承包单位进行监督和管理。

（4）推行全过程工程咨询和工程总承包有利于提高工程管理的质量、效率和造价控制，两者均为政府投资工程所鼓励的管理模式。

全过程工程咨询和工程总承包两种模式相辅相成，相互促进。根据《住房城乡建设部关于进一步推进工程总承包发展的若干意见》（建市〔2016〕93号）和《住房和城乡建设部、国家发展改革委关于印发房屋建筑和市政基础设施项目工程总承包管理办法的通知》（建市规〔2019〕12号），对建设单位项目管理提出的要求，都明确提到"建设单位应当加强工程总承包项目全过程管理，督促工程总承包企业履行合同义务。建设单位根据自身资源和能力，可以自行对工程总承包项目进行管理，也可以委托项目管理单位，依照合同对工程总承包项目进行管理。项目管理单位可以是本项目的可行性研究、方案设计或者初步设计单位，也可以是其他工程设计、施工或者监理等单位，但项目管理单位不得与工程总承包企业具有利害关系"。即表示一个项目建设可以采用工程总承包模式，也可以同时委托项目管理公司对其进行监督。提供全过程工程咨询服务的企业利用自身在管理、技术、法律等方面的专业知识，接受业主的委托，通过对总承包商的监督、管理和咨询服务，将对项目的顺利进行提供保障，有利于工程总承包市场的健康发展。

1.4 全过程工程咨询的内容构架

建设工程的全过程工程咨询服务，即专业咨询机构为甲方提供建设工程全方位和全过程的项目管理服务，主要的设计任务包含以下方面：在建设工程项目的决策阶段为决策者提供项目可靠的可行性研究报告和合理的项目建议书；在项目实施阶段，为甲方提供招标投标管理、设计、施工和运行的全过程管理服务，并为甲方提供质量、进度和成本等全方位的项目信息，为发挥项目整体性作出贡献。

建设项目全过程工程咨询在项目各阶段的控制要点如图1-1所示。

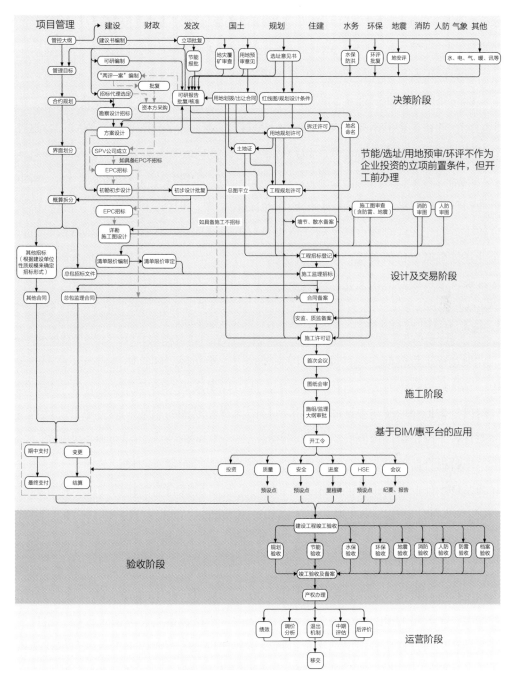

图 1-1　全过程工程咨询的内容框架

1.4.1　项目决策阶段

咨询单位主要是为了承担国家基本建设的前期策划与投资决策等任务。其任务可扩展为需求分析评估、投资决策、组建项目团队、编制财务计划、编写项目实施计划等。项目决策阶段对整个建设项目影响重大，是全过程项目管理的主要阶段。

项目的可行性研究分为初步可行性研究和后续可行性研究。咨询企业在做咨询需求时要清楚地认识到业主的潜在需求，考虑到业主和咨询企业在知识和经验上的不同，在项目工程的认知存在着偏差，要求咨询企业尽早介入项目工程管理，这样能更好地了解项目的工程背景，以便提供专业的参考意见。

风险管理是项目策划的重要内容，项目在初始阶段存在许多不确定因素，咨询企业对项目的可塑性与改造项目的机会也是最大的。由于项目的初始阶段投入的资金较少，强化风险管理有利于业主取得良好的投资效益。在项目的策划阶段，咨询企业还需要做好价值管理，不断地优化施工方案，让有效的资源发挥最大的作用，实现业主投资效益的最大化。

1.4.2 项目设计阶段

全过程工程咨询在项目设计阶段主要是进行全面规划和具体描述事实意图的过程，是将科学技术有效地运用在实际施工中，以实现最大的经济效益。在项目的设计阶段，咨询企业要与设计单位保持良好的沟通和紧密的联络，确保项目设计意图能够在各个施工阶段得到完整贯彻与体现。

项目设计阶段的咨询是全过程造价控制的重点，对项目的建设工期、工程质量和建筑物功能起着决定性的作用。咨询企业应充分发挥自身的优势，充当施工过程的桥梁与纽带，积极推行和贯彻限额设计的指导方针。

1.4.3 项目招标阶段

工程咨询机构在深刻把握项目宗旨，充分领会设计意图的基础上，通过编制工程标底、工程量清单、招标公告书、招标文件、资格预审文件来确定评标、定标原则及办法，对投标报价中单项报价进行科学的比较分析，为业主选择承包单位提供依据，协助业主签订工程承发包合同。避免合同条款制定不严密，事后发生经济纠纷事件。

1.4.4 项目施工阶段

工程咨询机构在这个阶段要建立健全投资控制系统，完善职责分工及有关制度，落实责任。全过程的项目咨询可以使工程咨询机构早期就参与项目的开发建设，更有利地熟悉设计图纸、设计要求、标底计算书等，明确工程费用最易突破的部分和环节，明确投资控制重点。预测工程风险及可能发生索赔的诱因，制定防范性对策，避免或减少索赔事件的发生。在施工过程中，及时答复施工单位提出的问题及配合要求，主动协调好各方面的关系，避免造成索赔条件成立。对工程变更、设计修改要严格把关，更有利于进行技术经济合理性分析。对投资进行动态控制，定期或不定期地进行工程费用分析，并提出控制工程费用的方案和措施。

1.4.5 项目竣工验收阶段

工程项目竣工验收是工程项目建设过程的最后一个程序，是全面考核建设工作，检查设计、工程质量是否符合要求，审查投资使用是否合理的重要环节，是投资成果转入生产或使用的标志。工程咨询机构在这个阶段要核对工程内容是否符合合同条件要求，工程是否竣工验收合同等内容。由于工程咨询机构全过程地跟踪了项目，对项目过程中发生的变更以及客观环境的变化等因素已经比较熟悉，因此在竣工验收阶段，工程咨询机构的结算、评估等工作更容易做到合理、公平、公正，也更容易得到项目各方的认可。

第 2 章

全过程工程咨询政策解读

全过程工程咨询模式的提出是政策导向和行业进步的体现。全过程工程咨询符合供给侧改革的指导思想，有利于革除影响行业前进的深层次结构性矛盾、提升行业集中度，有利于集聚和培育适应新形势的新型建筑服务企业，有利于加快国内建设模式与国际建设管理服务方式的接轨。

2.1 全过程工程咨询的政策演变

建设部在 2003 年发布的《关于培育发展工程总承包和工程项目管理企业的指导意见》（建市〔2003〕30 号）以及 2004 年发布的《关于印发〈建设工程项目管理试行办法〉的通知》（建市〔2004〕200 号）中，就已经提出了未来要走向工程总承包道路并提及开展对工程项目的组织实施进行全过程或若干阶段的管理和服务的思路。2010 年，国家发展改革委颁布的《国家发展改革委关于印发工程咨询业2010－2015 年发展规划纲要的通知》（发改投资〔2010〕264 号）中提出：推动工程咨询业务结构调整，促进全过程工程咨询服务协调健康发展，形成科学发展的咨询服务体系。

2017 年以来，以国务院办公厅颁布的《国务院办公厅关于促进建筑业持续健康发展的意见》（国办发〔2017〕19 号）为开端，国家大力推行全过程工程咨询，颁布了多个法规，引导相关企业开展项目投资咨询、工程勘察设计、施工招标咨询、施工指导监督、工程竣工验收、项目运营管理等覆盖工程全生命周期的一体化项目管理咨询服务，力图通过试点先行打造出一批具有国际影响力的全过程工程咨询企业，从而带动行业整体发展，最终实现工程项目全过程工程咨询服务的产业化整合，培育出一体化的项目管理咨询服务体系。2017 年以来，国家颁布的关于全过程工程咨询的法规如表 2-1 所示。

2017 年以来国家颁布的关于全过程工程咨询的法规　　　　　表 2-1

法规名称	颁布时间	相关规定
《国务院办公厅关于促进建筑业持续健康发展的意见》（国办发〔2017〕19 号）	2017 年 2 月	培育全过程工程咨询。鼓励投资咨询、勘察、设计、监理、招标代理、造价等企业采取联合经营、并购重组等方式发展全过程工程咨询，培育一批具有国际水平的全过程工程咨询企业。制定全过程工程咨询服务技术标准和合同范本。政府投资工程应带头推行全过程工程咨询，鼓励非政府投资工程委托全过程工程咨询服务。在民用建筑项目中，充分发挥建筑师的主导作用，鼓励提供全过程工程咨询服务
住房和城乡建设部建筑市场监管司《关于印发住房和城乡建设部建筑市场监管司 2017 年工作要点的通知》（建市综函〔2017〕12 号）	2017 年 2 月	推进全过程工程咨询服务。试点开展全过程工程咨询服务模式，积极培育全过程工程咨询企业，鼓励建设项目实行全过程工程咨询服务。总结和推广试点经验，推进企业在民用建筑项目提供项目策划、技术顾问咨询、建筑设计、施工指导监督和后期跟踪等全过程服务。出台《关于促进工程监理行业转型升级创新发展的意见》，提出监理行业转型升级改革措施
住房和城乡建设部建筑市场监管司《关于印发住房和城乡建设部建筑市场监管司 2018 年工作要点的通知》（建市综函〔2018〕7 号）	2018 年 2 月	推动工程建设组织方式变革。推进工程总承包，出台房屋建筑和市政基础设施项目工程总承包管理办法，健全工程总承包管理制度。继续修订工程总承包合同示范文本，研究制定工程总承包设计、采购、施工的分包合同示范文本，完善工程总承包合同管理。出台推进全过程工程咨询服务指导意见，制定全过程工程咨询服务技术标准和合同示范文本，积极培育全过程工程咨询企业
《住房和城乡建设部关于开展全过程工程咨询试点工作的通知》（建市〔2017〕101 号）	2017 年 5 月	为贯彻落实《国务院办公厅关于促进建筑业持续健康发展的意见》（国办发〔2017〕19 号），培育全过程工程咨询，经研究，选择北京、上海、江苏、浙江、福建、湖南、广东、四川 8 省（市）以及中国建筑设计院有限公司等 40 家企业（名单见附件）开展全过程工程咨询试点
《住房和城乡建设部关于促进工程监理行业转型升级创新发展的意见》（建市〔2017〕145 号）	2017 年 7 月	（1）创新工程监理服务模式。鼓励监理企业在立足施工阶段监理的基础上，向"上下游"拓展服务领域，提供项目咨询、招标代理、造价咨询、项目管理、现场监督等多元化的"菜单式"咨询服务； （2）提高监理企业核心竞争力。引导监理企业加大科技投入，采用先进检测工具和信息化手段，创新工程监理技术、管理、组织和流程，提升工程监理服务能力和水平
《住房和城乡建设部关于印发〈工程造价事业发展"十三五"规划〉的通知》（建标〔2017〕164 号）	2017 年 8 月	坚持培育全过程工程咨询。优化工程造价执业资质资格管理，积极营造工程造价咨询市场良好环境，维护市场公平竞争、激发市场活力。大力推进全过程工程造价咨询服务，鼓励造价咨询企业通过联合经营、并购重组等方式开展全过程工程咨询服务

续表

法规名称	颁布时间	相关规定
《住房和城乡建设部关于加强和改善工程造价监管的意见》（建标〔2017〕209号）	2017年9月	营造良好的工程造价咨询业发展环境。充分发挥工程造价在工程建设全过程管理中的引导作用，积极培育具有全过程工程咨询能力的工程造价咨询企业，鼓励工程造价咨询企业融合投资咨询、勘察、设计、监理、招标代理等业务开展联合经营，开展全过程工程咨询，设立合伙制工程造价咨询企业。促进企业创新发展，强化工程造价咨询成果质量终身责任制，逐步建立执业人员保险制度
《工程咨询行业管理办法》（住房和城乡建设部令第9号）	2017年11月	全过程工程咨询服务范围包括：采用多种服务方式组合，为项目决策、实施和运营持续提供局部或整体解决方案以及管理服务。有关工程设计、工程造价、工程监理等资格，由国务院有关主管部门认定
《国家发展改革委关于印发〈工程咨询单位资信评价标准〉的通知》（发改投资规〔2018〕623号）	2018年4月	申请甲级评价的专业近3年合同业绩应满足以下条件之一： （1）主持完成国家级规划咨询不少于1项或省级规划咨询不少于2项或市级规划咨询不少于4项，且全部服务范围内（规划咨询、项目咨询、评估咨询、全过程工程咨询，下同）业绩累计不少于10项； （2）单一服务范围内完成的业绩累计不少于40项，或覆盖两个及以上服务范围的业绩累计不少于30项； （3）项目咨询、评估咨询、全过程工程咨询等三项服务范围内完成的单个项目投资额15亿元及以上业绩不少于10项
国家发展改革委、住房和城乡建设部共同印发《关于推进全过程工程咨询服务发展的指导意见》（发改投资规〔2019〕515号）	2019年3月	为深入贯彻习近平新时代中国特色社会主义思想和党的十九大精神，深化工程领域咨询服务供给侧结构性改革，破解工程咨询市场供需矛盾，必须完善政策措施，创新咨询服务组织实施方式，大力发展以市场需求为导向、满足委托方多样化需求的全过程工程咨询服务模式

各地方政府为了更好地落实国家法规的要求，促进地方工程咨询行业的健康发展，也陆续颁布了各地方的法规规章来规范和引导地方工程咨询业，各地方颁布的法规如表2-2所示。

各地方颁布的相关法规 表2-2

法规名称	颁布时间	相关规定
《江苏省住房和城乡建设厅关于印发〈2017年全省建筑业发展和市场监管工作要点〉的通知》（苏建建管〔2017〕124号）	2017年3月	培育全过程工程咨询。按照我厅印发的《关于推进工程建设全过程项目管理咨询服务的指导意见》的通知要求，积极推进监理与项目管理服务一体化发展，培育一批智力密集型、技术复合型、管理集约型的大型工程项目管理服务企业。研究制订全过程项目管理咨询服务的合同文本和工作评价标准，在全省公布一批试点企业，年底召开全过程项目管理咨询服务推进会
《吉林省住房和城乡建设厅关于印发〈全省建筑工程质量安全提升行动实施方案〉的通知》（吉建质〔2017〕7号）	2017年5月	培育全过程工程咨询。推行全过程工程咨询服务模式，制定相关技术标准和合同范本。政府投资工程应带头推行全过程工程咨询，各地应选取试点项目，推动落实。在民用建筑项目和非政府投资工程项目中，鼓励提供全过程工程咨询服务

续表

法规名称	颁布时间	相关规定
《陕西省人民政府办公厅关于促进建筑业持续健康发展的实施意见》（陕政办发〔2017〕52号）	2017年6月	培育全过程工程咨询。支持投资咨询、勘察、设计、监理、招标代理、造价等企业联合经营、并购重组，积极培育一批全过程工程咨询服务企业。鼓励拥有单项资质的中介服务机构积极注册建筑师、勘察设计师、监理工程师、造价工程师等专业人员，开展工程全过程工程咨询服务
《江苏省政府关于促进建筑业改革发展的意见》（苏政发〔2017〕151号）	2017年11月	培育全过程工程咨询服务。整合工程建设所需的投资咨询、工程设计、招标代理、造价咨询、工程监理、项目管理等业务，促进咨询企业提供全过程、一体化服务。引导和支持建设单位将全过程工程咨询服务委托给具有全部资质、综合实力强的一家企业或一个联合体；或委托给一家具有相关资质的企业，并由该企业将不在本单位资质业务范围内的业务分包给其他具有相应资质的企业。各地每年要落实一批有影响力、有示范作用的全过程工程咨询项目。在民用建筑项目中，充分发挥建筑师的主导作用，探索实施建筑师负责制。至2020年，全省培育具有全过程工程咨询能力的骨干企业100家
《安徽省人民政府办公厅关于推进工程建设管理改革促进建筑业持续健康发展的实施意见》（皖政办〔2017〕97号）	2017年12月	积极推进全过程工程咨询。根据行业特点，制定全过程工程咨询服务技术标准和合同范本。在民用建筑项目中，试行建筑师主导的全过程工程咨询服务
《湖南省人民政府办公厅关于印发〈湖南省贫困地区中小学校建设实施方案〉的通知》（湘政办发〔2017〕72号）	2017年12月	项目实施。年度实施项目经审核确定后，各项目县市要按照既定的项目建设方案组织开展项目建设，不得随意扩大建设规模，改变学校用途。为提高决策水平、提高工程质量、节约建设投资、缩短建设周期，项目学校统一纳入湖南省全过程工程咨询试点项目，通过公开招标选定全过程工程咨询服务单位，由其提供工程勘察、工程设计、工程监理、造价咨询及招标代理等工程咨询服务，省住房和城乡建设厅进行指导和监督
《贵州省人民政府办公厅关于促进建筑业持续健康发展的实施意见》（黔府办发〔2017〕73号）	2017年12月	培育全过程工程咨询。鼓励支持企业增项市政、交通、水利、电力、通信等行业资质，积极参与全省大扶贫、大数据、大生态等工程项目建设
《四川省人民政府办公厅关于促进建筑业持续健康发展的实施意见》（川办发〔2018〕9号）	2018年1月	加快培育全过程工程咨询。改革现有的分段咨询服务模式，整合投资咨询、勘察、设计、监理、造价咨询、招标代理等咨询服务内容，积极开展对工程建设前期研究和决策以及工程项目实施和运营的全生命周期、全过程集约化咨询服务。政府投资的大中型建设项目要带头推行全过程工程咨询；依法必须进行招标的勘察设计、工程监理咨询服务，建设单位可只招标一家具备相应资质的咨询单位或单位联合体提供全过程工程咨询服务；属于政府采购的咨询服务项目，应依法通过政府采购确定咨询单位；鼓励非政府投资工程委托全过程工程咨询服务管理

续表

法规名称	颁布时间	相关规定
《营口市人民政府办公室关于推进现代建筑产业发展的实施意见》（营政办发〔2018〕11号）	2018年4月	培育全过程工程咨询企业，推行全过程工程咨询服务：传统建设模式是将建筑项目中的设计、施工、监理等阶段分隔开来，各单位分别负责不同环节和不同专业的工作，这不仅增加了企业成本，也分割了建设工程的内在联系。全过程工程咨询企业在建设项目的设计、招标、施工、验收及后期跟踪等工程各环节提供全过程工程咨询服务，其高度整合的服务内容在节约投资成本的同时也有助于缩短项目工期，提高服务质量和项目品质，有效规避风险，符合国家政策和建筑行业发展方向。各县（市）区政府及市直有关部门要加快推进本土工程设计、监理企业转型，促进监理企业与设计企业整合，培育全过程工程咨询企业。政府投资项目，要带头采取全过程工程咨询模式，非国有投资项目推荐采用全过程工程咨询模式。鼓励外埠技术领先的优势勘察设计、监理企业落户或与本土企业组成联合体，参与本地重点项目，提供高水平的全过程工程咨询服务，提高本土企业技术水平，带动本土企业发展
《吉林省人民政府办公厅关于促进建筑业改革发展的若干意见》（吉政办发〔2018〕12号）	2018年4月	全过程工程咨询服务费应当根据工程项目规模、复杂程度、服务范围与内容等，在合同中约定。对全过程工程咨询单位提出并落实的合理化建议，可按照节省投资额或产生效益的一定比例给予奖励，奖励比例在合同中约定。制定全过程工程咨询服务技术标准和合同范本。政府投资工程应带头推行全过程工程咨询
《大连市人民政府办公厅关于促进建筑业持续健康发展的实施意见》（大政办发〔2018〕70号）	2018年6月	加快推进现代工程咨询业发展。大力培育全过程工程咨询企业，鼓励投资咨询、勘察、设计、监理、造价等企业加快转型发展和人才培养，发展全过程工程咨询服务
《甘肃省住房和城乡建设厅关于转发〈住房和城乡建设部关于印发工程勘察设计行业发展"十三五"规划的通知〉的通知》（甘建设〔2015〕458号）	2017年6月	推行工程总承包，试点全过程工程咨询服务：深化建设项目组织实施方式改革，积极推行工程总承包制。建立适应工程总承包制的管理体系，开展工程总承包业务。设计单位要拓展延伸工程设计咨询服务范围，创造条件积极发展全过程工程咨询服务，探索总结全过程工程咨询的服务模式和管理方式
湖北省住房和城乡建设厅《关于印发〈湖北建筑业发展"十三五"规划纲要〉的通知》（鄂建〔2017〕6号）	2017年6月	提升工程咨询服务业发展质量。落实国家关于工程咨询服务委托方式改革的要求，落实新的咨询服务技术标准和合同范本，鼓励投资咨询、勘察、设计、监理、招标投标代理、造价等企业采取联合经营、并购重组等方式发展全过程工程咨询，培育一批具有国际水平的全过程工程咨询企业。提升建筑设计水平，健全适应建筑设计特点的招标投标制度。完善注册建筑师制度，探索在民用建筑项目中推行建筑师负责制。完善工程监理制度，强化对工程监理的监管
《山东省人民政府办公厅关于贯彻国办发〔2017〕19号文件促进建筑业改革发展的实施意见》（鲁政办发〔2017〕57号）	2017年7月	实行工程总承包的政府投资项目应采用全过程工程咨询模式。鼓励非政府投资工程委托全过程工程咨询服务。全过程工程咨询单位应具备工程设计或工程监理资质，资质范围内的业务自行承担，资质范围外的可直接另行发包

续表

法规名称	颁布时间	相关规定
《云南省人民政府办公厅关于促进建筑业持续健康发展的实施意见》（云政办发〔2017〕85号）	2017年7月	培育全过程工程咨询服务。改革工程咨询服务委托方式，研究制定咨询服务技术标准，规范咨询收费行为，引导有能力的企业通过联合经营、并购重组等方式，开展项目投资咨询、工程勘察设计、施工招标咨询、施工指导监督、工程竣工验收、项目运营管理等覆盖工程全生命周期的一体化项目管理咨询服务。培育具有国内先进水平的全过程工程咨询示范企业。探索在民用建筑项目中推行建筑师负责制，提供全过程工程咨询服务
《浙江省人民政府办公厅关于加快建筑业改革与发展的实施意见》（浙政办发〔2017〕89号）	2017年8月	培育全过程工程咨询服务。积极开展全过程工程咨询服务试点，健全相关管理制度，制定相关招标文件和合同范本，提高全过程工程咨询服务能力和水平
《山西省人民政府办公厅关于促进建筑业持续健康发展的实施意见》（晋政办发〔2017〕135号）	2017年10月	积极发展全过程工程咨询企业。鼓励企业通过联合经营、并购重组等方式，整合工程建设所需的工程咨询、招标代理、勘察设计、造价咨询、监理等上下游产业链相关服务业务，推动咨询企业向全过程工程服务企业转型，培育一批具有全国先进水平的全过程工程咨询企业。政府投资工程应当带头推行全过程工程咨询，鼓励非政府投资工程采用全过程工程咨询服务，充分发挥建筑师在项目建设中的主导作用
《河北省人民政府办公厅关于促进建筑业持续健康发展的实施意见》（冀政办字〔2017〕143号）	2017年11月	培育全过程工程咨询。鼓励投资咨询、勘察、设计、监理、招标代理、造价咨询等企业采取联合经营、并购重组等方式发展全过程工程咨询。有条件的企业可先行先试。国有投资项目应带头推行全过程工程咨询，鼓励非国有投资项目委托全过程工程咨询服务。实行工程总承包的国有投资项目应采用全过程工程咨询模式
《福建省人民政府办公厅关于促进建筑业持续健康发展的实施意见》（闽政办发〔2017〕136号）	2017年11月	政府投资工程应带头推行全过程工程咨询，将项目决策分析与评估、项目实施总体策划、工程项目管理、工程勘察、设计、监理、招标代理、工程验收阶段专项咨询、后评价等全部或部分业务委托给全过程工程咨询服务企业。鼓励非政府投资工程委托全过程工程咨询服务
《河南省人民政府办公厅关于大力发展装配式建筑的实施意见》（豫政办〔2017〕153号）	2017年12月	推行工程总承包。建立推行与装配式建筑发展相适应的工程总承包建设模式。健全与装配式建筑总承包相适应的发包承包、施工许可、分包管理、工程造价、质量安全监管、竣工验收等制度，实现工程设计、部品部件生产、施工及采购的统一管理和深度融合。按照总承包负总责的原则，落实工程总承包单位在工程质量安全、进度控制、成本管理等方面的责任。支持大型设计、施工和部品部件生产企业通过调整组织架构、健全管理体系，向具有工程管理、设计、施工、生产、采购能力的工程总承包企业转型
《河南省人民政府办公厅关于印发河南省建筑业转型发展行动计划（2017—2020年）的通知》（豫政办〔2017〕152号）	2017年12月	鼓励省内投资咨询、勘察、设计、监理、招标代理、造价等企业采取联合、重组、并购等方式，向全过程工程咨询企业转型
黑龙江省住房和城乡建设厅《关于加强工程监理工作若干意见的通知》（黑建规范〔2018〕1号）	2018年2月	开展全过程工程咨询。鼓励大型工程监理企业向"上下游"拓展服务领域，提供项目咨询、招标代理、造价咨询、项目管理、现场监督等多元化、全过程工程咨询服务，在有条件的地区、企业、项目先试先行，积累经验

续表

法规名称	颁布时间	相关规定
《青海省人民政府办公厅关于促进建筑业持续健康发展的实施意见》（青政办〔2018〕10号）	2018年3月	政府投资工程应推行全过程工程咨询，依法必须招标的工程建设项目，在项目立项后即可通过招标投标选择咨询企业，西宁、海东、海西等市州每年要落实一批有示范作用的全过程工程咨询项目。工程咨询企业提出合理化建议并节省投资的，建设单位应给予不低于节省投资额50%的奖励
《黑龙江省住房和城乡建设厅关于印发〈省住房和城乡建设厅建筑管理处2018年工作要点〉的通知》（黑建函〔2018〕116号）	2018年3月	推行全过程工程咨询。政府投资工程带头推行全过程工程咨询，支持非政府投资工程委托全过程工程咨询服务。探索全过程工程咨询服务政策体制机制，培育我省全过程工程咨询企业，引导有能力的企业开展覆盖工程全生命周期的一体化项目管理咨询服务
《上海市住房和城乡建设管理委员会关于进一步改善和优化本市施工许可办理环节营商环境的通知》（沪建建管〔2018〕155号）	2018年3月	建设单位改革工程监理机制。在本市社会投资的"小型项目"和"工业项目"中，不再强制要求进行工程监理。建设单位可以自主决策选择监理或全过程工程咨询服务等其他管理模式。鼓励有条件的建设单位实行自管模式。鼓励有条件的建设项目试行建筑师团队对施工质量进行指导和监督的新型管理模式
《江苏省住房和城乡建设厅关于印发〈2018年全省建筑业工作要点〉的通知》（苏建管〔2018〕111号）	2018年3月	培育全过程工程咨询服务。推进设计、监理、造价、招标代理等工程咨询服务类企业在聚焦主业的同时，积极向全过程工程咨询方向转型发展。研究出台《全过程工程咨询服务工作标准》和《全过程工程咨询服务合同（示范文本）》。依据《开展全过程工程咨询服务试点工作方案》，公布一批试点企业和示范项目，并且对试点项目开展情况进行跟踪，及时总结试点经验
《广西壮族自治区人民政府办公厅关于促进建筑业持续健康发展的实施意见》（桂政办发〔2018〕29号）	2018年3月	培育全过程工程咨询。依法必须招标的工程建设项目，可通过招标投标择优选择全过程工程咨询企业。探索全过程工程咨询服务计费方式。全过程工程咨询企业提出合理化建议节省投资的，建设单位可给予奖励。采用工程总承包模式的建筑项目，原则上委托全过程工程咨询
《湖南省人民政府办公厅关于促进建筑业持续健康发展的实施意见》（湘政办发〔2018〕21号）	2018年3月	建立全过程工程咨询管理制度，明确全过程工程咨询企业责任，制定全过程工程咨询服务技术标准、取费参考标准、招标文件和合同范本
《湖北省人民政府关于促进全省建筑业改革发展二十条意见》（鄂政发〔2018〕14号）	2018年4月	大力推行工程总承包，政府投资新建项目和国有投资新建项目应带头采用工程总承包，装配式建筑全部采用工程总承包，鼓励社会资本投资新建项目和PPP项目采用工程总承包。健全工程总承包的招标投标、质量安全管理和市场准入制度，鼓励工程建设的设计、施工、建造和服务企业融合发展。到2020年，我省新建项目工程总承包占比，武汉市、襄阳市、宜昌市达到30%以上，其他市州达到15%以上；到2025年，武汉市、襄阳市、宜昌市达到50%以上，其他市州达到30%以上。到2020年，培育中南工程咨询设计集团、中信工程设计建设有限公司等10家以上具有全过程工程咨询服务能力的咨询服务企业。支持建筑师在民用建筑项目中发挥主导作用、拓展业务范围、提升综合服务能力，创作出一批水平高、质量优、效益好的优秀工程项目

续表

法规名称	颁布时间	相关规定
《海南省人民政府办公厅关于促进建筑业持续健康发展的实施意见》（琼府办〔2018〕32 号）	2018 年 4 月	培育全过程工程咨询。国有资金投资或其占主导地位的建设项目应带头推行全过程工程咨询，鼓励社会投资项目委托全过程工程咨询
《北京市住房和城乡建设委员会 关于进一步改善和优化本市工程监理工作的通知》（京建发〔2018〕186 号）	2018 年 6 月	对于总投资 3000 万元以下的公用事业工程（不含学校、影剧院、体育场馆项目），建设规模 5 万平方米以下成片开发的住宅小区工程，无国有投资成分且不使用银行贷款的房地产开发项目，建设单位有类似项目管理经验和技术人员，能够保证独立承担工程安全质量责任的，可以不实行工程建设监理，实行自我管理模式。鼓励建设单位选择全过程工程咨询服务等创新管理模式
《山东省住房和城乡建设厅关于开展装配式建筑工程总承包招标投标试点工作的意见》（鲁建建管字〔2018〕5 号）	2018 年 6 月	工程总承包项目的投标人不得是工程总承包项目的全过程工程咨询单位、代建单位、项目管理单位、监理单位、造价咨询单位或者招标代理机构。工程总承包项目宜采用全过程工程咨询服务
《重庆市人民政府办公厅关于进一步促进建筑业改革与持续健康发展的实施意见》（渝府办发〔2018〕95 号）	2018 年 7 月	培育全过程工程咨询服务，实现服务集成化。促进工程咨询行业的业务融合，构建科学合理的管理协调机制，推进项目管理服务集成化发展，提高服务质量。引导投资咨询、勘察、设计、监理、招标代理、造价咨询等企业拓宽业务范围，为建设单位提供全过程项目管理咨询服务，实现项目全生命周期的进度目标、质量安全目标、投资目标。政府投资工程应带头推行全过程工程咨询。力争到 2020 年，培育 30 家全过程工程咨询服务企业。探索试行建筑师负责制，充分发挥建筑师的主导作用，鼓励提供全过程工程咨询服务

从上述颁布的政策法规中可以发现，目前我国全过程工程咨询政策的主要特点如下：

（1）多样化发展。鼓励和支持不同类型的咨询企业发展成为全过程工程咨询企业，比如勘察、设计、监理企业等，可以发挥自身的经验优势和工程技术优势，发展成为具有国际竞争力的企业。

（2）试点先行。鼓励一批专业技术力量雄厚、具有创新意识的工程咨询企业先试先行。有关部门坚持政导和市场选择相结合的原则，因地制宜，探索合适的试点模式，积累全过程工程咨询服务经验，形成示范效应，为全行业的推行做好铺垫。

（3）产业整合。全过程工程咨询能力的培育需要一个过程，现阶段依靠企业自身实力发展成为全过程工程咨询企业难度较大。因此，鼓励相关企业采取联合经营、并购重组等方式发展全过程工程咨询。加快政策推行步伐，争取在较短时间内取得一定成效。

（4）技术支撑。技术标准和合同文件的设计是推行全过程工程咨询的重点工作，包括招标文件、合同范本、组织设计、交易制度等技术内容的设计，旨在为政策推行提供技术支撑，并作为实践操作的依据。

2.2 建筑师负责制释义

《工程勘察设计行业发展"十三五"规划》中提出试行建筑师负责制，从设计总包开始，由建筑师统筹协调建筑、结构、机电、环境、景观等各专业设计，在此基础上延伸建筑师服务范围，按照权责一致的原则，鼓励建筑师依据合同约定提供项目策划、技术顾问咨询、施工指导监督和后期跟踪等服务，推进工程建设全过程建筑师负责制。

建筑师负责制是国际上一种通行的全过程工程建设管理模式。该制度是以建筑师为责任主体，受业主委托，在工程建设中，从建筑设计到工程竣工的全过程，有时甚至延伸到使用质保期，全权履行业主赋予的领导权利，最终将符合业主要求的建筑作品和工程完整地交付业主。人力资源建设为开展全过程工程咨询业务提供了技术保障，而建筑师负责制则从组织角度提供了有力的保障。此模式下，建筑师不仅是设计师，还是工程总负责人，负责从项目策划、设计、建造施工、质保到维护全过程的建设管理，对建筑物整体效果、品质、选料及项目进度、投资、质量等目标进行全面管理。

2.2.1 建立项目负责人的原因

全过程工程咨询实施的关键是必须有全过程工程咨询项目的负责人，建立建筑师负责制是全过程工程咨询制度实施的核心。其建立项目负责人的原因有以下四个方面：

1. 境内外开展全过程工程咨询服务的惯例

欧美等国家的全过程工程咨询服务就是建筑师负责制，而不是笼统的项目负责人负责制，没有一套建筑师负责制作为保障，就不可实施全过程工程咨询服务。我国台湾的全过程工程咨询服务就是首席监造人制，有明确的法律保障。他们从勘察设计、工程造价、工程监理、工程咨询、招标代理等九龙治水的碎片化的咨询模式转化为集成化的全过程工程咨询服务模式，不仅是企业打破边界，更是要建立集成化的建筑师负责制。

有了建筑师负责制，丝毫没有降低专业工程师的重要性。这是两条路径，建筑师负责制走的是管理路线，中国的建筑师、造价工程师等走的是专业技术路线。管理人才和专业技术人才同等重要，缺一不可。建筑师、造价师等专业技术人才，他们有一整套的人才培养体系，那么建筑师也需要补上短板，也需要有自己的协会或学会组织。

2. 落实全过程工程咨询服务的必然选择

全过程工程咨询不仅是工程咨询流程的衔接和梳理，更是业务流程的再造。因为流程的衔接增值有限，而流程再造创值无限。而再造的关键是站在全过程工程咨询项目负责人的角度去观察问题、思考问题和决定问题，站在全局高度在每个价值链条去整合设计、施工、造价、BIM、管理、材料、采购、法务等，为业主最大程度创造价值从而实现自身价值。开展全过程工程咨询的流程，就是建筑师的工作流程。要有全过程项目负责人战略的思维，而不是专业工程师的战术思维。全过程项目负责人的核心思维就是激思路、定盘子、用好人、管好钱。

因此，做好全过程工程咨询的关键就是必须建立建筑师负责制。咨询行业是自然人的智力服务，因此咨询服务的主体是人，而不是企业。工程管理的基石是项目管理，即使有企业牵头，也必须落实到项目负责人上。项目负责人不仅是在行使权力，更拥有独特的专业技术，否则，没必要存在。

要做全过程工程咨询服务，需要建筑师、结构工程师、造价师等，更需要一个全过程工程咨询项目负责人，这个负责人具有不同于造价师等独特的能力结构和独立的职责。全过程工程咨询服务就是以建筑师总揽全局、协调各方的集成咨询服务。全过程工程咨询不是原有咨询的简单叠加，而是以建筑师为核心的咨询业务再造。

3. 为企业培养全过程工程咨询项目负责人的必由之路

欧美国家负责全过程工程咨询的是建筑师，我国台湾是首席监造人，他们的建筑师负责制和首席监造人制是企业选择和评价人才的机制。寻找全过程工程咨询项目负责人是一件成本极高的事情，所以要有制度设计。因此，全过程工程咨询制度的核心就是建筑师负责制，因为这可以显著降低全社会的搜寻成本、培养成本、监管成本，可以大幅度提高项目负责人的素质。

4. 开展全过程工程咨询服务的关键所在

全过程工程咨询不是一个企业整合多少资质，也不是整合多少专业人才，而是拥有多少个高级别的全过程项目负责人。全过程工程咨询的成败在于项目负责人，全过程工程咨询制度成败的关键在于项目负责人制度。

首席建筑师作为全过程工程咨询项目负责人，组织勘察设计工程师、造价工程师、咨询工程师、BIM 工程师、工程律师、监理工程师等组成项目部，负责全过程工程咨询服务工作。

当然，首席建筑师都是从专业工程师"提拔"上来的，有些专业工程师也可以兼任首席建筑师，独立设置首席建筑师可以发挥其总揽全局、协调各方的领导核心作用，更便于工程师之间协同创新，为业主创造更大价值。

对专业工程师进行全程管理，勘察设计工程师负责全程设计，造价工程师负责全程造价控制，合同师负责全程招标与合同管理，BIM 工程师负责全程 BIM。工程律师负责全程法务。都由首席建筑师总揽全局、协调各方，以价值创造与传递为中心，在每个阶段都坚持为业主省时、省钱、省力、省心，以项目提质增效为导向，以阶段的质量、时间、成本、绿色为目标，运用多种思维模型激发各类工程师的智慧，提供技术、经济、管理、法务、信息等融合一体的集成咨询，从而挖掘出项目更大的价值。

2.2.2　建筑师负责制的组织管理

在建筑师负责制中，企业可以采用矩阵型组织结构，将常设的专业与项目组相结合，以专业为基础，以项目管理为中心，推行建筑师负责制。在合同签订之后，任命项目经理，项目经理再根据项目的规模大小、繁杂程度和工作范围设立项目组。项目组成员由专业部门委派，在项目实施过程中，接受项目经理与专业部门的双重领导，项目结束后回到专业部门，项目组也随之解散。在开展工程咨询业务时，项目经理作为项目牵头人，进行总体协调，负责项目的全程跟踪，全面负责项目实施的组织领导、协调和控制，对项目的进度、费用、质量、安全负全责。项目经理在企业内部公开选拔，根据候选人的技术能力、工作业绩、创新能力和沟通交涉能力等择优聘任。建立基于项目的考核激励体制，考核实行项目考核、季度考核和年度考核三者相结合的方式。由于项目经理是工程项目实施的最高领导者和组织者，是建筑师负责制的核心，是决定一个项目成败的关键人物，所以必须明确项目经理的责、权、利，并在项目管理中落到实处，充分挖掘内部潜力，从而获取最大效益。

2.2.3　建筑师的工作范围

（1）项目设计。在项目设计阶段，建筑师领导、组织和管理设计团队，协调工程所需所有专业设计师，按建设单位需求（设计任务书）设计建筑工程项目，为建设单位提供一个符合建设单位需要、满足规划条件、体现建筑师理念的设计。在建筑师负责制中，虽然建筑师在其他专业领域不能完成其设计工作和内容，但是建筑师有责任领导、组织、管理和协调所有专业工程师、设计师和艺术家为工程提供所有所需的设计。

（2）施工管理。建筑师负责制赋予了建筑师在工程施工阶段至关重要的领导角色。除了提供设计变更和补充外，建筑师还必须继续负责施工招标投标、管理施工合同、监督现场施工、主持工程验收等工作。施工招标投标阶段，执行建筑师的主要工作有制定招标技术文件、提供招标投标设计交底和释疑、组织招标投标的技术评标。项目施工阶段，现场施工监督及对质量、进度、成本的总体监控也将成为建筑师的例行职责。在此阶段，现场施工涉及的施工方案、材料、计划、工程量、费用等方面的审核确认也需要建筑师负责。工程分阶段验收及竣工验收工作，也将由执行建筑师主持。最后，建筑师对各家施工单位的竣工图进行审核，核准最终正确的竣工图，并协助建设单位完整存档。

（3）质保跟踪。在建筑师负责制下，建筑师最后的一项服务是质保跟踪。根据工程性质或合同约定，这类服务一般在竣工验收后 12 个月至 3 年不等。质保跟踪服务主要是跟踪工程的质量，监督工程各施工承包商、产品供应商和制造商的善后服务；帮助建设单位查找质量缺陷及其原因，监督工程修补和整改，追溯施工质量责任；审批工程质量保证金的结算；质保期满时，对整个工程作出最终的总结，圆满结束工程设计和服务。

2.2.4　建造师的责任与权限

（1）作为项目第一责任人，全面负责全过程工程咨询合同的执行。包括的内容如下：

① 建筑师是项目第一责任人，对集团法定代表人负责，对委托人负责；

② 知悉并遵守项目所涉及国家、省、市及行业法律法规、规范，管理项目咨

询团队及管控项目风险；

③ 组织《全过程工程咨询合同》的谈判、签订；

④ 全过程工程咨询项目投资、进度、质量、HSE 等各项目标的实现；

⑤ 组织编制全过程工程咨询服务规划、实施细则；

⑥ 牵头制订项目全过程工程咨询服务的组织架构、专业分工、决策机制、管理制度、工作流程以及相关表格和成果文件模板等，并组织实施；

⑦ 根据需求确定全过程工程咨询项目部人员及其岗位职责，特别是明确各专业咨询服务的负责人及其职责；

⑧ 根据工程进展及全过程工程咨询工作情况，调配全过程工程咨询项目部人员；

⑨ 统筹、协调和管理项目全过程各专业咨询服务工作，检查和监督工作计划执行情况；

⑩ 参与组织对项目全过程各阶段的重大决策，在授权范围内决定任务分解、利益分配和资源使用；

⑪ 参与或配合全过程各专业咨询服务成果质量事故的调查和处理；

⑫ 调解委托人与承包人的有关争议；

⑬ 负责与委托人建立顺畅的沟通机制；

⑭ 维护集团及项目声誉和荣誉，保守集团及项目商业机密。

（2）内部管理方面，全面负责全过程工程咨询项目部的管理：

① 包括集团 OA 系统中的立项审批，责任状的签订和执行；

② 全过程工程咨询项目部薪酬、绩效考核办法的制订、执行；

③ 组织编制项目年度评价报告、项目后评价报告；

④ 负责回款工作（承揽人配合）；

⑤ 负责与集团内部的沟通协调；

⑥ 总结、分享项目经验，按照项目管理中心要求形成并提交项目全过程工程咨询案例，不断培育、提升咨询质量与团队成员能力。

（3）公司对建筑师有选择建议权，建筑师对项目部成员有选择建议权、更换调整权、依规奖罚权。

（4）建筑师及全过程工程咨询项目部最多可同时管理三个全过程工程咨询项目。

（5）在全过程工程咨询合同期内，建筑师所在部门不得安排其他无关业务，如确需安排，须以全过程工程咨询项目为工作优先级。

（6）建筑师内部可作为集团内培训考核老师，由集团项目管理中心统筹安排。尽管各工程咨询公司对建筑师的授权不尽相同，不同规模项目的建筑师的责任与权限也不是一成不变的，但大体可归纳为以下几个方面：

① 责任：

● 代表公司为客户开展项目服务；

● 制定项目组工作计划；

● 组织并聘用项目组成员；

● 检查并上报项目进展情况；

● 监督技术经理的工作；

● 协调与公司各部门的联系；

● 按预算控制项目的开支。

② 权限：

● 管理项目组的全部工作；

● 充分利用公司资源完成项目；

● 批准项目组人员、计划变更；

● 修正项目组预算；

● 批准项目组的工作报告。

2.2.5　咨询工程师的素质

咨询工程师须具备以下素质：

（1）精通业务。咨询工程师的业务包括各种类型的工程，项目日程的规划、设计和施工，涉及各个工程门类和技术领域，虽然不同专业咨询工程师所需掌握的特殊技术有很大区别，但咨询业要求其工作人员具有高水平的业务能力，所以很多咨询工程师都应成为自己专业领域中的优秀专家。在这一前提下，咨询工程师应具备下列业务技能：

① 设计和实际操作能力；

② 技术经济分析能力；

③ 利用情报与资料的能力；

④ 计算机应用能力。

（2）较宽的知识面。工程自身的复杂程度、项目不同的环境与背景、咨询公司服务内容的广泛性要求咨询工程师应具备较宽的知识范围，对项目建设、管理过程有深入的了解，并通晓相关的金融、法律常识以及国际金融组织关于项目融资、设备采购和咨询招标的规定等内容。咨询工程师不仅要掌握专业应用技术，而且要有较深的理论基础，并了解当前最新技术水平和发展趋势；不仅要掌握工程的一般设计原则，还要掌握优化设计、可靠性设计、功能成本设计等系统设计方法。工程项目是一个多种制约条件构成的综合系统，因此要求咨询工程师善于对项目进行深入分析，提出周密的方案，以实现项目的最大总体效益。

（3）善于协作，责任心强。咨询工程师经常与客户、合同各方、本公司的各方面人员协同工作，他们还经常与政府官员、金融组织的工作人员、设备材料供应商及施工单位的人员打交道。在处理这些关系时，咨询工程师必须表现出高度的协作精神和责任心。

（4）较强的经营管理能力。咨询业务除了要求咨询工程师具有专业才能之外，还要具有经营管理能力。这是因为咨询服务比单纯的工程本身所涉及的内容更全面，不仅有技术问题，而且涉及工程项目的决策、管理以及人员的培训等各方面的问题。此外，咨询工程师必须为实现本公司的发展目标和经营战略而奋斗，在激烈的市场竞争中获取和高质量地完成国内外咨询项目，这都要求有较强的经营管理能力。

（5）具有开拓精神。咨询工程师要有积极进取勇于开拓，敢于面对各种挑战的精神和作风，才能有所作为。

2.2.6 咨询工程师的职业道德

在许多国家，咨询行业已相当发达，并制定有各自的行业规范和法规，以指导咨询。因此，咨询工程师应该具备以下职业道德：

（1）对社会和职业的责任感：

① 接受对社会的职业责任；

② 寻求与确认的发展原则及相适应的解决办法；

③ 在任何时候，维护职业的尊严、名誉和荣誉。

（2）能力：

① 保持其知识和技能与技术、法规和管理的发展相一致的水平，并且对于委托人要求的服务采用相应的技能；

② 仅在有能力从事服务时方才进行。

（3）正直性：在任何时候均为委托人的合法权益行使其职责，并且正直和忠诚地进行职业服务。

（4）公正性：

① 在提供职业咨询、评审或决策时不偏不倚；

② 通知委托人在行使其委托权时可能引起的任何潜在利益冲突；

③ 不接受可能导致判断不公的报酬。

（5）对他人的公正：

① 加强"按照能力进行选择"的观念；

② 不得故意或无意地做出损害他人名誉或事务的事情；

③ 不得直接或间接取代某一特定工作中已经任命的其他咨询工程师的位置；

④ 通知该咨询工程师并且接到委托人终止其先前任命的建议前不得取代该咨询工程师的工作；

⑤ 在被要求对其他咨询工程师的工作进行审查的情况下，要以适当的职业行为和礼节进行。

2.3 《工程咨询行业管理办法》要点解析

《工程咨询行业管理办法》（中华人民共和国国家发展和改革委员会令第 9 号）（以下简称"本办法"）的内容包括以下要点：

1. 工程咨询单位的定义

工程咨询单位是指在中国境内设立的从事工程咨询业务并具有独立法人资格的企业、事业单位。工程咨询单位及其从业人员应当遵守国家法律法规和政策要求，恪守行业规范和职业道德，积极参与和接受行业自律管理。

2. 工程咨询行业的管理部门

国家发展改革委负责指导和规范全国工程咨询行业发展，制定工程咨询单位从业规则和标准，组织开展对工程咨询单位及其人员执业行为的监督管理。地方各级发展和改革部门负责指导和规范本行政区域内工程咨询行业发展，实施对工程咨询单位及其人员执业行为的监督管理。各级发展和改革部门对工程咨询行业协会等行业组织进行政策和业务指导，依法加强监管。

3. 工程咨询企业实行备案制

对工程咨询单位实行告知性备案管理。工程咨询单位应当通过全国投资项目在线审批监管平台（以下简称"在线平台"）备案以下信息：

（1）基本情况包括：企业营业执照（事业单位法人证书）、在岗人员及技术力量、从事工程咨询业务年限、联系方式等；

（2）从事的工程咨询专业和服务范围；

（3）备案专业领域的专业技术人员配备情况；

（4）非涉密的咨询成果简介。

工程咨询单位应当保证所备案信息真实、准确、完整。备案信息有变化的，工程咨询单位应及时通过在线平台告知。

4. 工程咨询企业的业务范围

工程咨询服务范围包括以下四项：

（1）规划咨询：含总体规划、专项规划、区域规划及行业规划的编制。

（2）项目咨询：含项目投资机会研究、投融资策划、项目建议书（预可行性研究）、项目可行性研究报告、项目申请报告、资金申请报告的编制，政府和社会资本合作（PPP）项目咨询等。

（3）评估咨询：各级政府及有关部门委托的对规划、项目建议书、可行性研究报告、项目申请报告、资金申请报告、PPP项目实施方案、初步设计的评估，规划和项目中期评价、后评价，项目概预决算审查，及其他履行投资管理职能所需的专业技术服务。

（4）全过程工程咨询：采用多种服务方式组合，为项目决策、实施和运营持续提供局部或整体解决方案以及管理服务。

5. 工程咨询成果要求

编写咨询成果文件应当依据法律法规、有关发展建设规划、技术标准、产业政策以及政府部门发布的标准规范等。

6. 实行咨询成果质量终身负责制

咨询成果文件上应加盖工程咨询单位公章和咨询工程师（投资）执业专用章。工程咨询单位对咨询质量负总责。主持该咨询业务的人员对咨询成果文件质量负主要直接责任，参与人员对其编写的篇章内容负责。实行咨询成果质量终身负责制。工程咨询单位在开展项目咨询业务时，应在咨询成果文件中就符合本办法第十三条要求，及独立、公正、科学的原则作出信用承诺。工程项目在设计使用年限内，因工程咨询质量导致项目单位重大损失的，应倒查咨询成果质量责任，并根据本办法第三十条、第三十一条进行处理，形成工程咨询成果质量追溯机制。

7. 对参与工程咨询任务的人员和企业的要求

承担编制任务的工程咨询单位，不得承担同一事项的评估咨询任务。承担评估咨询任务的工程咨询单位，与同一事项的编制单位、项目业主单位之间不得存在控股、管理关系或者负责人为同一人的重大关联关系。

8. 工程咨询（投资）专业技术人员水平评价类职业资格制度

国家设立工程咨询（投资）专业技术人员水平评价类职业资格制度。通过咨询工程师（投资）职业资格考试并取得职业资格证书的人员，表明其已具备从事工程咨询（投资）专业技术岗位工作的职业能力和水平。取得咨询工程师（投资）职业资格证书的人员从事工程咨询工作的，应当选择且仅能同时选择一个工程咨询单位作为其执业单位，进行执业登记并取得登记证书。

9. 咨询工程师的地位

咨询工程师（投资）是工程咨询行业的核心技术力量。工程咨询单位应当配备一定数量的咨询工程师（投资）。

10. 工程咨询（投资）专业技术人员职业资格制的监督部门

国家发展改革委与人力资源和社会保障部按职责分工负责工程咨询（投资）专业技术人员职业资格制度实施的指导、监督、检查工作；中国工程咨询协会具体承担咨询工程师（投资）的管理工作，开展考试、执业登记、继续教育、执业检查等管理事务。

11. 执业登记相关要求

执业登记分为初始登记、变更登记、继续登记和注销登记四类。申请登记的人员应当选择已通过在线平台备案的工程咨询单位，按照《工程咨询行业管理办法》第七条划分的专业申请登记。申请人最多可以申请两个专业。申请人登记合格后取得《中华人民共和国咨询工程师（投资）登记证书》和执业专用章，登记证书和执业专用章是咨询工程师（投资）的执业证明。登记的有效期为3年。

12. 资信评级（甲级和乙级）

工程咨询单位资信评价等级以一定时期内的合同业绩、守法信用记录和专业技术力量为主要指标，分为甲级和乙级两个级别，具体标准由国家发展改革委制定。其中，甲级资信工程咨询单位的评定工作由国家发展改革委指导有关行业组织开展；乙级资信工程咨询单位的评定工作由省级发展改革委指导有关行业组织开展。开展工程咨询单位资信评价工作的行业组织，应当根据《工程咨询行业管理办法》及资信评价标准开展资信评价工作，并向获得资信评价的工程咨询单位颁发资信评价等级证书。

13. 对企业监督检查

国家和省级发展改革委应当依照有关法律法规、《工程咨询行业管理办法》及有关规定，制订工程咨询单位监督检查计划，按照一定比例开展抽查，并及时公布抽查结果。监督检查内容主要包括以下六项：

（1）遵守国家法律法规及有关规定的情况；
（2）信息备案情况；
（3）咨询质量管理制度建立情况；
（4）咨询成果质量情况；
（5）咨询成果文件档案建立情况；
（6）其他应当检查的内容。

14. 对咨询工程师（投资）执业情况监督检查

中国工程咨询协会应当对咨询工程师（投资）执业情况进行检查。检查内容包括：

（1）遵守国家法律法规及有关规定的情况；

（2）登记申请材料的真实性；

（3）遵守职业道德、廉洁从业情况；

（4）行使权利、履行义务情况；

（5）接受继续教育情况；

（6）其他应当检查的情况。

15. 对行业的评估

国家和省级发展改革委应当对实施行业自律管理的工程咨询行业组织开展年度评估，提出加强和改进自律管理的建议。对评估中发现问题的，按照《工程咨询行业管理办法》第三十二条处理。

16. 工程咨询单位违规违法应承担的责任

工程咨询单位有下列行为之一的，由发展改革部门责令改正；情节严重的，给予警告处罚并从备案名录中移除；已获得资信评价等级的，由开展资信评价的组织取消其评价等级。触犯法律的，依法追究法律责任。不得出现以下情况：

（1）备案信息存在弄虚作假或与实际情况不符的；

（2）违背独立公正原则，帮助委托单位骗取批准文件和国家资金的；

（3）弄虚作假、泄露委托方的商业秘密以及采取不正当竞争手段损害其他工程咨询单位利益的；

（4）咨询成果存在严重质量问题的；

（5）未建立咨询成果文件完整档案的；

（6）伪造、涂改、出租、出借、转让资信评价等级证书的；

（7）弄虚作假、提供虚假材料申请资信评价的；

（8）弄虚作假、帮助他人申请咨询工程师（投资）登记的；

（9）其他违反法律法规的行为。

对直接责任人员，由发展改革部门责令改正，或给予警告处罚；涉及咨询工程师（投资）的，按照《工程咨询行业管理办法》第三十一条处理。

17. 咨询工程师（投资）违规违法应承担的责任

咨询工程师（投资）有下列行为之一的，由中国工程咨询协会视情节轻重给予警告、通报批评、注销登记证书并收回执业专用章。触犯法律的，依法追究法律责任。不得出现以下情况：

（1）在执业登记中弄虚作假的；

（2）准许他人以本人名义执业的；

（3）涂改或转让登记证书和执业专用章的；

（4）接受任何影响公正执业的酬劳。

第 3 章

工程项目立项阶段的咨询

3.1　工程项目立项概述

工程项目立项阶段的咨询包括前期规划咨询、项目选定咨询、可行性研究和项目评估四方面的工作。同时需要确定三方面的内容：确定项目、确定方案以及确定投资。其中，确定项目即立项，以批准项目建议书为标志；确定方案包括确定项目选址和项目规模，以及建设方案等；确定投资是指确定项目的投资规模和资金来源。确定方案和确定投资要根据可行性研究报告的批准进行。

项目立项是一种决策行为，决策是指"做正确的事情"，因此通常将立项管理界定为通过规范化的流程，判断并采纳符合投资项目根本目标的立项建议，提供合适的资金和资源，使立项建议成为正式的项目的管理。

3.2　工程项目立项阶段咨询的内容

3.2.1　规划咨询

当前，虽然还没有规范的定义，但是通常认为规划咨询是指规划编制部门正式做出规划决策、执行规划之前，为了优化规划方案，提高规划科学性和可行性而展开的专家论证、公众征询或专题研究等工程咨询活动，通常称为立项建议阶段。规划咨询是工程项目咨询的第一项重要工作任务，开展规划咨询是规划编制单位为了提高决策管理水平而采取的主观活动，主要咨询业务包括规划制定咨询和规划评估咨询。

1. 规划咨询的内容

规划的编制和实施是一个螺旋上升的过程，各阶段的工作按照一定的逻辑顺序依次进行。因此，规划咨询工作包括成立规划咨询机构、调研、专题论证、编制方案、规划实施和评估反馈六个阶段。

（1）成立规划咨询机构。规划咨询机构包括领导小组、专家咨询组、综合研究组和专题研究组等。

（2）调研。组织专题研究人员进行实地调研，走访有关地区和部门，掌握规划区的基本情况，了解主要利益相关者的诉求，为制订规划方案进行前期准备。调研阶段应该注意开展面向各类群体的公众征询，深入了解当地的情况。

（3）专题论证。其主要工作是总结当地区域和产业发展的主要特点，分析其主要优势和限制因素，了解其演变历程，并根据实际情况对当地经济社会发展水平、发展阶段、综合实力等作出整体判断。制定区域发展战略和目标，明确规划区在相关区域、全国乃至国际分工中的地位和作用。

（4）编制方案。根据总体目标和各分目标的长期与短期发展预测，制订多个可选的规划方案，之后对各种方案进行比较，并选择最优的方案。

（5）规划实施。形成规划咨询报告草案，包括总体报告和分报告，请政府部门、专业机构、当地民众参与规划的评议，对规划内容进行必要的调整和修改，确定最终的方案，并组织实施规划方案。

（6）评估反馈。建立规划动态监测与预警系统，确立相应的评价指标体系或标准，对规划方案进行动态监测检查。通过对规划实施后所形成的结果与原规划编制成果中的内容是否一致进行评价。根据评价结果对规划方案和内容作出必要的调整、补充或修改。

2. 规划咨询的原则

规划咨询需要遵循以下原则：

（1）具有以人为本，全面协调可持续的高质量发展观，即有效原则；

（2）从实际出发，遵循自然规律、积极规律和社会发展规律，即合理原则；

（3）实行科学化、民主化，广泛听取社会各界的意见；

（4）统筹兼顾，加强各级各类规划之间的衔接和协调，即统一原则。

3. 规划咨询常用的方法

（1）定性结合定量。咨询研究中最常用的方法包括定性分析方法、定量分析方法和定性定量相结合的分析方法。定性分析方法是通过研究事物构成要素的相互联系从内在性质上来揭示事物本质的方法，它是在逻辑分析、推理判断的基础上，对客观事物进行分析与研究，从而找到事物发展的内在规律，确定事物的本质。定性分析方法经常是咨询工作者的常用首选方法。市场预测的类推预测法、德尔菲法、专家会议法，战略分析的波士顿矩阵法和通用矩阵法，社会分析的利益相关者分析法和逻辑框架法等，均是定性分析方法。

定量分析方法是根据统计数据，建立数学模型，计算出分析对象的各项指标及其数值的方法。市场预测的因果分析法和延伸预测法，财务分析的现金流量分析法，经济分析的费用效益分析法，风险分析的概率树法和蒙特卡洛模拟法等，均是定量分析方法。

定量分析方法和定性分析方法各有一定的局限性。用定性分析印证定量分析，用定量分析说明定性分析，加强分析的力度和效果。定性和定量相结合的方法有系统分析法、层次分析法等。

（2）宏观分析与中观、微观分析相结合。规划的行政流程一般分为编制、审批和筹备三个环节，并通过评估将执行的效果反馈到编制中。与此相对应，可将规划咨询分为决策咨询、管理咨询和技术咨询三个层次。决策咨询通常发生在发展战略和总体规划层面，管理咨询通常发生在分区规划和控制性详细规划层面，技术咨询通常发生在修建性详细规划和建筑单体层面。规划咨询通常需要将这些层次结合起来，既要考虑宏观层面的发展战略，也要服务于区域规划，进而实现微观层面的合理性。

（3）技术经济分析与社会综合分析相结合。技术经济分析主要从经济的角度出发，根据国家现行的财务制度、税务制度和现行的价格，对建设项目的费用和效益进行测算和分析，对建设项目的获利能力、偿债能力和外汇效果等经济状况进行考察分析的一项研究工作。结合各项资源条件、生产力布局状况、市场情况提出对建设项目的一个轮廓设想，作为选择建设项目的依据。这一项研究工作的目的是通过分析并定性定量地判断建设项目经济上的可行性、合理性及有利性，从而为投资决策提供依据。

社会综合分析主要是用以效率为目标的"影子价格"推算其成本、效益，用于反映真实的社会成本和社会收益，排除市场价格可能造成的假象，解决对没有市场价格的成本、效益进行衡量的问题，目的在于衡量支出项目对整个国民经济的影响。

规划咨询不仅从技术经济角度进行分析，还需要从整个国民经济角度进行综合分析。

（4）必要性分析与可行性分析相结合。必要性分析是指通过收集并分析信息或资料，以确定是否通过培训来解决组织存在的问题的方法。它通过对组织所作的彻底分析，确定组织中存在的问题和是否可以通过培训来解决，及解决这些问题的成本和收益等方面。

可行性分析是通过对项目的主要内容和配套条件，如市场需求、资源供应、建设规模、工艺路线、设备选型、环境影响、资金筹措、盈利能力等，在投资项目管理中，可行性研究是指从技术、经济、工程等方面进行调查研究和分析比较，并对项目建成以后可能取得的财务、经济效益及社会环境影响进行预测，从而提出该项目是否值得投资和如何进行建设的咨询意见，财务上的盈利性和经济上的合理性，技术上的先进性和适用性以及建设条件上的可能性和可行性，从而为投资决策提供科学依据的一种综合性的系统分析方法。可行性分析应具有预见性、公正性、可靠性、科学性的特点。规划咨询需要必要性分析与可行性分析相结合。

（5）静态与动态分析相结合。规划咨询需要采用动态分析与静态分析相结合的方法。其中，动态分析是指在项目决策分析与评价时要考虑资金的时间价值。静态分析是指在项目决策分析与评价时不考虑资金的时间价值，把不同时间点的现金流入和流出看成是等值的分析方法。

3.2.2 项目可行性研究

1. 可行性研究的目标

项目可行性研究是项目生命周期的重要环节，是投资决策的基础和重要依据，因此可行性研究应以满足项目科学决策、指导项目实施、规避重大失误与风险为目标。为此，需要调查研究与项目有关的法律政策和相关资料、数据，对项目的技术经济、工程、环境等进行充分论证和分析，从而提出项目是否值得投资、如何进行投资的结论和意见。投资项目进行可行性研究的主要目的不仅是为可行性研究提供科学的投资决策依据、项目设计依据、项目实施依据及项目评估依据，而且也是最大限度地获得经济效益和社会效益，尤其对于重大基础设施投资项目。

2. 可行性研究的主要任务

可行性研究的主要任务是围绕项目的必要性和可行性进行研究。具体包括以下主要任务：

（1）调查分析项目背景与基础数据；

（2）市场预测与需求分析；

（3）论证项目必要性；

（4）论证、比选项目规模、标准、方案、主要配套条件及工程技术可行性；

（5）估算项目投资规模，分析投融资方案及财务可行性；

（6）分析、评价项目外部影响及经济、社会、资源、环境可行性；

（7）初步落实项目实施条件与总体筹划；

（8）开展项目风险识别、评价，提出初步应对措施；

（9）提出项目可行性研究结论与建议。

3. 可行性研究应遵循的基本原则

项目可行性研究是项目前期研究的关键阶段，既是项目决策、审批、投融资的基础，也是项目实施的重要依据。可行性研究应遵循客观性、系统性和时效性等基本原则。

（1）客观性原则。客观性是可行性研究的基本原则，咨询机构对项目的可行性作出客观的评价是最基本的职业操守，也是咨询行业应该遵循的基本原则。保障可行性研究的客观性需要保证研究工作的独立性和研究方法的科学性。

（2）系统性原则。项目可行性研究往往是涉及技术、工程、经济、社会、环境等多个领域、众多专业和多方面的复杂问题，所研究的项目通常又具有多目标和大量内外部约束条件，因此也是一项系统工程，需要遵循系统性原则和采用系统方法。系统分析方法正是把事物当作一个整体来研究，把一个研究对象看作一个系统，从系统的整体观点出发，研究系统内部各组成部分之间的有机联系、与外部环境的相互关系及变化过程，即采用综合的研究方法。与把事物分解为多个独立的部分后分别进行研究的传统分析方法相比，系统分析方法更加符合系统特性的认识规律。当然，系统分析方法并不排除分解的方法，在对系统各个部分进行分析时，也可采用分解的方法。但是，系统分析方法能够把分析和综合结合起来，从而具有更高的视角和广泛的适用性。可行性研究遵循系统性原则就是要做到既要全面又要综合，是否遵循系统性原则决定可行性研究是否充分可靠。

（3）时效性原则。可行性研究一般需要在项目环境分析基础上，通过调查研究获得大量基础数据，并建立适当的模型对未来需求进行预测，在此基础上提出项目方案，进行方案比选，分析评价不同方案的优劣，提出项目是否必要和实施方案。由于市场环境、法律法规、实施条件等因素均是随时间变化的，所以可行性研究还要遵循时效性原则。

4. 可行性研究的主要工作方法

（1）现场调查与资料分析相结合。在研究过程中，要特别注意现场踏勘、实地调查与资料的分析比较，根据以往经验，一个方案的稳定和落实，要对现场进行多次反复踏勘、深入了解、密切结合，才能取得综合各项制约因素和条件后较为完善的推荐方案。同时需要了解国内及国外相关文献和政策法规。

（2）理论分析与专家经验相结合。明确到对具体案例进行分析，使定量分析取得最佳结果。

（3）可行性研究与专题研究相结合。为使可行性研究报告更加深入，内容更加丰富、翔实，更具科学性和合理性，并满足可行性研究报告报批对相关支持性文件的要求，在进行可行性研究报告编制时，要开展一系列专题研究，与可行性研究工作结合进行。

（4）方案论证与外部协调相结合。项目可行性研究涉及专业众多，外部制约条件复杂，所以在研究过程中，既要注意论证方案的合理性，又要注意与外部条件的协调性。

（5）定性分析与定量分析相结合。遵循定量分析与定性分析相结合的原则，并以定量分析为主，力求能够反映项目实施中的费用（如投资、运营成本等）与收益（如运营收入等），对不能直接进行定量分析比较的，须实事求是地进行定性分析。

（6）静态分析与动态分析相结合。静态分析与动态分析各有特点，不可舍弃两者中的任何一种，在项目决策分析与评价中应根据需要，采用静态分析与动态分析相结合，以动态分析为主，静态分析为辅的决策分析与评价方法。

（7）多方案比较与优化。多方案的比较论证与优化是项目决策分析与评价的关键，尤其是在多目标决策分析时，方案众多，可采用综合评分法、目标排序法、逐步淘汰法或两两对比法进行比选，并运用价值工程方法进行方案优化。

3.2.3　建设方案研究

1. 产品方案

对于拟建项目，有的项目只有一种产品，有的项目生产多种产品，并以其中一种或几种产品为主导产品。产品方案是研究拟建项目生产的产品品种及其组合方案，即研究其主要产品、辅助产品和副产品的种类及其生产能力的合理组合，包括产品的品种、产量、规格、性能价格等，使它与技术、设备、原材料及燃料供应等方案协调一致。

影响产品方案的主要因素包括市场需求、产业政策、专业化协作、资源综合利用、环境条件、原材料燃料供应、技术设备条件、生产运输和储存条件。建设方案包括图纸（总平面图）及设计说明，应对各专业工程进行描述；对结构、装修标准等进行简要说明。

策划项目建设方案的主要内容包括项目建设方案的征集、方案比选以及确定最终可决策的建设方案并针对决策方案进行投资估算编制，从而确定项目总投资。

2. 建设规模

项目建设规模即项目的生产规模，是指项目设定的正常生产运营年份可能达到的生产能力或使用者效益。不同类型的项目建设规模的表述不同，工业项目通常以年产量、年加工量、装机容量表示；交通运输项目以运输能力、吞吐能力等表述；建筑工程项目通常以建筑面积、占地面积等表示。多种产品的项目一般是以主要产品的生产能力表示该项目的建设规模。

（1）确定建设规模的主要影响因素有以下五类：

① 技术条件。影响建设规模的技术条件主要有先进的生产技术、技术装备和管理技术水平等，建设规模对建设项目有至关重要的作用。

② 资源供给。工程项目所需的资源包括原材料、资金和劳动力。资源供给对建设项目的影响主要有所需资源的稀缺性以及供应链上、下游企业的协同配套能力决定。

③ 市场条件。市场条件包括市场的需求量、竞争情况、原材料和产品的价格水平以及市场的不确定性。

④ 实际需求和应用。建设规模要符合人类活动，适应环境状况，落实到实际

情况；同时建筑的实用功能也影响建设规模。

⑤ 经济效益因素。在一定的技术条件、资源供给情况和市场条件下，随着建设规模的变化，经济效益也在发生变化，并在某一个建设规模下达到最大的经济效益。但是在现实世界中，该规模很难达到，因此，通常需要在给定条件下选择合理的建设规模以达到相对较高的经济效益水平。

（2）确定建设规模常用的方法有以下三种：

① 经验法和类比法。根据国内同类或类似企业的经验数据，在考虑企业自身实际情况的基础上，确定拟建项目的建设规模并以此类比。该方法是咨询行业常用的方法。

② 规模效益曲线法。企业规模与生产成本相关，随着企业规模的扩大，单位产品的成本逐渐下降，当企业规模增大到一定规模后，成本会上升，随着企业成本的变化企业的效益也会发生变化。因此，企业效益会随着企业规模的逐渐增大呈现先下降后上升的曲线变化。规模效益曲线法就是在对企业各种数据分析的基础上，绘制企业的规模效益曲线，然后确定企业的最优生产规模。

③ 分步法。该方法的步骤是，首先运用盈亏平衡分析，计算盈亏平衡的最小规模，作为生产规模的下限；然后在对企业的技术条件、资源条件和市场因素分析的基础上确定生产规模的上限；之后在上下限之间确定若干个可选的生产规模；最后在这几个可选生产规模之间根据企业的市场能力，比较并确定最优的生产规模。

在对多个方案进行比较选择时，通常运用资金利用效率作为选择的评价标准，常用的方法有以下三种：

a. 差额投资回收期法。当被比较的建设方案满足相同的需求，且具有可比性时，通过比较它们的投资规模和年经营成本的大小，来选择最优的方案。差额投资回收期是指在不考虑资金的时间价值的条件下，用投资大的方案比投资小的方案节约的经营成本作为回收差额投资，并计算差额投资回收的时间，然后将其与基准投资回收期进行对比，若小于基准投资回收期，则选择高投资方案；否则，选择低投资方案。注意，差额投资回收期法的假设条件是投资与产量成正比，且年经营成本与产量也成正比。

b. 差额投资收益率法。差额投资收益率是差额投资回收期的倒数，该方法的计算方法与差额投资回收期相同，都是对多个方案两两比较，直至选出最优方案。

c. 计算费用法。该方法通过计算各方案的总计算费用或年计算费用来比较各方案的优劣，并选择总计算费用或年计算费用较小的方案。总计算费用 T 和年计算费用 A 的计算方法如下：

$$T = Z + PC$$

$$A = C + RZ$$

式中，Z 是总投资；P 是基准投资回收期；C 是指年经营成本；R 是基准投资收益率。

3. 厂址选择

（1）厂址选择在各阶段的主要工作。我国建设工程项目的厂址选择分为准备阶段、地区选择阶段和具体地点的选择阶段三个阶段。

① 准备阶段的主要工作是对选址目标提出要求，并提出选址所需的技术经济指标。这些要求主要包括产品、技术规模、运输条件、需要的物料和人力等，以及相应的各类经济技术指标。

② 地区选择阶段的主要工作是收集各种所需的资料，包括各候选地区的市场条件、资源条件、运输条件和社会环境等，之后将候选地区的这些指标继续对比。

③ 具体地点选择阶段的主要工作是收集并分析地区内的候选地址的地形地貌条件、地质条件、占地原则、施工条件和给水排水条件等资料，并整理成完整的报告后上报管理部门。

（2）厂址选择的方法。厂址选择除了要考虑经济因素，也要考虑非经济因素。常用的方法是加权因素法，就是在确定各指标的权重之后计算各方案的评价在值。

4. 生产工艺技术方案比选

生产工艺技术方案主要是确定拟建项目所使用的生产技术、工艺流程、生产配方及生产方法、生产过程控制程序、操作规程及程序数据等，以确保生产过程合理、流畅、有序地运行。

工艺技术方案的研究是综合对比各备选工艺技术方案的可靠性、合理性、适用性、经济性、安全性和环保性等多方面，之后运用加权评分法或者投资效益评价法来确定最优的工艺技术方案。

5. 设备方案比选

设备方案的选择是在初步确认技术方案的基础上，对所需的主要设备的规格、型号、数量、来源、价格等进行对比选择。选择的方法是计算差额投资回收期、总投资收益率、运营成本、寿命周期费用等指标。

6. 总图布置方案

总图布置方案主要是依据确定项目建设规模，根据场地、物流、环境、安全等条件和要求对工程总体空间和设施进行合理布置。总体布置方案要求满足生产工艺过程要求，满足场内外运输的要求，同时适应自然条件（气象、地形、水文、地质等）和城市规划的要求，还要符合防火、安全、环境保护和卫生规划的要求。

确定总图布置方案的方法有摆样法、数学模型法、图解法、系统布置设计和其他的一些计算机辅助设计等方法。

建设方案研究是对拟建项目基础资料进行调研，收集并落实建设条件，确定项目选址与建设规模，并就项目选址及建设规模的合理性进行分析论证，落实资金来源、确定资金筹措方式，并就资金来源的可靠性、资金筹措方案进行可行性论证。

3.2.4 环境影响评估

广义的建设项目环境影响评估是指对拟建项目可能造成的环境影响（包括环境污染和生态破坏，也包括对环境的有利影响）进行分析、论证的全过程，并在此基础上提出采取的防治措施和对策。狭义的是指对拟议中的建设项目在兴建前即可行性研究阶段，对项目选址、规划设计、项目建设等过程，尤其是项目投产运营可能产生的环境影响进行分析和估计，遵循环境合理性原则。提出相应的防治措施，为项目选址、设计及建成投产后的环境管理提供科学依据。

1. 环境影响评估的作用

环境影响评估具有如下三个方面的作用：

（1）推进经济发展方式转变

在过去的经济社会发展中，许多情况下只考虑短期和眼前的利益，且不考虑环境承载力的问题，因此也就不会谈及环境效益的问题，甚至为获得经济效益，而不惜浪费资源和破坏环境为代价。于是带来资源枯竭、环境污染的一系列问题，经济社会可持续发展成为空谈。建立环境影响评估制度，健全环境影响评估体系，并在经济社会发展领域加以实施，能有效遏制这些问题的恶化。对项目环境影响进行科学评估，能帮助人们深刻理解环境与人类经济活动的密切依赖关系，增强环境保护的意识，努力促进实现经济发展与环境保护的双赢。

（2）为区域经济发展规划提供决策依据

在以往的区域经济发展中，往往缺乏对区域经济、社会、环境方面的综合分析和评价，在制定经济社会发展规划时，对当地环境和资源承载力考虑不够，实行的是粗放式的发展模式，造成了当地资源的浪费和环境的破坏，经济社会可持续发展难以为继。因此，必须根据当地的资源和环境承载力的实际，客观地制定区域经济的发展规划，促进实现经济和环境的协调发展。

（3）为投资项目环境保护对策的制定提供依据

通过对拟投资项目可能产生环境影响进行科学评估，可以明确项目在建设和运营条件下对周边环境的大气、水资源、声音产生哪些影响，并对产生的环境影响和国家标准相比较，是否满足国家制定的环境保护的标准。如果不符合标准，能否通过采取环保措施来改善，并通过项目设计、技术提升等手段来实现，从而为投资项目环境保护对策的制定提供客观依据。

1981 年 5 月，有关部委联合颁布了《基本建设项目环境保护管理办法》，该办法具体规定了环境影响评估的范围、程序、方法、费用、审批，并制定了建设项目在保护环境方面要坚持的原则和具体做法。五年后，有关部委联合颁布了《建设项目环境保护管理办法》，其目的在于加强环境保护管理，控制项目建设带来的环境污染，加快环境污染治理与生态修复。

1998 年，国务院颁布了《建设项目环境保护管理条例》，进一步提升了环境保护法律制度的法律地位。全国人大常委会于 2002 年通过了《中华人民共和国环境影响评估法》，并于 2003 年 9 月 1 日起实施（后经两次修正）。在《中华人民共和国环境影响评估法》的第三章规定了建设项目的环境影响评估。随后，以《中华人民共和国环境影响评估法》为核心，建立了由相关行政法规和部门规章以及地方性法规构成的环境影响评估法律体系，进一步完善了建设项目环境影响法律保护制度的建设。

2. 环境影响评估的基本要求

工程建设项目应注意保护场址及其周围地区的水土资源、海洋资源、矿产资源、大气、森林、植被、文物古迹、风景名胜等自然环境和社会环境。环境影响评估的基本要求如下所述：

（1）基本上适应于所有可能对环境造成显著影响的项目，并能够对所有可能的显著影响做出识别和评估。

（2）对各种替代方案（包括项目不建设或地区不开发的情况）、管理技术、减缓措施进行比较。

（3）生成清楚的环境影响报告书，以使专家和非专家都能了解其影响特征及重要性。

（4）广泛的公众参与和严格的行政审查程序。

（5）及时、清晰的结论，以便为决策提供信息。

3. 环境影响评估的法律依据

环境影响评价的重要性及其工作的性质决定了环境影响评估人员除了不断提高业务能力和技术水平，还要认真学习和研究国家的相关法律法规、产业政策、技术政策和环保政策。我国环境影响评估的法律依据主要有《中华人民共和国环境保护法》（中华人民共和国主席令第9号）；环境类的法律法规，如《中华人民共和国水污染防治法》《中华人民共和国大气污染防治法》《中华人民共和国环境噪声污染防治法》等；以及资源类法规，如矿产、土地、水、野生动物保护法等；还包括国务院制定并公布或经国务院批准有关部门公布的如环境保护部门规章、地方性法规和地方政府规章、环境影响评估法规环境标准、环境保护国际条约等。

4. 项目环境影响评估的基本步骤

（1）明确评估的目标与范围。根据项目的主要目的与功能和国家（地区）的社会发展目标，由项目评估人员对项目所涉及的主要影响因素进行分析研究，找出项目对这些方面可能产生的影响。在确定项目评估的范围时，要确定哪些方面是主要的，哪些方面是次要的，以及项目影响波及的空间范围与时间范围。其中，空间范围是指项目实施所在地区以及相邻地区；时间范围是项目的寿命期或预测的项目可能造成的各种因素的影响年限。

（2）构建评估指标体系。根据项目评估的范围，采用定性分析的方法，来确定工程项目环境影响评估的初步指标体系。在此基础上，选取合适的定量分析方法，按照层次性、统一性、可比性、客观性等方面的要求，对指标进行约简，剔除初步评估指标体系中的多余指标，形成最终的工程项目环境影响综合评估指标体系，以提高评估效率、效果以及评估的全面性和客观性。

（3）确定评估指标权重和建立综合评估模型。根据构建的工程项目环境影响的综合评估指标体系，利用层次分析法（Analytic Hierarchy Process，AHP）对其进行重要程度排序，确定出工程项目环境因素评估指标体系的权重。在此基础上，按照项目的特点，分析和研究各评估指标之间的相互关系，借助数学和统计学等方面的定量分析方法，构建项目综合评估的模型，为项目评估提供技术支持，确保工程项目评估结果的科学性、客观性以及评估结果的全面性。

（4）对工程项目环境影响实施评估。按照构建的工程环境影响评估指标体系，利用层次分析法，确定评估指标体系的各有关权重。在此基础上，根据模糊综合评估的方法和流程，对工程项目环境影响实施单因素模糊评估和综合因素模糊评估，从微观和宏观两个层面对工程项目的环境影响情况进行把握，从而为拟投资的工程项目的决策提供科学和客观的依据。

3.2.5　安全评价

安全评价也称其为危险评价或风险评价，其致力于保障系统和施工工程的安全，运用安全系统工程思想与办法，对系统或工程中可能存在的不安全要素进行辨别和剖析，对系统或工程过程中职业损害及危险事件发生的可能性和严重度开展判定，进而为预防举措的拟定和管控策略的出台提供客观依据。

风险识别是风险管理的第一步，是风险管理的基础。它是对项目所面临的潜在的风险加以判断、归类和鉴定风险性质的过程。管理人员在深入仔细的考察后，运用各种方法对潜在及存在的各种风险进行系统归类，从而识别风险的因素、性质及后果。

近年来，安全形势依然十分严峻，安全事故及问题仍然十分突出，据国家有关规定进行安全条件论证和安全评价，是严格安全生产准入的前置条件，安全评价是落实"安全第一，预防为主，综合治理"方针的重要技术保障，是安全生产监督管理的重要手段。

安全评价是以实现安全为目的，应用安全系统工程原理和方法，辨识与分析工程、系统、生产经营活动中的危险、有害因素，预测发生事故或造成职业危害的可能性及其严重程度，提出科学、合理、可行的安全政策措施建议，作出评价结论的活动。安全评价可针对一个特定的对象，也可针对一定的区域范围。

1. 安全评价的基本原则

安全评价是关系到被评价项目能否符合国家规定的安全标准，能否保障劳动者安全、健康的关键性工作，安全评价必须以被评价项目的具体情况为基础，以国家安全法规及有关技术标准为依据。安全评价的基本原则是具备国家规定资质的安全评价机构科学、公正和合法地自主开展安全评价。

2. 安全评价的内容和分类

我国规定，建设项目安全设施必须与主体工程"同时设计，同时施工，同时投入生产和使用"。安全设施包括安全监控设施和防瓦斯等有害气体、防尘、排水、防火、防爆等设施。安全设施投资应当纳入建设项目概算，并在工程项目前期对其安全生产条件进行论证并进行安全预评价。

根据工程、系统生命周期和评价的目的，安全评价分为三类：安全预评价、安全验收评价和安全现状评价。

（1）安全预评价是根据建设项目可行性研究报告的内容，分析和预测该项目可能存在的危险、有害因素的种类和程度，提出合理可行的安全对策措施及建议。其是安全评价的一种类型；是在建设项目可行性研究阶段、工业园区规划阶段或生产经营活动组织实施之前，根据相关的基础资料，识别分析建设项目、工业园区、生产经营活动潜在的危险、有害因素，确定其与安全生产法律、法规、标准、行政规章、规范的符合性，预测发生事故的可能性及其严重程度，提出科学、合理、可行的安全对策措施建议，作出安全评价结论的活动。

通过安全预评价形成的安全预评价报告，作为项目前期报批或备案的文件之一，在向政府安全管理部门提供的同时，也提供给建设单位、设计单位、业主，作为项目最终设计的重要依据文件之一。安全预评价程序为：前期准备→辨识与分析危险、有害因素→划分评价单元→选择评价方法定性、定量评价→提出安全对策措施建议→作出评价结论→编制安全预评价报告等。

安全预评价方法可分为定性评价方法和定量评价方法。定性评价方法有安全检查表、危险分析、故障类型和影响分析、作业条件危险性评价法、危险和可操作性研究等；定量安全评价方法有危险度评价法，道化学火灾、爆炸指数评价法，泄漏、火灾、中毒评价模型等。

（2）安全验收评价是在建设项目竣工、试运行后，通过对建设项目的设施、设备、装置实际运行状况及管理状况的安全评价，查找该项目投产后存在的危险有害因素，确定其程度并提出合理可行的安全对策措施及建议。

（3）安全现状评价是针对某一个生产经营单位总体或局部的生产经营活动的安全现状进行安全评价，查找其存在的危险、有害因素并确定其程度，提出合理可行的安全对策及建议。监视风险的状况及变化情况，检查应对措施是否有效，及时识别与分析遗留和新增风险并采取相应对策。

3.2.6　融资方案设计与财务评价

1. 融资方案设计

1）各种融资方案及其特点

融资方案是研究拟建项目的资金渠道、融资形式、融资结构、融资成本、融资风险比选推荐项目的融资方案，并以此研究资金筹措方案，进行项目可行性分析和专家论证，确定明确的项目目标，以项目融资的模式来分散项目风险。

工程项目的资金来源通常由自有资金和外源资金两部分组成。其中，外部融资的方式主要有权益融资与债务融资。

（1）债务融资特点分析。债务资金是指债权人提供的资金，它需要按期归还，有一定的风险，但其要求的报酬率比权益资金低。所谓债务融资，是指企业或政府以借贷和租赁等的形式吸引资金或实物资本投入到工程项目中，实现工程项目资源利用的最大化以提高企业的经济利益。债务融资和股权融资在收税后具有很强的成本优势。

负债经营具有两面性：既可增强工程项目的获利能力，也会增加项目的财务风险；并且，不同负债来源，其获利能力与风险程度不同，不同负债组合结构产生的效果不同。债权的作用在于，当工程项目能够清偿债务时，控制权就掌握在工程项目手中，如果工程项目还不起债，控制权就转移到银行手中。所以债务融资有筹资风险、经营风险和财务风险。

因此，确定一个合理的负债资金结构，就成为需要解决的一个问题。负债资金结构包括两层含义：第一层是确定负债规模结构，第二层是确定各种不同负债组合结构。确定负债规模结构固然重要，但是如何选择不同负债组合结构这一问题同样关键。因为即使负债规模结构合理了，但债务资金内部结构不合理，同样也会引发财务上的一系列问题。

进行债务融资时应考虑的影响因素如下所述：

① 筹资渠道是否畅通。在我国，资金短缺或紧张将是我国经济发展的长期态势，且筹资的渠道和手段既不齐备又不畅通。在此情况下，项目融资的首要目标必然是追求充足和稳定的资金来源。这不但取决于各种提供资金来源的主体对项目的

判断，还取决于项目投资者的筹资能力。如何在既保证资金及时到位的同时，又尽量避免资金的闲置和不必要的浪费，这是工程项目管理部门必须解决的首要问题。

② 筹资的风险大小及难易程度。在筹资时要合理估计筹资风险，权衡收益和风险的大小，正确运用筹资组合理论，分散、转移筹资风险，避免不必要的风险和损失。同时，要根据资本市场竞争程度的大小合理评估筹资的难易程度，尽可能选择供求基本平衡或者供大于求的资金来源。特别是对一些融资要求较为严格的筹资渠道，更应从项目及其发起人的角度出发，认真考虑筹资的可能性。例如，要获得海外金融机构的贷款，必须满足两个原则：金融机构资助的项目必须有利于项目所在国家和地区的经济发展或有益于金融机构所在国家、地区的经济利益和社会价值取向；向海外金融机构申请贷款的工程项目必须具有健全的资本结构、较好的管理水平和获利能力。

③ 综合资金成本。工程项目不可能从单一渠道筹集资金，而是多种筹资方式的有机结合。因筹资方式不同，资金成本也不同，因此资金结构优化的最终目的是使综合资金成本最低，尽量避免风险。其中直接投入资金的成本是"机会成本"，即这笔资金作为其他用途可获得的最大净效益。

④ 工程项目运营后的现金流量。项目投入运营后经营状况的好坏决定了工程项目的偿债能力，而现金流量则是评价工程项目偿债能力的主要依据。项目运营后，如果获利能力较强而且比较稳定，就能适当提高财务杠杆而不会使工程项目有丧失偿债能力的风险。相反，一旦出现经营不善，就容易造成还款资金来源不足，形成严重的债务缺口，如果债务资金比例过大，或短期贷款比例过重，都会导致项目偿债困难。因此，必须在预测项目运营后可能获得的现金流的基础上确定合适的负债率以及合理的举债方式。

⑤ 利率。项目债务资金的利率风险是项目融资的主要金融风险之一。一方面，在确定了债务资金来源的大致范围以后，就可以根据利率水平的高低对各种来源进行排序，争取风险小和利率低的债务资金。另一方面，对融资方案而言，融资成本风险与贷款中固定利率与浮动利率的比例密切相关。在国际金融市场利率频繁波动的情况下，浮动利率比例越高，融资成本风险越大，如果利率结构合理，风险就可以得到控制。一般说来，合理的利率结构应以固定利率为主，其比例应占整个贷款的 70% 左右，而浮动利率不应高于 30%。

⑥ 贷款使用期限的长短。项目投资者可以针对项目的现金流量特点，根据项目实施不同阶段对债务资金的需求而选择合适的贷款机构，进行不同期限的贷款，

尽量使得资金的筹集和投放在时间上相匹配，这是规避风险的较好办法之一。例如，用于项目运作的一笔长期资金可以在项目即将落成时才进行操作。又如，世界银行的联合融资期限在 15 年左右，比国外商业银行贷款 5～7 年的期限长得多，与公共工程项目因初期投入大、回收期长的特点从而需要大量长期贷款的要求正好相吻合。

（2）权益融资特点分析。权益资金也称资本金，是指项目股东投入的资金，它不需要归还，且筹资的风险小，但其期望的投资回报率高。权益融资是除债务融资之外的另一种主要融资方式。在工程项目中的权益融资主要是工程项目本身未来具有乐观的现金流，或是政府通过一些具体的政策优惠来吸引民间资本投入工程项目，使公共工程项目的投资主体多元化，增加工程项目的融资渠道和融资额。

① 权益融资的优点如下：

a. 资金来源广泛，如个人、投资基金、杠杆收购基金、战略投资者、养老基金、保险公司等都可以作为工程项目权益融资的投资主体出现；

b. 所融资金一般不需要抵押、质押和担保；

c. 所融资金通常不需要偿还，由投资方承担投资风险；

d. 投资方不同程度地参与工程项目的运营与管理，并将投资方的优势与政府结合，为工程项目发展带来科学的管理模式、丰富的资本市场运作经验以及市场渠道、品牌资源和产品创新能力等；

e. 投资方可以为工程项目后续发展提供持续的资金支持，以帮助公共工程项目实现超常规发展；

f. 权益融资需要投资工程项目建立较为完善的公司法人治理结构。公司的法人治理结构一般由股东大会、董事会、监事会、高级经理组成，相互之间形成多重风险约束和权力制衡机制，降低了工程项目的经营风险；

g. 在现代金融理论中，证券市场又称公开市场，它指的是在比较广泛的制度化交易场所，对标准化的金融产品进行买卖活动，是在一定的市场准入、信息披露、公平竞价交易、市场监督制度下规范进行的。与之相对应的贷款市场，又称协议市场，亦即在这个市场上，贷款者与借入者的融资活动通过直接协议。在金融交易中，人们更重视的是信息的公开性与可得性。所以证券市场在信息公开性和资金价格的竞争性两方面分析优于贷款市场；

h. 如果借贷者在工程项目股权结构中占有较大份额，那么他运用公共工程项目借款从事高风险投资和产生道德风险的可能性将大为减小。

② 权益融资的缺点如下：

过度偏好权益融资，带来的突出问题是资本使用效率不高。很多政府部门把募集来的资金投到自己根本不熟悉、与主业毫不相关的产业中，在项目环境发生变化后，又随意地变更投资方向。在短期内为投资者提供了获取投机收益的可能。但从长远看，它必然影响工程项目的盈利能力，从而影响公众投资的回报，最终打击全社会投资的积极性。

权益融资偏好对工程项目治理的不良影响关键在于内部人控制、权益融资偏好与工程项目治理之间形成恶性循环。

③ 权益融资应考虑的问题：

全方位地采取措施完善工程项目的治理结构。培育和完善项目经理人市场，让经营者产生于市场又受制于市场；完善财务监管措施，防止国有股权代表由外部人变成内部人，并与经营者串谋。

权益融资主要考虑价格收益比率、不同分红利法和利润指数、股票市场风险和风险报酬率、资产定价模型、公司规模大小以及市场价格同账面价值比率等一系列因素对融资成本的影响。债务融资中的成本评估主要考虑财务杠杆、备选项目的成本比较、税务计划、通货膨胀、货币风险和利率等外部因素与资产抵押和经营杠杆等内部因素对融资成本的影响。

（3）财政融资特点分析。财政融资机制是我国工程项目建设的传统融资机制。在长达 30 年的时间内，我国公共项目建设完全排斥包括信贷融资、企事业单位融资及债务融资在内的其他机制，确立了财政融资机制的唯一性。这种融资机制的运行轨迹是，政府决定公共工程建设的具体项目后，通过财政拨款方式投资，由行政部门安排设计、施工，投资成本由国家财政审核批准核销，投资项目所形成的固定资产归国家所有，并提供给社会使用。

这种融资机制的特点主要体现在以下三个方面：一是政府是唯一的投融资主体，广大企、事业单位不具备投资能力，不能独立进行投资，私人投资被完全排斥；二是投资决策权高度集中在政府。由政府决定建设项目的立项、投资规模、投向和布局；三是采取直接拨款方式无偿提供给建设单位使用，无须偿还本息。

由此可见，财政融资机制实质上是由政府直接干预，包揽融资、投资和营运全过程，使融资活动完全封闭运行的一种机制。这种融资机制的明显优势在于：一是资金来源稳定可靠；二是资金用途具有指令性。实践结果表明，这种机制能集中国家财力，实现公共工程项目短期内大规模的发展。但是资金无偿提供以及"大锅饭"式的管理机制又必然导致资金使用浪费、建设项目质量差和投资效益低等弊端，使财政融资机制长期面临高成本、低效益的压力。

这使财政融资机制运行处于两难境地：一方面，由"分灶吃饭"到分税制的财税体制改革，使中央财政占全国财政收入的比重下降，中央财政独揽公共工程项目已力不从心；另一方面，我国公共工程建设供给量不足、供给水平低，仍处于卖方市场，公共工程尚需大力建设和发展。政府从该领域过早退出或低效运作都会使经济建设与发展难以摆脱"瓶颈"制约，因此现阶段保持政府在该领域一定的投资规模，继续发挥财政融资机制的重要作用，仍然十分重要。

2）融资方案分析

在初步确定项目的资金筹措方式和资金来源后，应进一步对融资方案进行分析，比选并推荐资金来源可靠、资金结构合理、融资成本低、融资风险小的方案。

（1）资金来源可靠性分析。主要是分析项目建设所需总资金和分析所需投资能否得到足够的、持续的资金供应，即资本金和债务资金供应是否落实可靠，应力求使筹措的资金、币种及投入时序与项目建设进度和投资使用计划相匹配，确保项目建设顺利进行。

（2）融资结构分析。主要分析项目融资方案中的资本金与债务资金的比例、股本结构比例和债务结构比例是否合理，并分析其实现条件。

① 资本金与债务资金的比例。在一般情况下，项目资本金比例过低，债务资金比例过高，将给项目建设和生产运营带来潜在的财务风险。进行融资结构分析，应据项目特点，合理确定项目资本金与债务资金的比例。按照我国法律规定，投资项目资本金占总投资的比例应根据不同行业和项目的经济效益等因素确定。

② 股本结构比例。股本结构反映项目股东各方出资额和相应的权益，在融资结构分析中，应根据项目特点和主要股东方参股意愿，合理确定参股各方的出资比例。

③ 债务结构比例。债务结构反映项目债权各方为项目提供的债务资金的比例，在融资结构分析中，应根据债权人提供债务资金的方式，附加条件，以及利率、汇率、还款方式的不同，合理确定内债与外债比例，政策性银行与商业性银行的贷款比例，以及信贷资金与债券资金的比例。

（3）融资成本分析。融资成本是指项目为筹集和使用资金而支付的费用。融资成本的高低是判断项目融资方案是否合理的重要因素之一。融资成本包括资金筹集费和资金占用费。资金筹集费是指资金筹集过程中支付的一次性费用，如承诺费、手续费、担保费和代理费等。资金占用费是指使用资金过程中发生的经常性费用，如利息、股息、银行借款和债券利息等。资金成本的高低是判断项目融资方案是否合理的重要因素之一。

（4）融资风险分析。融资方案的实施经常受各种风险的影响。为了使融资方案稳妥可靠，需要对可能发生的风险因素进行识别、预测。融资风险主要包括以下三项内容：

① 资金供应风险。融资方案在实施过程中，可能出现资金不落实，导致建设工期拖长，工程造价升高，原定投资效益目标难以实现的风险；

② 利率风险。利率水平随金融市场情况而变动，如果采用浮动利率计息，应分析贷款利率变动的可能性及其对项目造成的风险和损失；

③ 汇率风险。其包括人民币对各种外币币值的变动风险和各外币之间比价变动的风险。

2. 财务评价

财务评价是在完成市场预测、厂址选择、工艺技术方案选择等研究的基础上，对拟建项目投入产出的各种经济因素进行调查研究、计算及分析论证。融资后财务分析主要包括项目盈利能力分析、偿债能力分析以及财务生存能力分析，进而判断项目方案在融资条件下的合理性，融资后分析是比选融资方案最准确的依据。

（1）财务评价的概念及作用。财务评价也称财务分析，是根据国家现行财税制度和价格体系，在财务效益与费用估算的基础上，通过财务效益与费用的测算，编制财务报表，计算财务评价指标，进行项目盈利能力、项目偿债能力和项目生存能力分析，据以判断项目的财务可行性。财务评价是建设项目经济评价中的微观层次，它主要从微观投资主体的角度分析项目可以给投资主体带来的效益以及投资风险。

（2）财务评价的基本内容：

① 项目盈利能力分析。项目盈利能力分析就是考察企业在项目投产后所具有的盈利能力，通常是将行业平均利润或国家规定的基准收益率作为分析的基础，通过一系列评价指标考察项目可能达到的预期目标值，并确定其合理性和可行性。

② 项目偿债能力分析。项目偿债能力分析就是考察计算期内各年财务状况和偿债能力，即根据收益预期，测算在扣除一系列有关费用和税以及应该提取的公积金、公益金后项目是否有能力偿还各项借款本息，是否有能力在偿还债务后对投资者有一定的投资回报。项目偿债能力分析是企业对外融资和项目可行性论证的过程。

③ 项目生存能力分析。项目生存能力分析是通过考查项目计算期内的投资、

融资依据。经营活动所产生的各项现金流入和流出，计算净现金流量和累计盈余资金，分析项目是否有足够的净现金流量维持正常运营，以实现财务的可持续性。

④ 其他能力分析。其他能力分析包括项目的不确定性分析、风险防御能力分析和外汇平衡能力分析。在可行性研究中，对投资环境的各种要素及有关参数进行了较为充分的论证，但是不可预见的情况在投资过程中仍然大量存在，如资源价格变化，利息、税率、汇率调整，市场供求行情变化，不可抗力的自然灾害、政治因素等，都会增加投资总成本。

（3）财务评价的作用：

① 评价项目的财务盈利能力；

② 用于制订、比选资金筹措方案；

③ 为协调企业利益与国家利益提供依据；

④ 为中外合资项目提供双方合作的基础。

（4）财务评价的方法：

① 选取财务评价的基础数据与参数。根据项目的技术可行性和市场可行性研究，利用现行的价格核算体系和财税制度，汇集和整理与项目投资成本有关、与投资收益有关的两类基础数据。内容包括产品品种方案及生产规模、销售量；项目产品价格、销售收入预测值；项目投资固定资产、流动资金估算值、资金年度使用计划及资金来源；项目的贷款条件，包括贷款利率及偿还时间、偿还方式；项目涉及产品的成本及其构成的预算值；税金及其他专项基金；实施进度表；项目评价计算期限。

② 估算项目的财务效益和财务费用。在财务效益与费用估算中，通常可首先测算营业收入或建设投资，然后是经营成本和流动资金，在初步融资方案的基础上估算建设期利息，最后完成总成本的估算。

③ 编制财务报表。除了财务分析报表，应同时编制相关的辅助报表及配套的基础报表。

④ 计算财务评价指标。根据财务报表的基础数据计算出财务评价指标，并与基准值对比，对有关反映项目盈利能力、偿债能力和生存能力的财务指标作出基本评价。

⑤ 进行不确定性和风险分析。对投资过程中存在的不确定性因素，以及有可能形成的投资风险进行财务方面的可行性分析。

⑥ 得出评价结论。根据对基础数据和财务指标的分析，提出财务评价结论。

3.3 工程项目立项阶段咨询实务要点

3.3.1 立项阶段相关手续的报批流程

立项阶段相关手续的报批流程如图 3-1 所示。

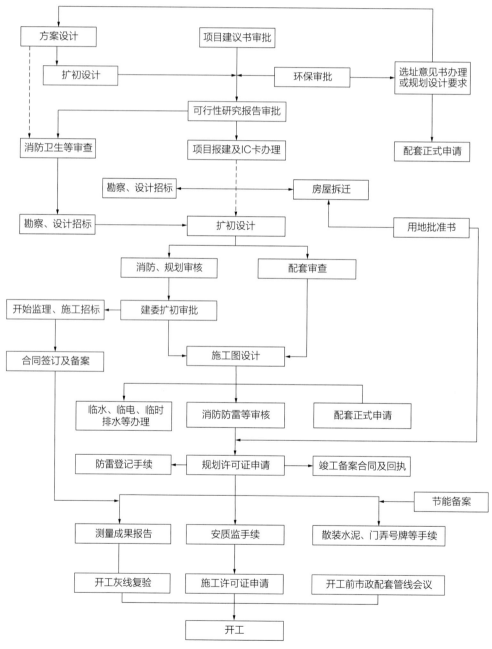

图 3-1 立项阶段相关手续的报批流程

3.3.2　环境影响评价报告书

环境影响评价报告书是环境影响评价工作的书面总结。它提供了评价工作中的有关环境信息和评价结论。评价工作每一步骤的方法、过程和结论都清楚、详细地包含在环境影响报告书中。

1. 评价大纲的内容

环境评价大纲包括以下九部分内容：

（1）总则：包括评价任务的由来、编制依据、控制污染和保护环境的目标、采用的评价标准、评价项目及其工作等级和重点等；

（2）建设项目概况；

（3）拟建项目地区环境简况；

（4）建设项目工程分析的内容与方法；

（5）环境现状调查；

（6）环境影响预测与评价建设项目的环境影响；

（7）评价工作成果清单；

（8）评价工作组织、计划安排；

（9）经费概算。

2. 环境影响评价报告书内容

建设项目环境影响评价报告书应包括以下内容：

（1）建设项目概况；

（2）建设项目周围环境状况；

（3）建设项目对环境可能造成影响的分析；

（4）环境保护措施及其经济、技术论证；

（5）环境影响经济损益分析；

（6）对建设项目实施环境监测的建议；

（7）环境影响评价结论。

3.3.3　安全预评价报告的基本内容

（1）安全预评价报告的目的：结合建设项目特点，编制安全预评价报告的目的；

（2）安全预评价依据：法律、法规、规章、标准、规范和建设项目被批准设立的相关文件及其他参考资料；

（3）项目概况：介绍选址、总图布置、水文情况、地质条件、工业园区规划、生产规模、工艺流程、功能分布、主要设施、设备、装置、主要原材料、产品、经济技术指标、公用工程及辅助设施、人流、物流等；

（4）辨识与分析危险：列出辨识与分析危险有害因素的依据，阐述辨识与分析危险有害因素的过程；

（5）划分评价单元：阐述划分评价单元的原则、分析过程等；

（6）选定的评价方法：简单介绍选定的评价方法，并阐述选定该方法的原因，详细列出定性、定量评价过程，明确重大危险源的分布、监控情况及预防事故扩大的应急预案内容，列出相关的评价结果，并对得出的评价结果进行分析；

（7）安全对策措施：列出安全对策措施建议的依据、原则和内容；

（8）安全预评价结论：简要列出主要危险、有害因素评价结果，指出建设项目应重点防范的重大危险、有害因素，明确应重视的安全对策措施建议，明确建设项目的危险、有害因素在采取对策措施后，能否得到控制及受控程度的安全状态，给出建设项目从安全生产角度是否符合国家有关法律、法规、标准、规章规范要求的结论。

3.3.4 项目可行性研究报告

1. 项目可行性研究报告的内容

项目可行性研究分为初步可行性研究和项目可行性研究两部分内容。

（1）初步可行性研究。初步可行性研究也称为预可行性研究，是对机会研究所选择的项目进一步分析论证。初步可行性研究是初步判断项目是否有生命力。

初步可行性研究是介于投资机会研究和详细可行性研究之间的中间阶段，其研究内容和结构与详细可行性研究基本相同，主要包括项目目标及功能定位、市场需求研究、项目建设地点选择、项目方案构思及项目建设方案初步论证。但初步可行性研究所获资料较为粗略，研究深度较浅。一般主要采用相对粗略的估算指标法或是分类估算法估算，误差一般要求控制在 ±20% 以内，研究所需要的时间大致为 4～6 个月，所需费用占投资总额的 0.25%～1.25%。

通过初步可行性研究，如果认为项目建设是必要的，而且具备了基本的建设条件，就可以编制初步可行性研究报告，即项目建议书。对于企业投资项目，政府不再审批项目建议书，初步可行性研究仅作为企业内部决策层进行项目决策的依据，企业可以根据实际情况决定是否做初步可行性研究；而对政府投资项目，仍需按基本程序要求审批项目建议书。如果企业内部判断项目是有生命力或政府投资项目经投资主管部门批准立项，就可开展下一步的可行性研究。

（2）项目可行性研究。可行性研究又称详细可行性研究，一般是在初步可行性研究基础上，对项目在技术上和经济上是否可行所进行的科学分析和论证。它是项目决策的重要阶段，要全面分析项目的全部组成部分和可能遇到的各种问题，并最终形成可行性研究报告。是初步可行性研究的延伸和深化，内容更加详尽，所花费的时间和精力都比较大，一般时间为 8~10 个月甚至更长，研究所需费用占投资总额的 1%~3%。

项目可行性研究的基本内容可概括为三部分：第一部分是市场调查和预测，说明项目建设的"必要性"；第二部分是建设条件和技术方案，说明项目在技术上的"可行性"；第三部分是经济效益的分析与评价，这是可行性研究的核心，说明项目在经济上的"合理性"。可行性研究就是从这三部分对项目进行优化研究，并为投资决策提供依据。

具体说来，项目的可行性研究的主要内容包括以下十个方面：

① 总论：说明项目提出的背景、投资环境、项目投资建设的必要性和经济意义，项目投资对国民经济的作用和重要性；提出项目设想的主要依据、工作范围和要求；项目的历史发展概况，项目建议书及有关审批文件；综述可行性研究的主要结论、存在的问题与建议，列表说明项目的主要技术经济指标。

② 市场分析：调查、分析和预测拟建项目产品和主要投入品的市场供需状况和销售价格；确定产品的目标市场；预测可能占有的市场份额；研究产品的营销策略。

③ 建设方案：包括建设规模与产品方案，工艺技术和主要设备方案，地址选择，主要物资供应方案，总图运输和土建方案，公用工程方案，节能、节水措施，环境保护治理措施方案，安全、职业卫生措施和消防设施方案，项目的组织机构与人力资源配置等。

④ 投资估算：估算建筑工程费、设备购置费、安装工程费、工程建设其他费用、基本预备费、涨价预备费及建设期利息和流动资金。

⑤ 融资方案：分析项目的融资主体，资金来源的渠道和方式，资金结构及融

资成本、融资风险等。结合融资方案的财务分析，比较、选择和确定融资方案。

⑥ 财务分析：按规定科目详细估算营业收入和成本费用，预算现金流量；编制现金流量表等财务报表，计算相关指标；进行项目盈利能力、偿债能力分析以及项目生存能力分析，评价项目的经济合理性。

⑦ 国民经济评价：估算项目生产的直接和间接的经济费用和效益，编制经济费用效益流量表，计算有关评价指标，分析项目建设对社会经济所作的贡献以及项目所耗费的社会资源，评价项目的经济合理性。

⑧ 敏感性分析与盈亏平衡分析：从社会经济资源有效配置的角度，识别与估算项目产生的直接和间接的经济费用与效益，编制经济费用效益流量表，计算有关评价指标，对项目进行经济合理性分析。

⑨ 风险分析：对项目主要风险因素进行识别，采用定性和定量分析方法估计风险程度，研究提出防范和降低风险的对策措施。

⑩ 结论与建议：归纳总结，说明所推荐方案的优点，并指出可能存在的主要问题和可能遇到的主要风险，作出项目是否可行的明确结论，对项目下一步工作和项目实施中需要解决的问题提出建议。

2. 项目可行性研究报告大纲

不同类型的工程项目的可行性研究报告的大纲中包含的内容不同。下面以房地产（住宅）项目可行性研究报告为例，介绍编制大纲的内容。

房地产（住宅）项目可行性研究报告编制大纲

一、项目背景与必要性

1. 外部环境

（1）项目所属地域在该城市的历史、经济、文化、战略发展等方面的地位；

（2）城市发展规划、片区规划及对项目的影响；包括城市功能规划与布局、城市发展方向与建设重点、交通捷运系统的规划与建设、即将颁布的政府重大政策等。

2. 内部因素

（1）项目对企业发展战略、发展规划的意义，以及在公司发展中的地位；

（2）项目对公司重点区域的市场进行合理布局，对提高市场覆盖率、提升品牌形象、降低经营风险扩大社会影响力的作用；

（3）项目对公司未来的利润增长、可持续经营等方面的意义。

3. 项目必要性、项目概况

（1）宗地位置。宗地所处城市、行政区域、非行政区域（经济开发区、商贸金融区等）的地理位置。

（2）宗地现状

①四至范围；

②地形、地势、自然标高；

③地面现状，包括宗地内是否有水渠、较深的沟壑（小峡谷）、池塘及高压线等对开发有较大影响的因素，并计算因此而损失的实际用地面积；

④地面现有居民及企业情况，包括具体居住人数、户数，企业数量、规模、产品性质、开工状况等，并说明对拆迁及项目开发进度的影响；

⑤地下情况，包括管线、地下电缆、暗渠、地上建筑物原有桩基及地下建筑结构等，地上地下都要注意有没有受保护的历史文物古迹、可利用的建（构）筑物；

⑥土地的完整性，有否市政代征地、市政绿化带、市政道路、名胜古迹、江河湖泊等因素分割土地；

⑦地质情况，包括地基土构成、承载力、地下水位和地震、地质灾害情况。

4. 项目周边 3km 范围内的社区配套

（1）交通状况

①公交系统情况，包括主要线路、行车区间等；

②宗地出行主要依靠的交通方式是否需要开发商自己解决；

③现有交通运输系统，近期或规划中是否有地铁、轻轨等对交通状况有重大影响的工程。

（2）教育：大中小学、幼儿园及教育质量情况。

（3）医院等级和医疗水平。

（4）大型购物中心、主要商业、餐饮和菜市场。

（5）文化、体育、娱乐设施及公园。

（6）银行。

（7）邮局。

（8）其他。

5. 项目周边 3km 外但可辐射范围内主要社区配套现状

（1）社会治安情况。

（2）空气状况。

（3）噪声情况。

（4）其他污染情况（化工厂、河流湖泊污染等）。

（5）危险源情况（如高压线、放射性、易燃易爆物品生产或仓储基地等）。

（6）周边景观。

（7）近期或规划中周边环境的主要变化：如道路的拓宽、工厂的搬迁、大型医院、学校、购物中心/超市的建设等。

（8）其他。

6. 大市政配套

（1）道路现状及规划发展：其包括现有路幅、规划路幅，规划实施的时间，与宗地的关系及影响。

（2）供水状况：现有管网、邻近管线、管径及未来规划和实施时间。

（3）污水、雨水排放：现有管网、邻近管线、管径及未来规划和实施时间。

（4）通信（有线电视、电话、网络）：接入位置、距宗地距离、涉及线路成本等。

（5）永久性供电和临时施工用电：电源位置、距宗地距离、涉及线路成本等。

（6）燃气：气源位置、现有管线、管径、距宗地距离、接口位置。

（7）供热及生活热水：热源位置、现有管线、管径、距宗地距离、接口位置。

7. 规划控制要点

（1）总占地面积、代征地面积、净用地面积、绿化面积、道路面积。

（2）住宅建筑面积、公建建筑面积，公建的内容，并区分经营性和非经营性公建的面积。

（3）综合容积率、住宅容积率。

（4）建筑密度。

（5）控高。

（6）绿化率。

（7）其他。

8. 土地价格

土地价格计算的方法，若有代征地，则要说明代征地价格。根据购买价格计算总地价、楼面地价。

二、法律及政策性风险分析

1. 合作方式及条件

（1）合作方基本情况。

（2）合作方式。

（3）付款进度及程序的配合。

（4）其他合作的主要条件。

（5）与合作方式相关的其他法律规定。

2. 土地法律性质评估

（1）现状：土地所有权归属、土地使用权归属、土地的用途。

（2）规划：规划所有权归属、规划使用权归属、规划的用途。

3. 取得土地使用权程序评估

（1）取得土地使用权的程序。

（2）取得土地使用权需要的工作日。

（3）取得商品房用地土地使用权所需条件。

（4）取得土地使用权的风险及控制（取得土地使用权存在的不确定因素及解决）。

4. 土地性质变更的评估

（1）土地性质变更的程序和理由。

（2）土地性质变更的政策支持或障碍。

（3）土地性质变更需要的工作日。

5. 政策性风险评估

城市规划限制或更改、突发性政策等政府因素导致项目中断开发、报批报建流程无法完成、项目开发期间土地性质变更受挫，从而造成前期投入全部或部分损失的可能性判断。

6. 总体评价

对各项法律手续和程序的可操作性、合法性以及风险的可控性进行评价。如：签约合同中明显对违约方不利的条款；部分或全部条款存在的不确定性因素的控制；不利、不确定条款可能遭受的损失和对开发进度的影响等。

三、市场分析

1. 项目所在区域住宅市场成长状况

（1）区域住宅市场简述：

① 形成时间。

② 各档次住宅区域内分布状况。

③ 购买人群变化。

（2）区域住宅市场各项指标成长状况：

① 开工量/竣工量。

② 销售量/供需比。

③ 平均售价。

（3）区域市场各项指标在全市的排名状况及发展趋势。

2. 项目区域内供应产品特征

（1）各档次产品供应状况。

（2）与本案类似档次物业的特征：

① 平均售价。

② 开发规模。

③ 产品形式。

④ 平均消化率。

⑤ 平均容积率。

⑥ 物业在区域内分布特征。

（3）区域内表现最好个案状况。

（4）未来2～3年区域内可供应土地状况、产品供应量和产品类型。

（5）本案在区域市场内的机会分析。

（6）结论。

① 区域市场在整体市场的地位及发展态势。

② 本案所在位置的价位区间和本案开发产品的价位区间及产品形式。

③ 本案在区域内开发市场的潜力。

④ 本案在开发中的营销焦点问题。

3. 区域市场目标顾客的研究

（1）各档次产品目标顾客特征及来源区域。

（2）本案目标人群的区域来源、行业特点、年龄结构、购买偏好、购买方式和主要的关注点、诉求点。

4. 目标市场定位及产品定位

（1）市场定位。

（2）目标顾客特征 / 来源区域 / 行业特点。

（3）产品建议。

四、规划设计分析

1. 初步规划设计思路

（1）设计概念：产品体现的主题思想，主要设计风格、设计特点。

（2）主要产品类型：不同类型产品及其比例。

（3）节能和环保型建筑材料的选用。

（4）在所在城市中，生产新型、别具一格产品的可能性。

（5）大型、超大型项目对营造大型社区概念的考虑。

2. 规划设计的可行性分析

（1）在既定规划控制条件下的产品类型和特性分析。

（2）容积率变化对产品设计概念、产品类型和特征的影响。

（3）土地本身特征对产品设计的影响和对策。如：地势高低、地形起伏、地块的完整性、地质状况、较深的沟壑、河流、水、地上附着物、地下管线暗渠等对产品设计和环境保护的影响及解决的方法。

（4）周边自然环境和人文环境对产品设计的影响及对策。如：治安环境、噪声环境、污染环境、空气情况、危险源等对产品规划设计和环境保护的影响及解决方法。

（5）周边市政工程配套设施对产品设计的影响和对策。如：道路状况（可能与小区主要出入口有关）、供水、排水、通信（有线电视、电话、网络）、永久性用电和临时施工用电、燃气、供热及生活热水等对产品规划设计的影响及解决方法。

（6）周边生活配套设施对产品设计的影响和对策。如：交通状况（与是否开通业主班车有关）、商业设施（大型购物中心）、教育现状、体育娱乐、公园等休闲场所、银行医院等生活设施对自身配套建设规模和面积进行判断。

（7）市场分析结果对产品设计的影响和对策。如：市场价格限制、总价控制原则与前面产品类型和产品特性设计是否存在矛盾，对产品品质是否有影响，及如何解决。

五、项目开发

1. 土地升值潜力初步评估

从地理位置、土地供应、周边环境及配套、市场发展状况、政府规划、城市未来发展等角度对土地升值潜力作出初步评估。

2. 立即开发与作为土地储备的比较分析

3. 工程计划

工期计划、各期开工面积、竣工计划、开线工时在当地城市市场和片区市场的占有率。

4. 销售计划

各期销售时间、价格、面积，预计销售各期的市场占有率，销售计划实现的可行性分析。

六、投资收益分析

1. 成本预测

说明测算假设和主要运用指标，如产品类型假设、总建筑面积、住宅和非住宅面积、容积率、项目总投资（直接建造成本期间的费用，不包括营业税和所得税）等。

2. 税务分析

（1）营业税及附加。

（2）所得税。

（3）土地增值税。

上述几种基本税率和可享受的优惠税率、项目本身适用的税率。

3. 财务效益分析

（1）财务效益分析的假设条件。

（2）项目主要财务指标：包括毛利率、税前利润、税后利润、销售净利率、投资回报率等。

（3）项目开发各期的利润体现，包括年度或季度单位面积利润与总利润等。

（4）敏感性分析：成本、售价、容积率等指标变动与各项经济指标的敏感性。

4. 项目资金预测

（1）资金投入计划：各期地价、前期费用、基础、建安、配套、开发间接费等的投入安排。

（2）资金回款计划。

（3）资金需求计划：结合企业自有资金情况，计算各期资金的需求缺口及融资途径。

（4）资金周转分析：月度与年度资金占用额、资金占用峰值、实现正现金流时间。

七、项目管理资源配置

1. 机构设置

是否需要成立独立法人公司（项目公司）及主要部门设置。

2. 人力资源需求

启动项目对各个专业（部门）人员的需求，具体人数（重点是关键岗位）。

3. 人力资源缺口及解决

现有人员能否满足需要，缺口人员的解决途径。

八、综合分析与建议

1. 主要优势概述

2. 主要劣势概述

3. 机会

4. 结论和建议

九、竞拍和投标方式取得土地需要注意的问题

1. 主要指标测算

（1）预测直接建造成本（不包括地价），售价。

（2）投资收益分析。

（3）可承受地价分析。

2. 竞争对手分析

（1）主要背景，控股股东情况。

（2）总资产、净资产、净利润（每股利润）。

（3）资金状况，可能资金来源，融资能力，资金成本。

（4）开发能力。

（5）参与竞争的主要目的。

3. 制定策略

（1）分析盈亏平衡点，即保本销售时的地价。

（2）最高竞价和投标价：在可接受的销售净利率时的地价。

（3）把握以微弱优势取得土地开发权的原则。

4. 资金筹措

短期集中支付大额资金的保证，是自筹资金还是向金融机构融资，是否与有关金融机构达成届时一定提供融资服务的协议。

第 4 章
工程项目设计阶段的咨询

4.1 工程项目勘察概述

根据国务院《建设工程勘察设计管理条例》（国务院令 293 号）对工程勘察的定义，建设工程勘察是指根据建设工程的要求，查明、分析、评价建设场地的地质地理环境特征和岩土工程条件，编制建设工程勘察文件的活动。住房和城乡建设部《工程勘察资质标准》（2013 年）对工程勘察范围的规定，大多采用勘察→设计→施工的三步模式，且这种模式沿用至今，仍是当前项目的主要运作模式。工程勘察范围包括建设工程项目的岩土工程、水文地质勘察和工程测量。

4.1.1 工程勘察的主要内容

1. 工程地质勘察

研究各种对工程建设的经济合理性有直接影响的岩土工程地质问题，如岩土滑移、活动断裂、地震液化、地面侵蚀、岩溶塌陷及各种复杂地基土等，以及由于人类活动所造成的环境地质问题（如地下采空塌陷、边坡挖填失稳、地面沉降等），提出工程建设的方案和设计，以及工程施工所需的地质技术参数等，并对有关技术经济指标作出评价。

2. 矿产资源勘察

搜寻矿产形成和分布的地质条件，矿床储存规律，矿体变化特征，并进行分析评价，进而勘察拟开发矿产资源的储量、品质、开发条件的合理性和经济性。编制勘察文件。

3. 工程测量

研究工程建设场地的地形地貌特征，以及施工与安全使用的监测技术。为规划设计、施工及运营管理等各阶段提供所需的基本图件、测绘资料与测绘保障。

4. 水文地质勘察

查明工程项目所在地的地下水的分布形成规律、物理性质和化学成分，提出地下水资源合理利用及地下水对工程建设的影响及建议。

5. 工程水文

研究河流或其他水体的水文要素变化和分布规律，预估未来径流的情势，为工程的规划设计及施工管理提供水文依据。

4.1.2 工程勘察的目的和作用

工程勘察专业是研究和查明工程建设场地的地质地理环境特征，及其与工程建设相关的综合性应用的科学。

为了让城市建设、工业和民用建筑建设、铁路、道路、近海港口、输电及管线工程、水利与水工建筑、采矿与地下等工程的规划、设计、施工、运营及综合治理得到更科学的规划，工程勘察通过对地形、地质及水文等的测绘、勘探、测试及综合评定，提供可行性评价与建设所需的基础资料。它是基本建设的首要环节。做好工程勘察，特别是前期勘察，可以对建设场地作出详细论证，保证工程的合理进行，促使工程取得最佳的经济、社会与环境效益。

勘察设计在工程建设中既是最基础的工作，也起到了龙头的作用。作为提高工程项目投资效益、社会效益、环境效益的最重要因素，建设勘察设计还是为所属地域经济、社会发展提供支撑的具有地缘特征的开放性动态系统，建设勘察设计融入城市建设活动和社会之中，依托建设活动和社会的发展而发展。

4.1.3 工程勘察的工作程序及质量要求

工程勘察的主要任务是按照勘察阶段的要求，正确反映工程地质条件，提出工程评价，为设计、施工提供依据。

工程勘察阶段一般分三个阶段，即可行性研究勘察、初步勘察和详细勘察。每个勘察阶段都有各自的目的，先确定建筑的可行性，然后对地质水文情况做一个大致勘察，最后的详细勘察需要弄清楚每一个地层岩土的情况，需要做原位实验、土工实验，确定地基承载力，进而采取合适的基础形式和施工方法。

各勘察阶段的工作要求具体如下：

1. 可行性研究勘察

可行性研究勘察又称选址勘察，其目的是要通过搜集、分析已有资料，进行现场勘探。必要时进行工程地质测绘和少量勘探工作，对拟选厂址的稳定性和适应性作出岩土工程评价，进行经济技术论证和方案比较，满足确定场地方案的要求。

2. 初步勘察

初步勘察是在可行性研究勘察的基础上，对场地内建筑地段的稳定性作出工程评价，并为确定建筑总平面布置、主要建筑物地基基础方案及对不良地质现象的防治工作方案进行论证，满足初步设计或扩大初步设计的要求。

3. 详细勘察

应对地基基础处理与加固、不良地质现象的防治工程进行工程计算与评价，满足施工图设计的要求。

4.1.4　工程勘察的质量要求

工程勘察单位在进行勘察时要严格执行国家的各类相关标准，在内部建立严格的质量管理制度，保证勘察成果符合国家标准和规范。勘察单位还要认真做好后期服务工作，参加工程地基基础检验和地基基础有关工程质量事故调查，并配合设计单位提出技术处理方案，勘察单位要对勘察质量承担相应的经济责任和法律责任。相关各部门要明确自己的责任。坚持"先勘察，后设计，再施工"的原则。

勘察、设计与施工各方既有各自的分工，也有互相之间的通力合作，是一种效率高，能够达到有机统一的工作模式，对于项目而言，不仅可以有效缩短工期，降低工期成本，质量上也能有相当高的保证，而且技术水平也能够得到明显的增加。勘察、设计、施工有着紧密的联系。

4.2　工程项目设计概述

4.2.1　工程项目设计的概念

工程项目设计是指根据工程的要求，对工程项目所需的技术、经济、资源和环境等条件进行综合分析、论证，并编制工程项目设计文件的活动。

工程项目设计是对拟建工程在技术和经济上进行全面的安排，是工程建设计划的具体化，是组织施工的依据，是根据工程项目的总体需求和地质勘查报告，对工程的外形和内在的实体进行筹划、研究、构思、设计和描绘，从而形成设计说明书和设计施工图等相关文件，使工程项目的质量目标具体化。

工程设计需要严格贯彻执行国家的经济建设的方针、政策，符合国家现行的工程建设标准和设计规范，遵守设计工作程序，以提高经济效益、社会效益、环境效益为核心，大力促进技术进步。依据法律法规和工程建设强制性标准开展勘察设计工作是保证工程质量的前提和基础。同时做到要切合实际、安全可靠、技术先进、经济合理、美观实用；要节约土地、节约能源，有利于生产，方便于生活；要实行资源的综合利用；要重视环境保护工作，重视技术与经济的结合，积极采取新技术、新工艺、新材料、新设备，以保证工程建设项目的先进性和可靠性。

4.2.2　工程项目设计的作用

工程项目设计的作用主要有以下五点：

（1）实现先进的科学技术与生产建设相结合；

（2）建设项目的使用功能与其价值的有机结合；

（3）作为安排建设计划、设备的采购安装和组织施工的依据；

（4）作为编制招标标底及投资控制的依据；

（5）设计阶段的项目费用估算将使业主明确实施建设所需的费用，可作为其筹措资金的依据和用于授权及实施成本控制。

在项目立项后，设计阶段的设计质量及设计方案的优劣是影响项目投资、工程质量及使用阶段经济效益、社会效益、环境效益的关键因素。

4.2.3　工程项目设计的主要依据

工程项目设计的主要依据如下所述：

（1）有关工程建设及质量管理方面的法律法规、城市规划、国家规定的工程项目设计深度要求。铁路、水利等专业建设工程还应依据专业规划的要求。

（2）有关工程建设技术标准，如工程建设强制性标准、规范及规程、设计参数、定额指标等。

（3）项目批准文件，如项目可行性研究报告、项目评估报告及选址报告等。

（4）体现建设单位建设意图的设计规划大纲、纲要和合同文件。

（5）反映项目建设过程中和建成后所需要的有关技术、资源、经济、社会协作等方面的协议、数据和资料。

（6）其他，如环境保护部门的要求，工程所在地区周围的机场、港口、码头、文物以及其他军事设施对工程项目的要求、限制或影响等方面的文件。

4.2.4 工程项目设计的特点

工程项目设计的特点主要表现在以下五个方面：

1. 设计工作表现为创造性的脑力劳动

工程项目设计往往需要灵感，设计的创造性主要体现在因时、因地根据实际情况解决具体的技术问题。设计劳动投入量与设计产品的质量之间并没有必然的联系。尤其是随着计算机辅助设计（CAD）技术的不断发展，设计人员将主要从事设计工作中创造性劳动的部分。

2. 设计工作需要进行大量的协调工作和修改完善

工程项目的设计工作需要进行大量的、多方面的协调和修改完善工作，主要表现在：

（1）工程项目设计涉及许多不同的专业领域。设计需要进行专业化分工和协作，同时又要求高度的综合性和系统性。为避免和减少设计方面的矛盾，需要各专业设计之间进行反复的沟通协调。

（2）工程项目设计是由方案设计到施工图设计不断深化修改完善的过程。各阶段设计的内容和深度要求都有明确的规定。下一阶段设计要符合上一阶段设计的基本要求，而随着设计内容的进一步深入，可能会发现上一阶段设计中存在某些问题，从而需要进行不断修改。

（3）工程项目设计还需要与外部环境因素进行反复协调，尤其是与业主需求和政府有关部门审批工作的协调。

（4）工程项目设计还要因地质条件、气象条件、规范修订等变化因素而不断修改完善。

3. 设计是决定工程项目价值和使用价值的主要因素

通过设计工作使工程项目的规模、标准、组成、结构、构造等各方面都确定下来，从而也就基本确定了工程项目的价值。另外，任何工程项目都有预定的基本功能，这些基本功能只有通过设计才能具体化、细化，这也体现了设计工作的魅力之所在。

4. 设计是影响工程项目投资的关键环节

工程项目实施的各个阶段对投资的影响程度是不同的。经分析论证，影响项目投资最大的阶段是约占工程项目建设周期 1/4 的技术设计结束前的工作阶段；在初步设计阶段，影响项目投资的可能性为 75%～95%；在技术设计阶段，影响项目投资的可能性为 35%～75%；在施工图设计阶段，影响项目投资的可能性则为 5%～35%。很明显，项目作出投资决策后，控制项目投资的关键就在于设计。

5. 工程项目设计的质量是决定工程质量的关键环节

在设计阶段，通过设计工作将工程项目的总体质量目标进行具体落实，工程实体的质量要求、功能和使用价值质量要求等都已确定下来，工程内容和建设方案也都十分明确。从这个角度分析，工程项目实体质量的安全性、可靠性、经济性、可实施性在很大程度上取决于设计的质量，设计质量在相当程度上决定了整个工程项目的总体质量。因此，保证工程设计质量，才能确保整体工程的经济效益。

4.2.5　工程项目设计的阶段划分

国际上，一般将工程项目设计工作划分为"方案设计""初步设计"和"施工图设计"三个阶段。工程项目设计是可行性研究的深入和继续，是在可行性研究确定项目可行的条件下解决如何进行建设的具体工程技术和经济问题。因此，两者在内容上是大致相同的，但在工作深度上则存在明显不同。

1. 方案设计

方案设计是在投资决策之后，由咨询单位将可行性研究提出的意见和问题，经与业主协商认可后提出的具体开展建设的设计文件。方案设计的深度要求取决于可行性研究的结果和业主对项目任务的要求。

2. 初步设计

初步设计是下一阶段施工图设计的基础，由总包设计单位编制，有些国家可以作为招标文件使用。初步设计的内容，依项目的类型不同而有所变化，一般来讲，它是项目的宏观设计，即项目的总体设计、布局设计，主要的工艺流程、设备的选型和安装设计，土建工程量及费用的估算等。

初步设计的深度应满足以下要求：设计方案的比选和确定；主要设备和材料的订货；土地征用；基本建设投资控制；施工图设计编制；施工组织设计的编制；施工准备和生产准备等。

3. 施工图设计

施工图设计是根据已经批准的初步设计文件，绘制出正确、完整和尽可能详细的建筑、安装图纸，包括建设项目各分部工程的详图和零部件、结构件明细表，以及验收标准、方法、施工图预算等。

4.3 工程项目设计各阶段咨询的实务要点

4.3.1 方案设计咨询

方案设计是在投资决策之后，即下达设计任务书之后，由咨询单位对可行性研究提出意见和问题，经与业主协商认可后，提出具体开展建设的设计文件。有关方案设计的深度和具体要求，在住房和城乡建设部印发的《建筑工程设计文件编制深度规定》（2016 年版）中都有明确的规定。

1. 工程设计发包与承包管理

工程项目设计应当依照《中华人民共和国招标投标法》及其实施条例的规定实行招标发包或直接发包，工程设计的招标人应当在评标委员会推荐的候选方案中确定中标方案，但若推荐的候选方案不能最大限度地满足招标文件规定的要求时，应当依法重新招标。工程设计单位不得将所承揽的工程项目设计任务转包，视为包方必须在工程项目设计资质证书规定的资质等级和业务范围内承接设计业务。工程项目设计的发包方与承包方应当执行国家规定的设计程序，应当签订建设工程设计合同，应当执行国家有关建设工程设计费的管理规定。

2. 方案设计文件的内容

（1）设计说明书。

① 设计说明书的内容主要包括设计依据、设计要求以及主要技术经济指标、总平面设计说明、建筑设计说明、结构设计说明、给水排水、暖通、电气等专业设计说明、投资估算编制说明及投资估算表等内容。

② 总平面设计说明应包括概述场地现状特点和周边环境情况，详尽阐述总体方案的构思意图和布局特点，以及在竖向设计、交通组织、景观绿化、环境保护等方面所采取的具体措施；关于一次规划、分期建设以及原有建筑和古树名木保留、利用、改造（改建）等方面的总体设想。

③ 建筑设计说明包括建筑方案的设计构思和特点，建筑的平面和竖向构成，建筑群体和单体的空间处理，立面造型和环境营造（如日照、通风、采光）等建筑的功能布局和各种出入口，垂直交通运输设施（包括楼梯、电梯、自动扶梯）的布置，建筑内部交通组织、防火设计和安全疏散设计，无障碍、节能和智能化设计方面的简要说明。在建筑声学、热工、建筑防护、电磁波屏蔽以及人防地下室等方面有特殊要求时，应进行相应说明。

（2）总平面设计图纸、建筑设计图纸以及立面图纸。

① 总平面设计图纸包括场地的区域位置；场地的范围（用地和建筑物各角点的坐标或定位尺寸、道路红线）；场地内及四邻环境的反映（四邻原有及规划的城市道路和建筑物，场地内需保留的建筑物、古树名木、历史文化遗存、现有地形与标高，水体，不良地质情况等）；场地内拟建道路、停车场、广场、绿地及建筑物的布置，并表示出主要建筑物与用地界线（或道路红线、建筑红线）及相邻建筑物之间的距离；拟建主要建筑物的名称、出入口位置、层数与设计标高，以及地形复杂的主要道路、广场的控制标高；指北针或风玫瑰图、比例；根据需要绘制反映方案特性的分析图：功能分区、空间组合及景观分析、交通分析（人流及车流的组织、停车场的布置及停车泊位数量等）、地形分析、绿地布置、日照分析、分期建设等。

② 建筑设计图纸又分为平面图、立面图、剖面图及表现图（透视图），平面图应表示的内容有：平面的总尺寸、开间、进深尺寸或柱网尺寸（也可用比例尺表示）；各主要使用房间的名称，结构受力体系中的柱网、承重墙位置；各楼层地面标高，屋面标高；室内停车库的停车位和行车线路；底层平面图应标明副切线位置和编号，并应标示指北针；必要时绘制主要用房的放大平面和室内布置；图纸名称、比例或比例尺等。

③ 立面图纸应表示的内容有：选择绘制一两个有代表性的可以较好地体现建筑造型的特点的立面；各主要部位和最高点的标高或主体建筑的总高度；当与相邻建筑（或原有建筑）有直接关系时，应绘制相邻或原有建筑的局部立图。图纸名称、比例或比例尺等剖面图应表示的内容有：剖面应在高度和层数不同、空间关系比较复杂的部位；各层标高及室外地面标高，室外地面至建筑口（女儿墙）的总高度；若遇有高度控制时还应标明最高点的标高；剖面编号、比例或比例尺等。

（3）设计委托或设计合同中规定的透视图、鸟瞰图、模型等。

方案设计应根据合同约定提供外立面表现图或建筑造型的透视图或鸟瞰图。

3. 方案设计文件的编排顺序

（1）封面：写明项目名称、编制单位、编制年月等内容。

（2）扉页：写明编制单位法定代表人、技术总负责人、项目总负责人的姓名，并经上述人员签署或授权盖章等。

（3）设计文件目录。

（4）设计说明书。

（5）设计图纸。

4.3.2 初步设计咨询

1. 初步设计的内容及要求

初步设计的内容及具体要求在《建筑工程设计文件编制深度的规定》（2016年版）中都有明确规定，一般初步设计包括方案设计调整后的平面、立面、剖面建筑图；结构、设备各专业的结构图、工艺技术图以及各专业较详细的设计说明；专篇论述、主要的技术经济指标以及工程概算等。当初步设计审批后，应向城市规划部门申请领取《建设用地规划许可证》，及时向土地管理部门申请征用、划分土地。

2. 设计分析

设计分析是初步设计阶段主要的工作内容。在一般情况下，当初步设计展开之后，每个专业都有各自的设计分析工作，设计分析主要包括结构分析、能耗分析、光照分析、安全疏散分析等。这些设计分析是体现设计在工程安全、节能、节约造价、可实施性方面重要作用的工作过程。

3. 初步设计文件的内容

（1）设计说明书。设计说明书的内容包括工程设计的主要依据、工程建设的规模和设计范围、设计指导思想和设计特点、总指标以及提请在设计审批时需解决或确定的主要问题。其中，工程建设的规模和设计范围包括的内容有：工程的设计规模及项目组成；分期建设（应说明近期、远期的工程）的情况；承担的设计范围与分工。总指标的内容包括总用地面积、总建筑面积等指标以及其他相关技术经济指标。

（2）有关专业的设计图纸。

（3）工程概算书。工程概预算是初步设计文件的重要组成部分。工程概预算书必须完整地反映工程项目初步设计的内容，严格执行国家有关方针、政策和制度，实事求是地根据工程所在地的建设条件（包括自然条件、施工条件等影响造价的各种因素），按有关的依据性资料进行编制。

4. 初步设计文件的编排顺序

（1）封面：写明项目名称、编制单位、编制年月。

（2）扉页：写明编制单位法定代表人、技术总负责人、项目总负责人和各专业负责人的姓名，并经上述人员签署或授权盖章等。

（3）设计文件目录。

（4）设计说明书。

（5）设计图纸。

（6）工程概预算书。

5. 初步设计的工作程序

（1）准备。由项目经理会同计划、勘察设计的负责人，研究设计依据的文件，弄清项目目标、设计范围、工作条件特点，确定工作阶段，指定设计经理、勘察经理人选。确定项目的范围和内容。由设计经理与协商确定的各专业设计负责人和设计人员组成项目组，在认真研究设计依据的文件和分析基础资料的基础上，提出需要补充与核实的基础资料任务书，估算费用，报项目经理，安排计划进度。同时委托勘察部门进行工程勘察。

（2）工程勘察。一般情况下，设计经理要对以下内容提出准确的范围与深度要求，由勘察经理组织完成。提交的勘察报告不仅应提供图纸，还要写出文字说明。

勘察报告包括以下内容：

① 水文泥沙调查和洪水分析；

② 地形测量、陆地摄影、航测成图；

③ 区域构造稳定和地震危险性调查分析；

④ 卫星照片和航测照片、遥感资料的地质解释；

⑤ 各种比例的区域和现场地质测绘；

⑥ 综合物探调查、测试；

⑦ 水文地质调查测试和地下水动态观测；

⑧ 铅探、坑探、槽探、井探；

⑨ 天然建筑材料调查、勘探和试验，以及岩石、土壤的实验室和现场试验；

⑩ 建筑物地基、边坡和地下洞室围岩等的现场测试。

（3）制定设计准则。由项目经理组织各专业设计负责人在详细了解业主意见的基础上，考虑项目所在地的法律、法规标准，并参考类似项目的设计文件，编制设计准则，经项目经理批准执行。

设计准则主要内容包括：

① 项目本期建设与远期规则的规模、本期的产品方案、主要工艺、主要设备及指出本项目的特点；

② 设计范围；

③ 确定和统一主要设计原始数据；

④ 对各专业设计原则的指示，需在方案拟定阶段才能确定的原则问题，可提出几个需要的方案和课题，以便集中精力研究；

⑤ 应从其他项目吸取经验教训及其他注意事项；

⑥ 确定项目划分结构与项目编码，拟出初步设计成品的卷册目录，对各专业设计成品内容深度的特殊要求；

⑦ 各专业设计工作量的估计；

⑧ 各专业设计负责人，主管本项目的专业组长名单和估计参加的人数；

⑨ 工作阶段进度，各专业的综合进度，专业间交换资料、内容和日期；

⑩ 保证设计质量和提高工效的措施；

⑪ 设计协调。在上述工作准备就绪后，由项目经理主持召开会议，审查、核实本项目的设计工作安排准备情况，正式宣布开始设计方案的拟定。

（4）设计方案拟订。该阶段包括以下内容：

① 方案构思。通过调查研究，进行物流分析和必要的计算，绘制方案图，全面考虑各种因素，估计工程量与费用，作出正确的分析结论。

② 方案评议。在多个方案构思出来后，就要进行方案比较，得出推荐方案。

③ 定案。有了初步方案，项目经理应召集有关人员进行研讨，包括设计人员、审查人员、管理人员，并邀请业主参加。通过研讨、分析、方案修正，最终得出合理的设计方案。

（5）费用估算。费用估算应按现行不同行业的概算定额进行编制。其主要依据是技术图纸和设备清单。

（6）设计制图。设计制图已进入初步设计的成品阶段，或称为加工制作阶段。设计人员要在充分理解设计方案的基础上，统筹安排图的次序和数量，充分表达设计思想与意图。

（7）初步设计审查。初步设计审查是保证设计质量的有效手段。

（8）编写设计说明书。初步设计说明书的主要内容与可行性研究报告相同，所不同的是内容的深与侧重点。

（9）文件汇总编制。由设计经理主持制定综合进度与各专业间交换资料的内容和日期，定出综合归口和会签日期、成品审查以及出版计划。

（10）文件出版，初步设计结束。

4.3.3　施工图设计咨询

1. 施工图设计文件的内容

（1）合同要求所涉及的所有专业的设计图纸（含图纸目录、说明和必要的设备、材料表）以及图纸总封面。

在施工总图上应有以下内容：建（构）筑物、设施、设备及管线的布置和尺寸；

完整和尽可能详细的建筑、安装图纸（建筑各分部工程的详图、节点大样、主要施工方法、验收标准等）；非标准设备的制作及工艺安装详图；详细的设备和标准件清单、零部件明细表、建筑材料和构配件明细表等，并编制施工图预算；此设计文件应该满足设备材料采购，非标准设备制作和工艺需要，并注明建筑工程合理使用年限。

（2）合同要求的预算书。

2. 施工图设计文件的编排顺序

（1）封面：写明项目名称、编制单位、编制年月。

（2）图纸目录。

（3）设计说明。

（4）设计图纸。

（5）必要的设备及材料表。

3. 施工图设计的工作程序

（1）准备工作如下：

① 研究任务，组织人员。由项目经理组织设计经理、采购经理和施工经理等负责人仔细研究施工图设计的依据文件，弄清项目目标、项目特点、设计范围、施工现场等条件，确定项目划分结构与项目编码，并确定工作阶段进度；

② 由设计经理负责组织专业主任工程师、专业设计负责人在认真研究设计依据文件、分析基础资料的基础上，弄清各专业的设计范围和技术要求，提出需要补充与核实基础资料的任务书，估计费用，安排计划执行；

③ 由项目经理组织各专业设计负责人编制施工图卷册目录，设计经理与项目经理协商按施工综合进度的需要确定施工图各卷册的提交进度。根据这个进度，设计经理组织各专业制定每个卷的设计审核和出版进度，各专业间交换资料的内容和日期，这就是详细设计的综合进度；

④ 开工会议。在上述工作就绪后，由设计经理召集设计人员下达设计任务计划。

（2）制定设计准则。除应遵守初步设计准则外，还应遵守以下两点：

① 施工图设计对于初步设计不得任意修改，施工图设计的工程预算一般不得超出基本设计概算；

② 建议修改初步设计方案时，必须由设计部门提出因变更引起的工程量和费用的变化，经原设计批准的主管部门审批后方可修改设计和工程概预算。

（3）制定大纲总体框架设计。制定设计大纲是提高设计效率、保证设计质量的重要方法和重要环节。大纲的内容根据不同性质的工程及不同类型的专业而定。一般要确定设计的配合进度、设计范围、设计深度、设计原则、设计标准、设计主要参数、技术条件、控制措施等。

总体框架设计包括平面总体布置和空间组合设想。平面总体布置要确定工程内容的相互关系、相互位置、平面控制尺寸、交通运输、管道布局、进出通道等宏观控制问题。空间组合设想要考虑工程建筑的总体空间组合。如根据功能划分、空间或地下管道的布局、建筑式样与立面的协调、建筑体量的组合与外部环境的融合等。总体框架设计对施工图设计起控制与指导作用，施工图设计是总体设计的深入与完善，在本阶段，设计人员在充分理解总体框架设计的基础上，按单项工程进行设计，包括设计绘图和工程计算。

（4）完善总图设计。首先汇总各单项设计的有关内容，然后将总图各个部位画出大样。各专业总图的完善要在综合性总图的指导下进行。综合性总图要体现各专业总图的内容，总图设计有平面设计和竖向设计，将两者结合起来，理顺内部与外部的复杂关系。

（5）施工图设计文件的审查。施工图设计文件的审查是保证设计质量的有效手段。必须建立严格的校核、审查、会签制度。审查时，应从整体出发，把宏观内容作为重点，如项目的规模、设计目标、宏观布局、系统方案、工艺流程、功能组合、关键尺寸、主要参数等；必要时，可采用价值工程（VE）的评估方法对初步设计进行审查。

（6）施工图设计预算。施工图设计预算的主要依据是各卷册图纸资料、工程量表（Bill of Quantites）和各种费用。

（7）文件汇总编制。根据设计经理指定的进度和各专业交换资料的内容与日期，确定综合归口、会签日期、成品审查和编制出版计划。

（8）文件出版与施工图设计结束。

（9）施工图设计后的服务。施工图设计后的服务指的是设计单位为项目建设施工单位或施工监理单位提供的服务。其包括以下内容：

① 根据施工进展情况，派出设计代表或设计代表组，在施工现场工作。工作内容为：向施工单位或施工监理工程师介绍设计内容，解答提出的问题；在施工前

处理好施工图中各专业间的配合问题、核对施工图与到货设备技术资料是否吻合，必要时提出设计修改通知单；如施工单位提出材料代换或变更设计要求时，需经设计代表同意并签署设计变更通知单，经监理工程师同意后交施工单位；参加调试，试运行及处理与设计有关的问题。

② 配合加工订货，根据采购经理的要求派出设计人员到制造厂。其工作内容同①，并负责将施工图按加工制造中的更改加以修正，作为正式施工图。

③ 设计回访，在每套装置试运行后，由项目经理或设计经理组织设计人员到现场，充分听取施工运行部门对设计的意见，进行实地调查，提出改进措施，做出回访总结，并将分析整理的经验反馈到其他项目中去。

4.3.4 设计任务书

设计工作的依据是设计任务书，设计单位根据设计任务书进行咨询。设计任务书包括以下内容：

（1）项目的目标；

（2）项目组成结构；

（3）项目的规模；

（4）项目的功能；

（5）设计的标准和要求。

项目的功能描述、设计的标准和要求是设计任务书最重要的部分。其描述质量在很大程度上决定了设计的质量，因此，设计任务书的描述必须准确、严谨，还要能充分体现业主的意图。在描述中需要注意以下三点：

（1）要求合理、适当，过高的要求必然增加投资，影响业主投资控制目标的实现；

（2）描述要尽量具体，避免使用抽象、模糊的语言；

（3）描述应全面，不能遗漏，否则将对以后的设计产生影响。

设计任务书应随着设计阶段的逐步展开而逐渐深化，因此在不同的设计阶段应提出深度不同的设计任务书。

设计任务书的内容还应结合项目实际管理的需要，在设计环节上就为项目后续实施的有效管理创造良好条件（表4-1）。

设计工作界面划分　　　　　　　　　　　　　　表 4-1

序号	设计名称	与主设计院关系
一	方案设计	/
二	初步设计	/
三	施工图设计	/
1	建筑设计	主设计院
2	结构设计	主设计院
3	机电专业设计	主设计院
4	人防设计	专业设计院、配合主设计院
5	室内装修设计	专业设计院、配合主设计院
6	景观绿化设计	专业设计院、配合主设计院
7	幕墙深化设计	专业设计院、配合主设计院
8	消防深化设计	专业设计院、配合主设计院
9	智能化深化设计	专业设计院、配合主设计院
10	钢结构深化设计	专业设计院、配合主设计院

注：本表的编制是根据设计（二次设计）情况编制工作界面划分计划所制。

第5章

工程项目招标阶段的咨询

5.1　工程项目招标阶段咨询的内容

招标是指招标人在发包建设项目之前，公开招标或邀请投标人，根据招标人的意图和要求提出报价，择日当场开标，以便从中择优选定中标人的一种经济活动。招标一般是建设单位或业主就拟建的工程发布通告，用法定方式吸引建设项目的承包单位参加竞争，进而通过法定程序从中选择条件优越者来完成工程建设任务的法律行为。实行建设项目的招标投标是我国建筑市场趋向规范化、完善化的重要举措，对于择优选择承包单位、全面降低工程造价，进而使工程造价得到合理有效的控制，具有十分重要的意义。投标招标可粗略地划分为三个阶段：招标准备阶段，从办理申请招标开始，到发出招标广告或邀请招标时发出投标邀请函为止；招标阶段也是投标单位的投标阶段，从发布招标广告之日起，到投标截止日期为止；决标成交阶段，从开标之日开始，到与中标单位签订施工承包合同为止的时间段。

建设工程项目招标投标和其他行业的招标投标采购一样，是在建立社会主义市场经济的目标下，逐步在我国得到推广、应用和发展。招标投标作为最具竞争力的采购方式之一，正不断地深入社会生活的各个方面，不但对宏观经济带来影响，而且正不断融入微观个体的行为中。

5.1.1　工程项目招标的主要方式和特点

建设工程项目招标的方式在国际上通行的为公开招标、邀请招标和议标。

（1）公开招标。公开招标的特点一般表现为以下三个方面：

① 公开招标是最具竞争性的招标方式。

② 公开招标是程序最完整、最规范、最典型的招标方式。

③ 公开招标也是所需费用最高、花费时间最长的招标方式。

我国在推行公开招标实践中，存在不少问题，主要如下：

① 公开招标的公告方式不具有广泛的社会公开性。

② 公开招标的公平、公正性受到限制。

③ 招标评标实际操作方法不规范。

（2）邀请招标。邀请招标的特点如下：

邀请招标是指招标人以投标邀请书的方式邀请特定的法人或者其他组织投标。在该招标方式下，招标人不以广告方式发表招标公告，而是根据自己的经验和掌握的各种信息资料，向 3 个以上（含 3 个）具有履约能力的潜在投标人发出投标邀请书。潜在投标人收到邀请书可以选择参加或不参加投标；招标人不得以任何借口拒绝被邀请的潜在投标人参加投标，否则招标单位应承担由此引起的一切责任。邀请招标与公开招标都要求具有规范正式的招标文件，在实际操作过程中都要遵循一定的招标程序，投标人在竞标过程中也必须遵照招标投标法律法规的要求进行操作。邀请招标方式的优点是参加竞争的投标商数目可由招标单位控制，目标集中，招标的组织工作较容易，工作量比较小。其缺点是由于参加的投标单位相对较少，竞争性范围较小，使招标单位对投标单位的选择余地较小，如果招标单位在选择被邀请的承包商前所掌握的信息资料不足，就会失去发现最适合承担该项目的承包商机会。

邀请招标和公开招标是有区别的，如下：

① 邀请招标在程序上比公开招标简化，如无招标公告及投标人资格审查的环卫。

② 邀请招标在竞争程度上不如公开招标强。邀请招标参加人数是经过选择后所限定的。由于参加人数相对较少，易于控制，因此其竞争范围没有公开招标大，竞争程度也明显不如公开招标强。

③ 邀请招标在时间和费用上都比公开招标节省。邀请招标不可以省去发布招标公告费用、资格审查费用和可能发生的更多评标费用。

邀请招标限制了竞争范围，由于经验和信息资料的局限性，会把许多可能的竞争者排除在外，不能充分展示自由竞争、机会均等的原则。鉴于此，国际上和我国都对邀请招标的适用范围和条件作出有别于公开招标的指导性规定。

（3）议标。议标是一种特殊的招标方式，是公开招标、邀请招标的例外情况。议标通常用于涉及国家安全的工程或军事保密工程，或紧急抢险救灾工程及小型工程。

① 议标的特点如下：

a. 议标方式适用面较窄。议标只适用于保密性要求或者专业性、技术性较高等特殊工程。而对于没有保密性或者专业性、技术性不高，不存在什么特殊情况的项目，不适宜进行议标。这里所谓"不适宜"，是指客观条件不具备，如同类有资格的投标人太少无法形成竞争态势等，还指有保密性要求，不能在众多有资格的投标商中间扩散。如果适宜采用公开招标和邀请招标的，就不能采用议标方式。议标必须经招标投标管理机构审查同意。

b. 直接进入谈判并通过谈判确定中标人。参加投标者为两家以上，一家不中标，再寻找下一家，直到达成协议为止。一对一进行谈判，是议标的最大特点。

c. 程序的随意性太大且缺乏透明度。议标缺乏透明度，极易形成暗箱操作，私下交易。从总体上来看，议标的存在是弊大于利。

《中华人民共和国招标投标法》（1999年8月30日主席令第21号，2017年修正）只规定招标分为公开招标和邀请招标，而对议标未明确提及。但在我国招标投标的进程中，议标作为一种招标方式已约定俗成，且在国际上也普遍采用。从我国建筑市场整体发育状况来考察，在当前和今后一段时间内，议标作为一种工程交易方式依然存在着。

议标不同于直接发包。从形式上看，直接发包没有"标"，而议标则有标。议标招标人须事先编制议标招标文件或拟议合同草案，议标投标人也须有议标投标文件，议标也必须经过一定的程序。

② 建设行政主管部门和招标投标管理机构对议标负有重要的监督管理责任。对议标的监督管理，需要抓住以下四个环节：

a. 议标项目的报建。议标项目的报建是一个非常重要的环节，通过报建，掌握待建工程项目的情况，及时向社会发布招标信息，以便提高议标工程项目的透明度。

b. 对议标项目的审查。招标投标管理机构必须对议标项目进行审查，未经招标投标管理机构审查同意，任何单位都不得进行议标。对不符合条件、不应当进行议标的项目，招标投标管理机构不予批准，保证议标的公正性。

c. 议标投标人的条件限制。议标当事人一方为组织议标的招标人，另一方为参加议标的投标人。招标人选择的议标投标人必须符合如下要求：

第一，具有与议标的工程相应的资质等级、营业范围、资金和能力；

第二，发包有保密性要求或其他特殊性要求的工程时，招标人应优先选择成立时间比较久远、信誉比较可靠，如近年内获得过优质工程称号的全民所有制企业作为议标投标人；

第三，发包主体工程完成后为配合发挥整体效能所追加的小型附属工程和单位工程停建、缓建后恢复建设的工程任务时，招标人应当选择原承包人作为议标投标人；

第四，近一年内未出现过质量、安全事故或者其他违反建筑市场管理法规的行为。

d. 在公开招标或者邀请招标失败后，选择议标的方式。公开招标或者邀请招标失败后，通常可以依法选择议标方式，但应当按照原招标文件或者评标定标办法中有关招标失败的条款选择议标投标人，而不能另行确定评标标准。

工程招标投标程序是指建设工程招标投标各项工作所必须严格遵循的先后次序。建设工程项目招标投标是由一系列特定环节组成的特殊交易活动。

5.1.2　工程项目招标的范围

《中华人民共和国招标投标法》规定，在中华人民共和国境内进行下列工程建设项目，包括项目的勘察、设计、施工、监理以及工程建设有关的重要设备、材料等的采购，必须进行招标。《工程建设项目招标范围和规模标准规定》的制定为规范我国招标采购制定了强制性标准，对规范招标采购的健康发展起到了重要作用。

（1）使用国际组织或者外国政府贷款、援助资金的项目；

（2）全部或者部分使用国有资金投资或者国家融资的项目；

（3）大型基础设施、公用事业等关系社会公共利益、公众安全的项目。

依据《中华人民共和国招标投标法》的基本原则，国家颁布了《工程建设项目招标范围和规模标准规定》，对上述工程建设项目招标范围和规模标准又做出了具体规定。

1. 关系社会公共利益，公众安全的基础设施项目

（1）煤、石油、天然气、电力新能源等能源项目；

（2）铁路、公路、管道、水运、航空以及其他交通运输业等交通运输项目；

（3）邮政、电信枢纽、信息网络等邮件通信项目；

（4）防洪、灌溉、排放、可引（供）水、滩涂治理、水土保持、水利枢纽等水

利项目；

（5）道路、桥梁、地铁和轻轨交通、污水排放及处理、垃圾处理、地下管道、公共停车场等城市设施项目；

（6）生态环境保护项目；

（7）其他基础设施项目。

2. 关系社会公共利益、公众安全的公用事业项目

（1）供水、供电、供气、供热等市政工程项目；

（2）科技、教育、文化等项目；

（3）体育、旅游等项目；

（4）卫生、社会福利等项目；

（5）商品住宅，包括经济适用房；

（6）其他基础设施项目。

3. 使用国有资金投资项目

（1）使用各级财政预算资金的项目；

（2）使用纳入财政管理的各种政府性专政建设资金项目；

（3）使用国有企业、事业单位自有资金，并且国有资产投资者实际拥有控制权的项目。

4. 国家融资项目

国家融资项目的范围包括：

（1）使用国家发行债券所筹资金的项目；

（2）使用国家对外借款或者担保所筹资金的项目；

（3）使用国家政策性贷款的项目；

（4）国家授权投资主体融资的项目；

（5）国家特许的融资项目。

5. 使用国际组织或者外国政府资金的项目

使用国际组织或者外国政府资金的项目包括：

（1）使用世界银行、亚洲开发银行等国际组织贷款资金的项目；

（2）使用外国政府及机构贷款资金的项目；

（3）使用国际组织或者外国政府资助资金的项目。

以上第 1 条至第 5 条规定范围内的各类工程建设项目，根据 2018 年国家发展改革委令第 16 号《必须招标的工程项目规定》，包括项目的勘察、设计，以及与工程建设有关的重要设备、材料等的采购，达到下列标准之一的，必须进行招标。

（1）施工单位合同估价在 400 万元人民币以上的；

（2）重要设备、材料等货物的采购，单项合同估价在 200 万元人民币以上的；

（3）勘察、设计、监理等服务的采购，单项合同估算价在 100 万元人民币以上的。

依法必须进行招标的项目，全部使用国有资金投资或者国有资金投资占控股或者主导地位的，应当公开招标。

按照有关规定，属于下列情形之一的，可以不采用直接受托的方式发包设计任务。

（1）涉及国家安全、国家秘密的工程；

（2）抢险救灾工程；

（3）利用扶贫资金实行以工代赈、需要使用农民工等特殊情况；

（4）建筑造型有特殊要求的设计；

（5）采用特定专利技术、专有技术进行勘察、设计或施工；

（6）停建或者援建后恢复建设的单位工程，并且承包人未发生变更的；

（7）施工企业自建自用的工程，并且该施工企业资质等级符合工程要求的；

（8）在建工程追加的附属小工程，或者主体加层工程，并且承包人未发生变更的；

（9）法律、法规、规章规定的其他情形。

5.1.3 工程项目招标需要具备的条件

1. 勘察、设计招标项目应具备的条件

根据相关规定，工程勘察设计招标项目需同时具备下列条件：

（1）按照国家有关规定建设项目已经批准，或核准，或核备同意；

（2）工程场地取得了批准文件，或与当地有关方面达成了临时协议或承诺；

（3）具有开展工程设计必需的建设条件协议文件；

（4）工程勘察设计所需要资金已经落实；

（5）具备开展工程勘察设计必需的可靠基础资料；

（6）招标机构已经落实，并有专人开展工作；

（7）法律、法规、规章规定的其他条件。

2. 施工招标项目应具备的条件

按照有关规定，招标项目应当具备下列条件：

（1）建设工程已批准立项；

（2）向建设行政主管部门履行了报建手续，并取得批准；

（3）建设资金能满足建设工程的要求，符合规定的资金到位率；

（4）建设用地已依法取得，并领取了建设工程规划许可证；

（5）技术资料能满足招标投标的要求；

（6）法律、法规、规章规定的其他条件。

3. 招标单位应具备的条件

《中华人民共和国招标投标法》及其实施条例规定，招标人具有编制招标文件和组织评标能力的可以自行办标事宜，具体包括：

（1）有与招标项目规模和复杂程度相应的经济、法律和技术人员；

（2）有组织编制招标文件的能力；

（3）有审查招标单位的能力；

（4）有组织开标、评标、定标的能力。

如果招标单位不具有上述要求，则需委托招标代理机构。

4. 招标代理机构应具备的条件

按照《中华人民共和国招标投标法》，对招标代理机构有如下规定：

（1）招标代理机构是依法设立，从事招标代理业务并提供相关服务的社会中介组织。

（2）有从事招标代理业务营业场所和相应资金。

（3）有能够编制文件和组织评标的相应专业力量。

（4）与行政机关和其他国家机关没有行政隶属关系或者其他利益关系；

5.1.4　招标工作的流程

招标工作的流程示意如图 5-1 所示。

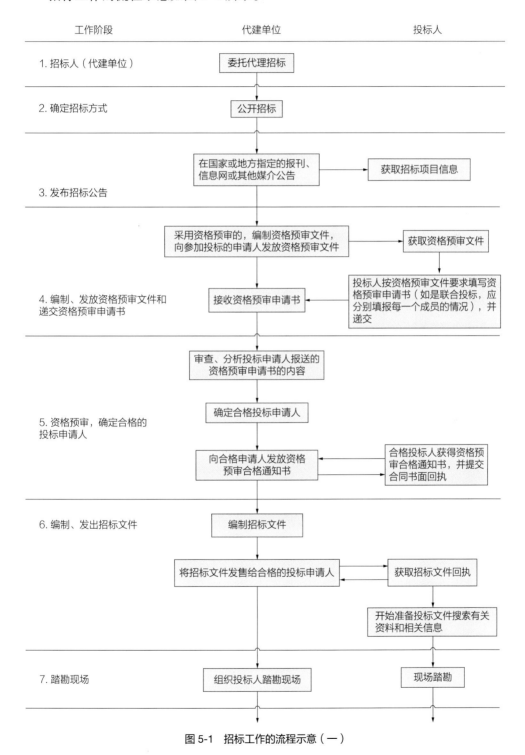

图 5-1　招标工作的流程示意（一）

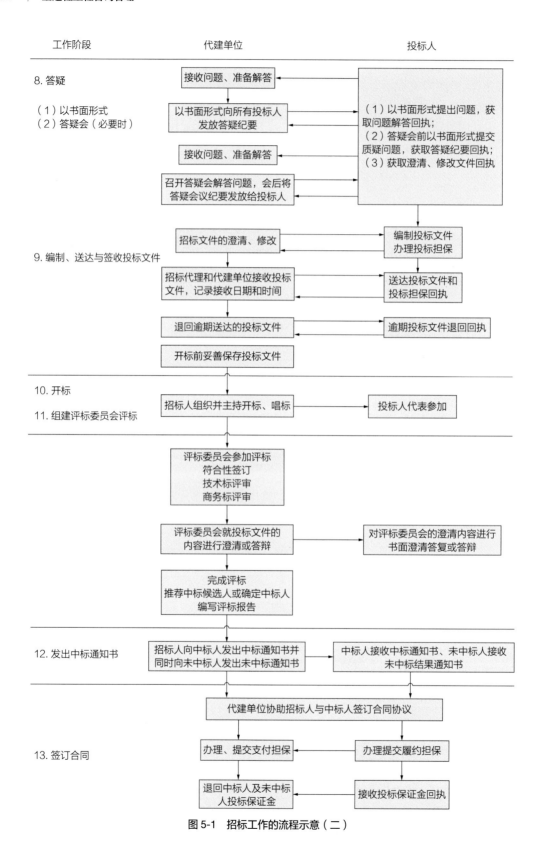

图 5-1　招标工作的流程示意（二）

5.2　工程项目招标阶段咨询实务要点

5.2.1　工程项目招标的法定程序

招标投标是一种高级的、有组织的、规范化的交易方式，其组织性与规律性体现在招标运作过程中的相对固定的程序之中。按照招标投标的基本程序，工作的步骤主要包括招标、投标、开标、评标、定标这样一系列过程。大致分为五个过程组，包括启动过程组、规划过程组、实施过程组、监控过程组和收尾过程组。

通过对已有法律法规和文献的分析，可以界定出本阶段的工作目标包括具备招标资格、确定招标代理机构、签订招标代理委托协议并备案、制订招标实施计划。

1. 招标

招标主要包括以下内容：

（1）前期准备工作，如研究招标方案、制定招标文件、确定采用的招标形式及标的等。招标文件是由招标人或其委托的招标代理机构编制发布的，是投标单位编制投标文件的依据。招标文件中的很多文件将作为未来合同的有效组成部分。招标文件的内容繁多，必要时可以分卷、分章编写。《标准施工招标文件》（2007 年版）中的招标文件组成结构包括：

第一卷　第一章　招标公告（未进行资格预审）／投标邀请书（适用于邀请招标）／投标邀请书（代资格预审通过通知书）；

第二章　投标人须知；

第三章　评标办法（经评审的最低投标价法）／评标办法（综合评估法）；

第四章　合同条款及格式；

第五章　工程量清单；

第二卷　第六章　图纸；

第三卷　第七章　技术标准和要求；

第四卷　第八章　投标文件格式。

（2）发布招标公告。招标人采用公开招标方式的，应当发布招标公告，目的是使所有潜在的投标人都具有公平的投标竞争机会。按照《招标公告发布暂行办法》（国家计委 4 号令），有关发布招标公告的要求如下：

① 发布招标公告的媒介：

a.《中国日报》《中国经济导报》《中国建设报》《中图采购与招标网》(wwww.chinabidding.com.cn）为发布依法必须招标项目招标公告的指定媒介。其中，依法必须招标的国际招标项目的招标公告应在《中国日报》发布。

b. 各地方人民政府依照审批权限审批的依法必须招标的民用定设项目的招标公告可在省、自治区、直辖市人民政府主管部门指定的媒介发布。

c. 使用国际组织或者外国政府贷款、援助资金的招标项目，贷款方、资金提供方对招标公告的发布另有规定的，适用其规定。

② 发布招标公告要求：

a. 拟发布的招标公告文体应当由招标人或其委托的招标代理机构的主要负责人签名并加盖公章；

b. 招标人或其委托的招标代理机构发布招标公告，应当向指定的媒介提供营业执照、项目批准文件的复印件等证明文件；

c. 招标人或其委托的招标代理机构应至少在一家指定的媒介上发布招标公告；

d. 招标人或其委托的招标代理机构在两个以上媒介发布的同一招标项目的招标公告的内容应当相同；

e. 指定报纸和网络应当在收到招标公告文本之日起 7 日内发布招标公告。

③ 招标公告内容。招标公告应当载明招标人的名称和地址、招标项目的性质、数量、实施地点和时间、投标截止日期以及获取招标文件的办法等事项。

（3）资格预审。招标人或其委托的招标代理机构应分析评价申请者提交的资格预审材料，确定终选投标者名单，并要在发出招标文件之前三个月内通知入选者。对可能的承包商的评价要根据资格预审调查资料，以及向以前的业主、同业公会和工商行业名录或国家公司登记簿等处进行秘密调查，并依据经验来判断，对承包商的评价内容包括：

① 组织机构；

② 他们在同类类型工程及拟承担的工程所在国家、地区的经验；

③ 可利用的资源，包括管理能力、技术人员和施工装备等；

④ 可以分包的工程范围；

⑤ 完成项目的资金稳定性和需要的资金来源；

⑥ 他们的一般适应性，要考虑到语言上可能的隔阂。

在确定并通知终选投标者名单的同时，招标人或其委托的招标代理机构还应通知那些落选的申请者和其他所有单位。

（4）出售招标文件。招标人对已发出的招标文件进行必要的澄清或者修改的，应当在招标文件要求提交投标文件截止时间至少 15 日前，以书面形式通知所有招标文件收受人。该澄清或者修改的内容为招标文件的组成部分。投标人在收到招标文件后，若有问题需要澄清，应于收到招标文件后以书面形式向招标单位提出，招标人应以书面形式或投标预备会的方式予以解答，答复应送给所有获得招标文件的投标人。

2. 投标

投标是投标人或投标单位寻找并选取合适的招标信息，在同意并遵循招标人核定的招标文件的各项规定和要求的前提下，提出自己的投标文件，以期通过竞争为招标人选中的交易过程。

3. 开标

开标是招标人按招标公告或投标邀请函规定的时间和地点，当众开启投标文件，宣布投档人的名称、报价等的公开过程。开标通常有两种形式：公开开标，即事先在报纸等媒介上公开招标信息，通知投标人，并在有投标人参加的情况下当众进行；秘密开标，即主要由招标单位和咨询专家秘密开标，招标人可根据情况邀请政府代表或有关人员参加。

（1）开标的时间和地点。根据《中华人民共和国招标投标法》规定，开标应当在招标文件确定的提交投标文件截止时间的同时间公开进行。在下列情况中可以暂缓或者推迟开标时间：

① 招标文件发售后对原招标文件作了变更或者补充；

② 开标前发现有影响招标公正的不正当行为；

③ 出现突发事件等。

（2）出席开标会议的规定。开标由招标人或者招标代理人主持开标会议，邀请所有投标人参加，投标人、法定代表人或授权代理人未参加开标会议的视为自动弃权。

（3）开标程序。开标会议宣布开始后，应首先请各投标人代表确认其投标文件的密封情况，并签字予以确认，也可以由招标人委托的公证机构检查并公证。经确认无误后，工作人员当众拆封，核查投标人提交的证件和资料，并审查投标文件的完整性、文件的签署、投标担保等。宣读投标人名称、投标价格和投标文件的其他主要内容。修改或撤回通知、所有在投标致函中提出的附加条件、补充声明、替代方案、优惠条件等均应宣读。开标后，任何投标人都不允许更改投标书的内容和报价，也不允许再增加优惠条件。招标人也不得更改评标、定标办法。开标过程应当记录，并存档备案。

一般采用公开或限制性方式开标，开标的内容包括宣布并记录投标人名称及报价，包括替代方案的报价（如适用时）；宣布并记录因其投标书迟到或未到而被取消投标资格的投标人的名称。

（4）无效投标文件。开标时，如果发现投标文件出现下列情况之一，应当作为无效投标文件，不再进入评标：

① 投标文件未按照招标文件的要求予以密封；

② 投标文件中的投标函未加盖投标人的企业及企业法定代表人印章，或者企业法定代表人委托代理人没有合法、有效的委托书（原件）及委托代理人印章；

③ 投标文件的关键内容字迹模糊、无法辨认；

④ 投标人未按照招标文件的要求提供投标保证金或者投标保函；

⑤ 组成联合体投标的，投标文件未附联合体各方共同投标协议。

4. 评标

评标是招标人根据招标文件的要求，对投标人所报送的投标书进行审查及评议的过程。评标的目的在于从技术、经济、商务、法律、组织和管理等方面对每份投标书加以分析评价。评标工作由评标委员会进行。评标委员会由招标机构的代表和委托方全权代表及技术、经济、法律等方面的专家组成。评标委员会要全面充分地审阅研究投标文件，有权要求投标方代表对投标文凭不明确的地方进行解释。评委会依据"公正、科学、严谨"的原则和标书的要求进行评标。

（1）评标准备。评标委员会成员应该认真研究招标文件，至少应了解和熟悉以下内容：

① 招标的目标；

② 招标项目的范围和性质；

③ 招标文件中规定的主要技术要求、标准和商务条款；

④ 招标文件规定的评标标准、评标办法和在评标过程中考虑的相关因素。

（2）初步评审。初步评审的内容包括对投标文件的符合性评审、技术性评审和商务性评审。

（3）投标文件的澄清和说明。评标委员会可以要求投标人对投标文件中含意不明的内容作必要的澄清或者说明，但是，澄清或者说明不得超出投标文件的范围或者改变投标文件的实质性内容。

（4）应当作为废标处理的情况如下：

① 弄虚作假。在评标过程中，评标委员会发现投标人以他人的名义投标、串通投标以行贿手段谋取中标或者以其他弄虚作假方式投标的，该投标人的投标应作废标处理。

② 报价低于其个别成本。在评标过程中，评标委员会发现投标人的报价明显低于其他投标报价或者在设有标底时明显低于标底，使其投标报价可能低于其个别成本的，应当要求该投标人作出书面说明并提供相关证明材料。投标人不能合理说明或者不能提供相关证明材料的，由评标委员会认定该投标人以低于成本报价竞标，其投标应作废标处理。

③ 投标人不具备资格条件或者投标文件不符合要求。

④ 未能在实质上响应的投标，需与提供资金的机构一起审查，拒绝不符要求的投标书，并通知有关投标人。

（5）投标偏差。下列情况属于重大偏差：

① 没有按照招标文件要求提供投标担保，或者所提供的投标担保有瑕疵；

② 投标文件没有投标人、法定代表人或授权代理人签字和加盖公章；

③ 投标文件载明的招标项目完成期限超过招标文件规定的期限；

④ 明显不符合技术规格、技术标准的要求；

⑤ 投标文件载明的货物包装方式、检验标准和方法等不符合招标文件的要求；

⑥ 投标文件附有招标人不能接受的条件；

⑦ 不符合招标文件中规定的其他实质性要求。

所有存在重大偏差的投标文件都应作废标处理。

存在细微偏差的投标文件，评标委员会可以书面要求投标人在评标结束前予以澄清、说明或者补正，但不得超出投标文件的范围或者改变投标文件的实质性内容。投标人拒不补正的，在详细评审时可以对细微偏差作不利于该投标人的量化，量化标准应当在招标文件中明确规定。

（6）有效投标过少的处理。如果有效投标很少，则达不到增加竞争性的目的。因此，《评标委员会和评标办法暂行规定》中规定，如果否决不合格投标或者界定为废标后，因有效投标人不足 3 个使得投标明显缺乏竞争的，评标委员会可以否决全部投标。投标人少于 3 个或者所有投标被否决的，招标人应当依法重新招标。

（7）详细评审。招标人根据评标委员会提出的书面评标报告和推荐的中标候选人确定中标人，招标人也可以授权评标委员会直接确定中标人。

（8）编制评标报告。评标报告的内容一般包括：基本情况和数据表；评标委员会成员名单；开标记录；符合要求的投标一览表；废标情况说明；评标标准、评标方法或者评标因素一览表；经评审的价格或者评分比较一览表；经评审的投标人排序；推荐的中标候选人名单与签订合同前要处理的事宜；澄清、说明、补正事项纪要。评标报告由评标委员会全体成员签字。对评标结论持有异议的评标委员会成员可以书面方式阐述其不同意见和理由。评标委员会成员拒绝在评标报告上签字且不陈述其不同意见和理由的，视为同意评标结论。评标委员会应当对此作出书面说明并记录在案。

（9）评标办法。评标办法包括经评审的最低投标价法、综合评估法等。

① 经评审的最低投标价法。经评审的最低投标价法一般适用于具有通用技术、性能标准或者招标人对其技术、性能没有特殊要求的招标项目。根据经评审的最低投标价法，能够满足招标文件的实质性要求，并且经评审的最低投标价的投标，应当推荐为中标候选人。采用经评审的最低投标价法的，评标委员会应当根据招标文件中规定评标价格调整方法，对所有投标人的投标报价以及投标文件的商务部分作必要的价格调整。采用经评审的最低投标价法的，中标人的投标应当符合招标文件规定的技术要求和标准，但评标委员会无须对投标文件的技术部分进行价格折算。根据评审的最低投标价法完成详细评审后，评标委员会应当拟定一份"标价比较表"，连同书面评标报告提交招标人。"标价比较表"应当载明投标人的投标报价、对商务偏差的价格调整和说明以及经评审的最终投标价。

② 综合评估法。综合评分法也称打分法，是指评标委员会按预先确定的评分标准，对各招标文件需评审的要素（报价和其他非价格因素）进行量化、评审记分，以标书综合分的高低确定中标单位的方法。由于项目招标需要评定比较的要素较多，且各项内容的计量单位又不一致，如工期是天、报价是元等，因此综合评分法可以较全面地反映出投标人的素质。评审要素确定后，首先将需要评审的内容划分为几大类，并根据招标项目的性质、特点，以及各要素对招标人总投资的影响程度来具体分配分值权重（即得分）。然后再将各类要素细划成评定小项并确定评分的标准。这种方法往往将各评审因素指标分解成 100 分，因此也称百分法。推荐中标候选人时应注意，若某投标文件总分不低，但某一项得分低于该项预定及格分

时，也应充分考虑授标给该投标单位后，实施过程中可能的风险。

5. 定标

定标是评标委员会在充分评审的基础上，最终确定中标人的过程叫定标。招标人通知该投标人，并确认其中标，这一过程，对招标人来讲称之为授标，而对投标人来说，则是中标。招标人在选定中标人后，就应该尽快向中标人发出通知书，告知进一步签约的时间和地点，而对所有未中标人，应退回投标保证金。中标后的投标人，签订合同后随即改变了投标人的身份而成为供应人或承包人。按照国际惯例，供应人或承包人应立即向招标方提交由银行或保险公司担保的履约保证书。

根据评价标准，对评估投标书提出需进一步澄清的内容，进而完成评标。

（1）中标候选人的确定。评标委员会推荐的中标候选人应当限定在 1～3 人，并标明排列顺序。

（2）定标原则。《中华人民共和国招标投标法》规定，中标人的投标应当符合下列条件之一：

① 能够最大限度地满足招标文件中规定的各项综合评价标准；

② 能够满足招标文件的实质性要求，并且经评审的投标价格最低；但是投标价格低于成本的除外。

（3）发出中标通知书。中标人确定后，招标人应当向中标人发出中标通知书，并同时将中标结果通知所有未中标的投标人。

（4）签发意向书。一般情况下，业主向中标者签发意向书，然后再进行合同谈判，谈判成功后签订合同，作为签订正式合同前的意向书应包括：

① 声明拟接受该项标书；

② 规定进行（或不进行）某些工作（如动迁、材料订货、订立分包合同等）；

③ 委托工程的付款算法和正式接受标书前可能出现的财务责任范围；

④ 声明如果标书最终未被接收或撤回意向书时，承包商所发生的合理费用将由业主补偿；

⑤ 声明当标书用接受函的方式正式接受时，意向书上的规定将随之无效；

⑥ 要求承包商表示收到意向书并确认他接受意向书的条件。

（5）订立书面合同。招标人和中标人应当自中标通知书发出之日起 30 日内，按照招标文件和中标人的投标文件订立书面合同。招标人和中标人不得再行订立背离合同实质性内容的其他协议。

5.2.2 工程项目招标过程中需要注意的事项

1. 投标者须知

投标者须知是指导投标单位如何正确进行投标的文件。据联合国工业发展组织推荐的范本，投标者须知应包括下列基本条款：

（1）收标。在取得招标文件以后，有兴趣投标的企业，应将承包该招标工程的报价一式 × 份密封于 ×××× 年 × 月 × 日 × 时以前交 ××（企业地址）××（业主姓名）。标书正本应标明"正本"字样；副本应标明"副本、仅供参考"字样。在任何情况下，副本均不具有任何法律上的效力。如果正本与副本有不符之处，应以正本的文本为准。

（2）合同文件。已经由 ××（咨询机构地址）××（咨询机构及其代表，以下简称"工程师"）拟订，另详。

（3）向投标者解释招标文件。投标人如发现工程说明书、图纸、合同条件或其他招标文件中有任何不符或遗漏，或感到意图含混不清时，应在投标以前及时以书面形式提请工程师予以解释、澄清或更正。

（4）标书的编制和提交。标书正本应以投标人的名义正式签署。标书及其补遗必须全部填妥，所有空白栏都须用墨水或打字清楚填写；如有添字、改字或删字，应由签署人在每一改动处签名或盖章。

（5）业主拒绝接收投标书的权利。业主可以拒绝任何不符合本投标者须知要求的标书。在上述原则的适用性不受限制的条件下，业主不承担接受最低标价的标书或任何其他标书之义务。

（6）投标保证。所有的投标报价都必须附有一份经业主认可的银行出具的投标保证书，或一张指定向业主支付的保付支票。

（7）施工场地的勘察。投标人应该在提出投标书以前了解施工场地的地形、地貌、地基条件，完成本工程所必需的工作、材料的种类和数量，进入现场的道路和交通运输工具，港口和火车站的装卸设施，可能需要的临时设施，以及可能会一般地和具体地影响设备运输及安装与工厂经营的当地有关法律、规章和条例。

（8）投标的充分条件。投标人应被认为在投标以前已确实查明他对招标工程投标报价和在已标价的工程量清单和单价表中所列的费率和价格是正确的和充分的，该费率和价格应包括他根据合同所承担的一切义务和为正当建成及经营管理该工程所必需的一切事物的开支，即合同价格（投标报价）是按合同文件规定圆满履行合同的价格。

（9）更改与备选方案。报价表及其任何附件均不得更改，如有任何更改，该项投标书即不与考虑。但是，如果投标人认为有必要对其投标书提出限制条件或例外情况时，可将此类附加的内容作为可供业主选择的建议方案，附上详细说明，并列举理由及其优点和缺点，随同规定的投标文件一起提交。

（10）投标日期和开标日期的推迟。业主保留推迟投标日期和开标日期的权利，并将向每一个取得招标文件的可能投标者发出有关推迟上述日期的电报（电传）或书面通知。

（11）保密。投标人应将招（投）标文件作为机密处理。

2. 合同条款

合同条款主要是规定有关方面的权利和义务，是有关各方经济关系的法律基础，也是承包商据以计算价格的基础。

（1）一般合同条款。编制合同的一般条款，目的就在于使各项目单位能接受共同的经验，在基本要求方面能有所遵循，以便节省人力，不必单独编制一套合同条款。当前国际上应用比较广泛的是国际咨询工程师联合会（Fédération Internationale Des Ingénieurs-Conseils，FIDIC）等编订的 FIDIC 条款（土木工程施工合同条件）。它的特点是在合同执行过程中，设立了有相对独立性的"工程师"（Engineer），"工程师"有权根据合同规定作出决定，开具证明，发布命令。他一方面代表业主在执行合同中对承包商实施监督；另一方面，在业主一方的责任或合同以外的要求而使承包商蒙受损失或增加工作量时，则开具证明，给予补偿。因此，"工程师"的角色相当于业主与承包商之间的第三方。

（2）专用合同条款。专用合同条款（或称"附加合同条款"）是体现不同项目的特性而在合同中作出的特殊规定，专用合同条款的作用主要有三个方面：一是使部分一般合同条款具体化，如使用的语言、贷款或工程费用的支付办法、货币及汇率的具体规定等；二是针对一般合同条款中的某些条款作出具体规定，如对执行合同过程中更改合同要求而发生偏离合同的情况作出某些特殊规定，或费用的特殊规定等；三是增加一般合同条款所未包括的某些特殊条款。

专用合同条款总是集中在若干方面，FIDIC 条款以及世界银行的《招标文件样本》中，都提出了专用合同条款的范本，供各项目单位结合具体项目情况参考。使用关于土木工程合同的专用条款，除将一般性条款具体化以外，主要集中在以下方面：

① 开工、施工与竣工，包括各项工程的日期表；

② 业主提供的图纸和规范，包括图纸的应用范图、免费提供的图纸套数及使用规定等；

③ 业主提供的材料和设备，包括提供的设备清单、使用条件及业主由于延误交付材料设备的责任；

④ 价格调整，包括调价条件、计算方法及付款条件施工进度表，由承包商编制，包括施工进度表及提交期限、使用条件等；

⑤ 有关税务的具体规定；

⑥ 付款测算和工程付款，包括工程量和价款的测算，审批的责任方式，支付期限及业主支付、拒付工程价款的条件；

⑦ 保险，包括承包商的责任、保险金额、向业主提交保险证书的期限等。保险单上应注明在保险单废除、终止或实质性变更之前，应提前向业主通知期限。应当注意，保险要求根据不同国家而异，在编制本条款之前，应予以认真审核。

3. 合同格式

（1）合同协议书。招标文件中的合同格式或称协议格式，只要求中标者填写或签订。合同应包括以下内容：

① 合同双方名称，以及供货或工程简明内容；

② 合同一般条款、合同专用条款；

③ 合同所包括的文件。除本合同外，供货合同还应包括所采购的设备和货物清单、价格表、技术规格、合同一般条款，合同专用条款以及授标通知；工程合同还应包括授标信（Letter of Acceptance）、投标书及附录、技术规范、报价的工程量清单、图纸以及补充资料；

④ 业主对支付合同价格的承诺；

⑤ 中标者对实施合同的承诺。

（2）履约保证。为了保证中标者如约履行合同，中标者应提供由保险公司、担保人或银行的履约保证。由保险公司或担保人提供的保证称为履约担保，由银行提供的称为履约（银行）保函。

4. 投标书格式

投标书一般包括投标人对招标文件列明所拟采购的设备、货物或工程的报价；

投标人承诺交货时间或工程开工及竣工时间；投标人关于履约保证金的承诺；投标人对投标有限期的承诺；投标人表明，在正式合同签订之前，投标书及业主接受标书的信件将视同对双方具有约束力的合同；投标人理解，业主并无义务必接受评标价最低的标书或任何标书；投标书附录则应列明投标人所作的承诺，即如果中标后应承担的某些重要义务，如履约保证金数额、第三方保险的最低金额、工程师下达开工命令后至正式开工之间的天数、完工时间、延迟完工的赔偿金及其最高限额、维护期限、暂定金额调整的百分比、定金的百分比及最高限额、中期支付的最低金额、付款凭证发出后到支付之间的期限等，本附录中暂定金额调整的百分比由投标人填写，其余诸项均由业主填写。

5. 招标过程中常见问题

（1）关于投标可否选择。如果在土建招标中规定，对投标的条件和技术规范不允许有任何选择和偏离的要求，并且投标者的资格已经过审查，则对标书评价就相对简单，只要按招标文件的要求进行评标就可达到目的，允许投标人对工程设计或工程某部分的设计及建造时间和支付条件等方面有所选择，为了便于评价和比较，通常规定提出选择条件的投标人仍必须按照招标文件的基本设计方案和条件进行投标，然后对第一项提出选择的建议在技术上进行审查，从工程技术要求的角度来评价该项建议是否可取，标价是否合理；并把建议同基本投标进行比较，以确定其是否应该中标。

（2）关于大型建设项目的分阶段招标。一般情况下，大型工程项目的技术结构相对复杂，技术要求也较高，为了解决不同技术的投标问题，必须采用两阶段投标。在第一阶段，要求投标人按照规定最低工作要求的投标说明书提出技术上的意见，但不提出投标价格。然后，招标人与提出技术意见的投标人进行协商，商定一个双方都能接受的技术标准。在第二阶段，邀请投标人对这一双方同意的技术标准的工程进行投标，并提出投标的价格。

（3）大型土木建设工程分单项同时招标。如果大型土木建设工程是分若干单项同时招标，而投标人又通过了这几个单项工程的资格预审，就可以投标其中的一项或一项以上。若投标人投两个以上单项工程，则在评标时，可将其报价总额减少4%，然后再与其他报价进行比较。

第 6 章

工程项目施工阶段的咨询

6.1 工程项目施工阶段咨询的内容

项目实施阶段的主要任务是通过建设施工，设备材料的采购、安装、调试，生产准备和工程验收，在预定的进度、质量、造价范围内，将设计要求和蓝图高效率地变成项目实体。咨询公司在此阶段内受到不同服务对象的委托，承担不同的咨询任务，主要包括施工管理、采购合同的管理、土木工程合同的管理（施工监理）、合同管理、项目沟通管理。咨询公司可根据其服务内容的不同，承担不同的咨询任务。

6.1.1 施工管理流程

施工阶段管理咨询的整体流程如图 6-1 所示。

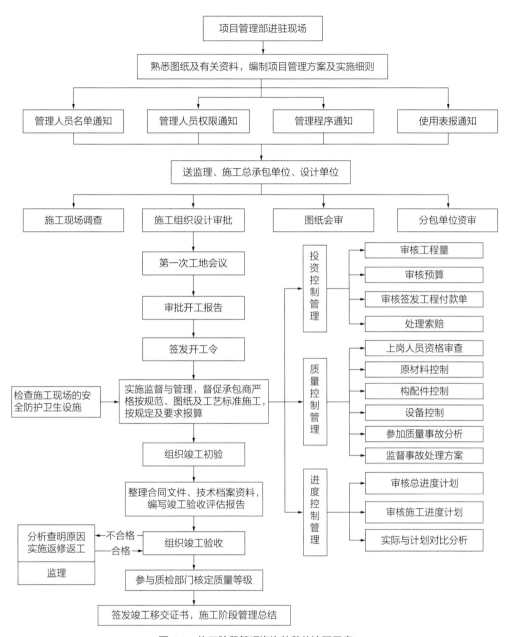

图 6-1　施工阶段管理咨询的整体流程示意

6.1.2　材料设备采购管理

材料设备采购具有相当的重要性和独特性。第一，采购是工程建设土建和安装调试实施的重要输入条件，是实现项目计划的枢纽环节；第二，主要项目成本是通过设备和材料采购支付出去的，特别是设备价值较大的支出，因此降低采购环节的费用是降低项目总成本的重要途径；第三，工程设备的技术水平和原材料的各种性能从根本上将影响整个项目的产出水平，并最终影响项目的经济效益；第四，设备和材料采购的系统性要求很强，采购管理的重要性远远高于普通制造业的采购；第五，工程项目的动态性要求远高于普通制造业的要求，工程物资的采购面临的风险较大；第六，工程项目建设期间的采购和运行期间的采购是完全不同的两种活动。前者由于其一次性和不确定性的特征，需要进行特殊的管理；而项目运行的物资采购则具有较大的稳定性和计划性，通常为周期性采购。而且，后者的采购直接受前者的影响，前者采购的设备、选型、参数、供应商等均会成为限制因素，最终形成路径依赖。

1. 材料设备采购流程

材料设备采购流程如图 6-2 所示。

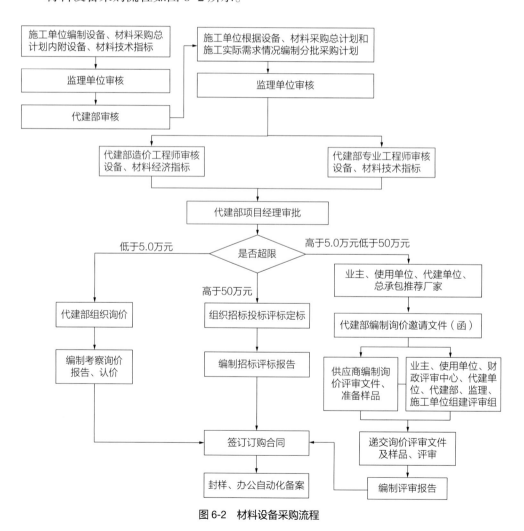

图 6-2　材料设备采购流程

2. 设备材料在采购过程中需要咨询单位的服务

设备材料在采购过程中需要咨询单位提供以下服务：

（1）设备发送现场前的咨询服务。设备发送现场前的咨询任务包括批准平面布置、总的设计和安排、修改合同图以及设备制造图纸；批准拟用设备，并尽可能地使用通用设备；在制造过程中检查并确保设备质量；在制造商工厂作最终检测；督促厂商按期交货。

（2）督办货物运输的后勤工作。督办货物运输的后勤工作任务包括人员配备、检查采购单、检查航运条款、选择运输工具、选择运输路线、安排好特大件的运输、了解运输价格、保险、进行货物运输途中损坏或短缺的索赔。

（3）现场采购。工地现场采购工作包括所有施工材料的接收、存储、防护和发出，所有直接从现场获得的关于材料、工具、设备或服务的购买和分包合同，现场采购计划、实施图（购买、材料协调和材料管理）等。

（4）完工测试。当每一项成套设备已完全装好接妥时，要进行检查和测试，使其技术性能、参数指标达到要求。

3. 设备材料采购招标文件的内容

材料设备采购招标文件与工程招标文件相似，但由于材料设备采购自身的特点，两者又有着不同之处。材料设备采购的招标文件主要由招标书、投标须知、招标材料设备清单、技术要求及图纸、主要合同条款和其他需要说明的事项等部分组成。招标文件中技术条款是举足轻重的，对材料设备的技术参数和性能要求应根据实际情况确定，过高要求就会增大费用。此外，还应该明确材料设备的质量要求、交货期限、交货方式、交货地点和验收标准等。专用、非标准设备应有设计技术资料说明及齐全的整套图纸，以及可提供的原材料清单、价格、供应时间、地点和交货方式。投标单位应提供备品、配件数量和价格要求及相应的售前、售后服务要求等。

4. 材料设备采购应注意的问题

（1）投标价。投标人的报价即包括材料设备生产制造的出厂价格，还包括投标人所报的安装、调试、协作等价格。

（2）运输费。包括运费、保险费和其他费用。

（3）交货期。以招标文件中规定的交货期为标准。如投标书中所提出的交货时间早于规定时间，一般不给予评标优惠，因为，当项目还不需要时会增加业主的仓储管理费和材料设备的保养费。

（4）性能和质量。主要比较设备的生产效率和适应能力，还应考虑设备的运营费用，即设备的燃料、原材料消耗、维修费用和所需运行人员费等。

（5）备件价格。对于各类备件，特别是易损备件，应将在两年内取得的价格和途径作为评标考虑因素。

（6）支付要求。

（7）售后服务。包括可否提供备件、进行维修服务、安装监督、调试人员培训等。

（8）其他与招标文件偏离与不符的因素等。

5. 材料设备采购评标的主要方法

材料设备采购的评标方法，通常包括最低投标报价法、综合评标价法、以寿命周期成本为基础的评标价法和打分法四种形式。

（1）最低投标价法。在采购简单商品、半成品、原材料以及其他性能、质量相同或容易进行比较的材料设备时，投标价（应包括运杂费）可以作为评标时唯一的尺度，即将合同授予报价最低的单位。国内生产的材料设备报价应为出厂价。出厂价包括材料设备生产过程中所消耗的各种资源费用及各种税款，但不包括材料设备售出后所征收的销售税以及其他类似税款。如果所提供的材料设备是投标人早已从国外进口而目前已在国内的，则应报仓库交货价或展示价，该价格应包括进口材料设备时所交付的进口关税，但不包括销售税。

（2）综合评标价法。综合评标价法是指以投标报价为基础，将评标时所应考虑的其他因素折算为相应的价格，并在投标报价的基础上增加或减少这些价格，形成综合评标价，然后再以各评标价中最低价者为中标人。采购机组、车辆等大型设备时，大多采用这种方法。评标时，除投标价格以外的其他因素折算为相应价格的方式是不尽相同的，包括以下内容：

①运费、保险及其他费用；

②交货期（早交晚交的评价）；

③付款条件；

④零配件和售后服务；

⑤ 性能、生产能力。

（3）以寿命周期成本为基础的评标价法。在采购生产线、成套设备、车辆等运行期内各种后续费用（零配件、油米料及燃料、维修等）很高的材料设备时，可采用以寿命周期成本为基础的评标方法。评标时，应首先确定一个统一的设备评审寿命周期，然后根据各投标问价的实际情况，在投标报价的基础上加上该寿命周期内所发生的各项费用，再减去寿命期末的设备残值，在计算各项费用或残值时，都应按招标文件中规定的贴现率折算成现值。

（4）打分法。打分法是预先对各评分因素按其重要性确定评分标准，按此标准对各投标人提供的投标报价和服务进行打分，得分最高者中标。材料设备采购的评分因素一般主要包括投标价格、运输费、保险费和其他费用，投标所报交货期，偏离招标文件规定的付款条件、备件价格和售后服务、设备的性能和质量生产能力、技术服务和培训等方面评分因素确定后，应依据采购材料设备的性质、特点、生产的通用程序以及各因素对采购方总投资的影响程度，具体确定各种因素所占的比例（权重）和评分标准。

6. 供应商管理

（1）供应商的审查和评价。

① 能否与具有供货资格的合格供应商签订合同，是以后合同能否顺利履行的前提。因此，做好供应商资格审查至关重要，它也是供应商管理的首要环节。供应商资格审查是物资采购前的一项前导性工作。选择供应商前应根据采购需求确定对供应商的评价标准体系。供应商综合评价指标体系是总承包商对供应商进行综合评价的依据和标准，是反映企业本身和环境所构成的整体系统不同属性的指标，它是按隶属关系、层次结构有序组成的集合。通常来讲，不同行业的物资采购中对供应商的要求无外乎物资质量、供货价格、相关采购费用、交付的及时性和服务质量等内容，关键是在选择和评价供应商时，要全面、系统和准确地评估具体行业和具体供应商的各项评价因素，从而确定该供应商的履约能力、供货能力。

② 供应商资格审查和评价，主要包括商务、技术和质量保证三方面的内容，综合这三方面的结果后可对供应商做一个整体的、宏观的判断。商务审查应确定该企业是否具有满足相应项目供货的最低商务能力、合同履约能力，其合同履行是否具有资金风险，是否具有参与本项目供货的意愿，企业的管理文化和风格是否和总承包商的文化和风格相适应；技术审查应确定供应商技术水平和所供应的设备是否

成熟和可靠，供应商是否具有足够的技术人员和制造设备满足生产需要；质量保证则应审查潜在供应商质量保证体系运行情况，良好的保证体系能够提高产品质量的符合性、可靠性，保证产品质量的稳定性，能够更早地发现问题。

供应商资格管理中，应逐步建立完整、有效、合理的各项评价指标对供应商进行认证和考核，使供应商管理从以经验判断为基础的定性化管理提升为以各类数据和信息为基础的定量化管理相结合，实现闭环管理，综合确定供应商的资格等级。

（2）后期供应商评审和信用度管理。

总承包商认可的供应商经首次审查合格后，应确定其供货资格的有效期。有效期的确定可根据行业特点、产品性质以及资格管理的经济性等因素进行考虑。通常，对于普通设备供应商的有效期可定为三年，对于特别重要的设备，供应商的资格可为两年。可在供应商信息管理数据库中设定系统提示，并在确定相对经济评定数量后，开始进行供应商复审。供应商的持续管理是保证供应商状态受控的重要保障措施之一。

除了确定供应商供货资格的有效期外，还要利用行业信息简报、供应商的业务通信、竞争性商业情报以及同行业伙伴和行业供应商的反馈对供应商的管理、技术、商誉、质量问题、重大诉讼等进行监控和跟踪，特别是在世界范围内的兼并和重组情况下，供应商可能时刻面临兼并与被兼并的机遇和威胁，国内企业可能正在改制或重组，企业重要管理和技术人员的流失或重大工作调整，这些情况都将对供应商的资产质量、技术水平和合同履约能力产生实质性影响。而且，总承包商对供应商进行持续管理的一个重要方面还在于，要确保上述供应商所提供的产品在备件和耗材方面能够持续供应，确保供应商在淘汰某种产品之前要储备出足够的备件，或确定合适的过渡型号，或进行更新改造，防止在电站某个系统出现故障或需要大修时，因无相应的零部件而影响大修进度或影响整个电站系统的运行。特别是目前处于过渡时期的中国经济中的国内供应商，某些生产设备被快速处理、某些产品突然停产或突然退出市场的问题，国内企业供货的连续性问题须加强关注。总承包商要确保上述因素应成为供应商持续管理的重点和资格复审的重点。

供应商资格复审及其后的供应商资格确认问题，在复审时应参照合同执行过程中的资料、数据和记录以及复审时提交的答卷重新审查，有必要时，还要到工厂去进行现场审查。如果发现供应商有较为严重的商务、技术和质量问题，导致合同有可能不能正常履行，或者在合同履行过程中发现有严重的不正当行为，有较严重的工期拖延、质量问题等则应取消该供应商的供货资格，待以后确定有无能力后再重新审查加入。

供应商的信用管理也是供应商管理的重要组成部分，它是一项长期的基础性工作。由于目前国内商业评估的缺失和不完善，因此总承包商有必要逐步建立企业内部评估系统，为长期采购工作服务。对于具有重大欺诈、不履约等行为的供应商，要列入"黑名单"，不允许进入后续项目的采购环节。

7. 材料设备采购策略

（1）增加关键路径设备和生产周期较长设备的订货的提前期。关键路径设备和生产周期较长设备是任何工程项目管理的重点。工程项目中的大型设备，生产周期较长、技术复杂、质量要求高，属于单件小批量生产。由于固定资产投资的周期和时间限制，供应商生产能力在短期增加的可能性很小，设备生产能力具有很强的刚性。材料采购、生产、试验和运输环节的不确定性较大。为了不影响依赖路径上的工作，应提前订货，防止其他同类工程的类似订货影响供应商的交货进度。

（2）捆绑订货。捆绑订货是将具有类似功能和类似要求的产品进行捆绑，充分利用供应商自有的采购渠道和合作伙伴，增加采购金额，以此获得供应商的报价优惠。这种做法可以让供应商更多地分担合同管理责任，减少总承包商的人力资源占用，符合工程管理中"抓大放小"的思想。但这种做法要根据供应商的意愿和设备可捆绑的程度而定，不可强行打包，搞硬性摊派，否则会降低供应商的积极性，也给后期合同执行埋下隐患。

（3）强制性的国内分包采购。工程项目中多数关键设备和大型设备需要国外进口，有些设备价格差距甚至更大。如何降低设备采购的总费用是总承包商需要解决的问题。同时，由于这些设备通常通过招标采购，投标价格又是各家供应商需要考虑的问题之一。通过采用国内分包策略，可以实现供应商和总承包商的双赢，也符合采购国际化和本地化相结合的原则。目前，这种做法也是国外设备公司在国内开展业务的一个重要策略。通过将非关键部件或子系统分包给国内具有生产能力和成本优势的企业而降低设备的报价成本、运输成本、缩减交货周期，从而使总体供货成本大幅降低，外国供应商同时也支持了有关项目中国家的"国产化"或"自主化"要求，得到国家管理当局的认可，这种做法对各方均十分有利。但这种做法人为地增加了合同管理接口，增加了合同协调和沟通费用，存在一定的技术和生产风险，需要在合同管理中给予特别注意。

（4）保证重要原材料的及时供货。重要原材料，如重要环节管道的订货，总承包商应和国内大型物资贸易企业联合，寻求和这些公司建立长期和稳定的业务关系，充分利用这些公司多年和国外厂商合作的优势，保证在合理的价格内及时采购到所需的货物，满足工程进度要求。总承包的策略是要加快设计进度，以最快的速度完成管道设计，要求设计院尽快提出管道采购清单，同时增强同主要材料供应商的合作，以便尽早落实货源，保证工程需要。应选择熟悉专业设计院所、熟悉国际采购市场、调度调剂能力强、全过程服务能力和具有品牌优势的供应商，为项目服务，保证及时供货。

6.1.3 施工监理

施工监理是专为项目实施阶段提供施工管理服务的咨询。咨询工程师根据建设监理合同、设计文件和国家有关法律法规对工程实行监督管理。咨询工程师的主要职责是控制项目的质量、进度和成本。由于工程建设周期长，涉及的经济关系和法律关系复杂，受自然条件和客观因素的影响大，导致项目的实际情况与招标投标时的实际情况相比会产生一些变化，因此准确进行工程计量、严格控制工程变更、及时处理工程索赔、认真按合同改造工程进度款的支付是工程咨询机构在施工阶段管理的主要工作，也是在这个阶段节约投资的主要途径。

1. 施工监理的程序

根据 FIDIC 的有关文件，监理工程师从接受业主的委托开始，便按照业主的授权范围和合同规定，对工程项目的全过程进行施工监理。进行施工监理的程序一般为：

（1）邀请或竞标后承诺监理任务；

（2）签订施工监理（咨询）合同；

（3）建立监理机构、选派监理人员；

（4）参与招标评标、选定承（分）包商；

（5）组织会审图纸、认可施工规范；

（6）审定施工方案及施工组织设计、施工进度计划和现金流量估算；

（7）召开第一次工地会议，落实现场监理人员，建立现场监理制度；

（8）检查开工条件，签发开工令，业主同时移交工地占用权；

（9）监理工程师进行日常管理工作，要经常检查各项施工工作，作出决定和指示，对合同作出解释，对重要部位的施工进行旁站监督，对全部工作进行巡视，对安全保障进行检查，对现场材料和设备进行检查等。其重点是：审定月旬作业计划、控制关键工序进度、建立质量保证体系、检查控制实物质量、核验已完工程数量、控制签发进度款项；

（10）签发隐蔽工程的检查签证，分部分项进行阶段验收和试运转，以及联合试运转验收；

（11）签发移交证书；

（12）签发缺陷责任期证书；

（13）签发最终支付证书；

（14）施工监理咨询合同终止。

2. 施工监理的工作范围和内容

施工监理的工作范围和内容包含工程质量控制、工程造价控制、工程进度控制；安全生产管理；工程变更、索赔及施工合同争议；监理文件资料管理以及设备采购与设备监造管理。

（1）工程质量控制。施工阶段监理人员对建筑工程实体质量的控制是对检验批、分项工程及分部工程等中间产品的检查和验收。施工监理的具体工作包括：

① 工程开工前，项目监理机构应审查施工单位现场的质量管理组织机构、管理制度及专职管理人员和特种作业人员的资格。

② 总监理工程师应组织专业监理工程师审查施工单位报审的施工方案，并应符合要求后予以签认。施工方案审查应包括下列基本内容：编审程序应符合相关规定、工程质量保证措施应符合有关标准。

③ 专业监理工程师应审查施工单位报送的新材料、新工艺、新技术、新设备的质量认证材料和相关验收标准的适用性，必要时，应要求施工单位组织专题论证，审查合格后应报总监理工程师签认。

④ 专业监理工程师应检查、复核施工单位报送的施工控制测量成果及保护指定的施工意见。专业监理工程师应对施工单位在施工过程中报送的施工测量放线成果进行查验施工控制测量成果及保护措施的检查、复核，应包括下列内容：施工单位测量人员的资格证书及测量设备检定证书；施工平面控制网、高程控制网和临时水准点的测量成果及控制柱的保护措施。

⑤ 专业监理工程师应检查施工单位为本工程提供服务的试验室。其检查应包

括试验室的资质等级及试验范围；法定计量部门对试验设备出具的计量检定证明；试验室管理制度；试验人员资格证书。

⑥ 项目监理机构应审查施工单位报送的用于工程的材料、构配件、设备的质量证明文件，并应按有关规定和建设施工监理合同约定，对用于工程的材料进行见证取样，平行检验项目监理机构对已进场经检验不合格的工程材料、构配件、设备，应要求施工单位限期将其撤出施工现场。

⑦ 专业监理工程师应审查施工单位定期提交影响工程质量的计量设备的检查和检定报告。

⑧ 项目监理机构应根据工程特点和施工单位报送的施工组织设计，确定旁站的关键部位、关键工序，安排监理人员进行旁站，并应及时记录旁站情况。

⑨ 项目监理机构应安排监理人员对工程施工质量进行巡视。巡视应包括施工单位是否按工程设计文件、工程建设标准和批准的施工组织设计、（专项）施工方案施工。使用的工程材料、配件和设备是否合格；施工现场管理人员，特别是施工质量管理人员是否到位；特种作业人员是否持证上岗；项目监理机构应根据工程特点、专业要求，以及建设施工监理合同约定，对工程材料、施工质量进行平行检验。

⑩ 项目监理机构应对施工单位报验的隐蔽工程、检验批分项工程和分部工程进行验收，对验收合格的应给予签认，对验收不合格的应拒绝签认，同时应要求施工单位在指定的时间内整改并重新报验。对已同意覆盖的工程隐蔽部位质量有疑问的，或发现施工单位私自覆盖工程隐蔽部位的，项目监理机构应要求施工单位对该隐蔽部位进行钻孔探测或揭开或采用其他方法进行重新检验。

⑪ 项目监理机构发现施工存在质量问题的，或施工单位采用不适当的施工工艺或施工不当，造成工程质量不合格的，应及时签发监理通知单，要求施工单位整改。整改完毕后，项目监理机构应根据施工单位报送的监理通知回复对整改情况进行复查，提出复查意见。

⑫ 对需要返工处理加固补强的质量缺陷，项目监理机构应要求施工单位报送经设计等相关单位认可的处理方案，并应对质量缺陷的处理过程进行跟踪检查，同时应对处理结果进行验收。

⑬ 对需要返工处理或加固补强的质量事故，项目监理机构应要求施工单位报送质量事故调查报告和经设计等相关单位认可的处理方案，并对质量事故的处理过程进行跟踪检查，同时处理结果进行验收的项目监理机构应及时向建设单位提交质

量事故书面报告，并应将完整的质量事故处理记录整理归档。

⑭ 项目监理机构应审查施工单位提交的单位工程竣工验收报审表及工程资料，组织工程竣工预验收。存在问题的，应要求施工单位及时整改；合格的，总监理工程师应签认单位工程竣工验收报审表。

⑮ 工程竣工预验收合格后，项目监理机构应编写工程质量评估报告，并应经总监理工程师和施工监理单位技术负责人审核签字后报建设单位。

⑯ 项目监理机构应参加由建设单位组织的竣工验收，对验收中提出的整改问题，应督促施工单位及时整改。工程质量符合要求的，总监理工程师应在工程竣工验收报告中签署意见。

在建设工程现场施工过程中，工程监理的主要方法分为旁站监理、巡视检查和平行检验。

① 旁站监理。根据《建设工程监理规范》等相关规定，结合工程实际概况，制定详细的旁站监理方案，并安排现场监理人员对基础工程和主体工程涉及结构安全部位，即关键部位、关键工序进行旁站监理。旁站作为现场监理质量控制的重要手段，使得监理人员亲临现场，获得第一手资料，及时纠正施工过程中质量偏离目标的情况，确保质量达到相关技术及合同要求。在旁站过程中，工作要有重点，因为在施工过程中遇到的问题各种各样，由于监理人员的限制，不可能自始至终、全程监理，对于施工过程中常见的问题要格外注意，如在基础施工中，对于地下水丰富的地区，要尤其重视施工防水工作，安排专人对防水混凝土的选择、配合比等进行严格检查，确保质量合格。

② 巡视检查。巡视检查是监理人员进行施工质量事中控制的重要途径，还可以针对经常出现问题的项目或工程部位进行事前控制，减少质量通病的发生。巡视检查时不能只是查看，遇到问题应做好记录，留下第一手资料，可记录在监理日志上，也可单独记录。如设置单独记录表，应包括现场检查的所有内容。

③ 平行检验。平行检验要求监理机构必须拥有一定的检测设备与工具，并对各专业质量验收规范和设计规定的必须检查的项目进行检验。监理机构所做的平行检验并不能代替施工单位对工程的质量责任，因施工单位才是建设工程的第一责任方。监理质量控制方法如控制分包：按照合同文件规定严格控制分包项目的审批，通过承包单位对分包商进行严格的监督和管理，严禁以包代管；坚持程序：承包单位的一切质量行为都必须按照合同和监理工程师规定的程序进行。另外还有预防、验收、试验与检测、测量、指令、暂停工程、暂停计量支付等。

（2）工程造价控制。

① 项目监理机构应按下列程序进行工程计量和付款签证。

a. 专业监理工程师对施工单位在工程款支付报审表中提交的工程量和支付金额进行复核，确定实际完成的工程量，提出到期应支付给施工单位的金额，并提出相应的支持性材料；

b. 总监理工程师对专业监理工程师的审查意见进行审核，签认后上报建设单位审批；

c. 总监理工程师根据建设单位的审批意见，向施工单位签发工程款支付证书。

项目监理机构应建立月完成工程量统计表，对实际完成量与计划完成量进行比较分析，发现偏差的，应提出调整建议，并应在监理月报中向建设单位报告。

② 项目监理机构应按下列程序进行竣工结算款审核。

a. 专业监理工程师审查施工单位提交的工程结算款支付申请，提出审查意见；

b. 总监理工程师对专业监理工程师的审查意见进行审核，签认后报建设单位审批，同时抄送施工单位，并就工程竣工结算事宜与建设单位、施工单位协商，达成一致意见的，根据建设单位审批意见向施工单位签发竣工结算款支付证书；不能达成一致意见的，应按施工合同约定处理。

（3）工程进度控制。

① 项目监理机构应审查施工单位报审的施工总进度计划和阶段性施工进度计划，提出审查意见，并由总监理工程师审核后报建设单位。施工进度计划审查应包括施工进度计划应符合施工合同中工期的约定；施工进度计划中主要工程项目无遗漏，应满足分批投入试运、分批使用的需要，阶段性施工进度计划应满足总进度控制目标的要求；施工顺序的安排应符合施工工艺要求；施工人员、工程材料、施工机械等资源供应计划应满足施工进度计划的需要；施工进度计划应符合建设单位提供的资金、施工图纸、施工场地物资等施工条件。

② 项目监理机构应检查施工进度计划的实施情况，发现实际进度严重滞后于计划进度且影响合同工期时，应签发监理通知单，要求施工单位采取调整措施加快工程进度，总监理工程师应向建设单位报告工期延误风险。

③ 项目监理机构应比较分析工程施工实际进度与计划进度，预测实际进度对工程总工期的影响，并应在监理月报中向建设单位报告工程实际进展情况。

（4）安全生产管理。

① 项目监理机构应根据法律法规、工程建设强制性标准，履行建设工程安全

生产管理的监理职责；并应将安全生产管理的监理工作内容、方法和措施纳入监理规划及监理实施细则。

②项目监理机构应审查施工单位现场安全生产规章制度的建立和实施情况，并应审查施工单位安全生产许可证及施工单位项目经理、专职安全生产管理人员和特种作业人员的资格，同时应核查施工机械和设施的安全许可验收手续。

③项目监理机构应审查施工单位报审的专项施工方案，符合要求的，应由总监理工程师签认后报建设单位。超过一定规模的危险性较大的分部分项工程的专项施工方案，应检查施工单位组织专家进行论证、审查的情况，以及是否附具安全验算结果。项目监理机构应要求施工单位按已批准的专项施工方案组织施工。专项施工方案需要调整时，施工单位应按程序重新提交项目监理机构审查。

专项施工方案审查应包括编审程序且符合相关规定；安全技术措施应符合工程建设强制性标准。

④项目监理机构应巡视检查危险性较大的分部分项工程专项施工方案实施情况。发现未按专项施工方案实施时，应签发监理通知单，要求施工单位按专项施工方案实施。

⑤项目监理机构在实施监理过程中，发现工程存在安全事故隐患时，应签发监理通知单，要求施工单位整改；情况严重时，应签发工程暂停令，并应及时报告建设单位。施工单位拒不整改或不停止施工时，项目监理机构应及时向有关主管部门报送监理报告。

（5）工程变更、索赔及施工合同争议。

项目监理机构应依据建设施工监理合同约定进行施工合同管理，处理工程暂停及复工、工程变更、施工合同争议、施工合同解除等事宜。

①工程暂停及复工。

a. 总监理工程师在签发工程暂停令时，可根据停工原因的影响范围和影响程度，确定停工范围，并应按施工合同和建设施工监理合同的约定签发工程暂停。

b. 项目监理机构发现下列情况之一时，总监理工程师应及时签发工程暂停令：

● 建设单位要求暂停施工且工程需要暂停施工的。

● 施工单位未经批准擅自施工或拒绝项目监理机构管理的。

● 施工单位未按审查通过的工程设计文件施工的。

● 施工单位未按批准的施工组织设计、（专项）施工方案施工或违反工程建设强制性标准的。

● 施工存在重大质量、安全事故隐患或发生质量、安全事故的。

c. 总监理工程师签发工程暂停令应征得建设单位同意，在紧急情况下未能事先报告的，应在事后及时向建设单位作出书面报告。

d. 暂停施工事件发生时，项目监理机构应如实记录所发生的情况。

e. 总监理工程师应会同有关各方按施工合同约定，处理因工程暂停引起的与工期、费用有关的问题。

f. 因施工单位原因暂停施工时，项目监理机构应检查、验收施工单位的停工整改过程、结果。

g. 当暂停施工原因消失、具备复工条件时，施工单位提出复工申请的，项目监理机构应审查施工单位报送的复工报审表及有关材料，符合要求后，总监理工程师应及时签署审查意见，并应报建设单位批准后签发工程复工令；施工单位未提出复工申请的，总监理工程师应根据工程实际情况指令施工单位恢复施工。

② 工程变更

a. 项目监理机构可按下列程序处理施工单位提出的工程变更：总监理工程师组织专业监理工程师审查施工单位提出的工程变更申请，提出审查意见。对涉及工程设计文件修改的工程变更，应由建设单位转交原设计单位修改工程设计文件。必要时，项目监理机构应建议建设单位组织设计、施工等单位召开论证工程设计文件的修改方案的专题会议；总监理工程师组织专业监理工程师对工程变更费用及工期影响作出评估；总监理工程师组织建设单位、施工单位等共同协商确定工程变更费用、工期变化及会签工程变更单；项目监理机构根据批准的工程变更文件监督施工单位实施工程变更。

b. 项目监理机构可在工程变更实施前与建设单位、施工单位等协商确定工程变更的计价原则、计价方法或价款。

c. 建设单位与施工单位未能就工程变更费用达成协议时，项目监理机构可提出一个暂定价格并经建设单位同意，作为临时支付工程款的依据。工程变更款项最终结算时应以建设单位与施工单位达成的协议为依据。项目监理机构可对建设单位要求的工程变更提出评估意见，并应督促施工单位按会签后的工程变更单位组织施工。

③ 费用索赔

a. 项目监理机构应及时收集、整理有关工程费用的原始资料，为处理费用索赔提供证据，项目监理机构处理费用索赔的主要依据应包括法律法规、勘察设计文件、施工合同文件、工程建设标准、索赔事件的证据。

b. 项目监理机构可处理施工单位提出的费用索赔程序：受理施工单位在施工合同约定的期限内提交费用索赔意向通知书→收集与索赔有关的资料→受理施工单位在施工合同约定的期限内提交费用索赔报审表→审查费用索赔报审表→需要施工单位进一步提交详细资料时，应在施工合同约定的期限内发出通知→与建设单位和施工单位协商一致后，在施工合同约定的期限内签发费用索赔报审表，并报建设单位。

c. 项目监理机构批准施工单位费用索赔应同时满足条件：施工单位在施工合同约定的期限内提出费用索赔的；索赔事件是因非施工单位原因造成，且符合施工合同约定的；索赔事件造成施工单位直接经济损失的。

d. 当施工单位的费用索赔要求与工程延期要求相关联时，项目监理机构可提出费用索赔和工程延期的综合处理意见，并应与建设单位和施工单位协商。

e. 因施工单位原因造成建设单位损失，建设单位提出索赔时，项目监理机构应与建设单位和施工单位协商处理。

④ 工程延期及工期延误。

a. 施工单位提出工程延期要求符合施工合同约定时，项目监理机构应予以受理。

b. 当影响工期事件具有持续性时，项目监理机构应对施工单位提交的阶段性工程临时延期报审表进行审查，并应签署工程临时延期审核意见后报建设单位。当影响工期事件结束后，项目监理机构应审查最终延期报审表，签署审核意见后报建设单位。

c. 项目监理机构在作出工程临时延期批准和工程最终延期批准前，均应与建设单位和施工单位协商。

d. 项目监理机构批准工程延期应同时满足条件：施工单位在施工合同约定的期限内提出工程延期的；因非施工单位原因造成施工进度滞后的；施工进度滞后影响到施工合同约定的工期的。

e. 施工单位因工程延期提出费用索赔时，项目监理机构可按施工合同约定进行处理。

f. 发生工期延误时，项目监理机构应按施工合同约定进行处理。

⑤ 施工合同争议。

a. 项目监理机构处理施工合同争议时应进行的工作有：了解合同争议情况；

及时与合同争议双方进行磋商；提出处理方案后，由总监理工程师进行协调；当双方未能达成一致时，总监理工程师应提出处理合同争议的意见。

b. 项目监理机构在施工合同争议处理过程中，对未达到施工合同约定的暂停履行合同条件的，应要求施工合同双方继续履行合同。

c. 在施工合同争议的仲裁或诉讼过程中，项目监理机构应按仲裁机关或法院要求提供与争议有关的证据。

⑥ 施工合同解除。

a. 因建设单位原因导致施工合同解除时，项目监理机构应按施工合同约定与建设单位和施工单位从下列款项中协商确定施工单位应得款项，并签认工程款支付证书。

● 施工单位按施工合同约定已完成的工作应得款项；

● 施工单位按批准的采购计划订购工程材料、构配件、设备的款项；

● 施工单位撤离施工设备至原基地或其他目的地的合理费用；

● 施工单位人员的合理遣返费用；

● 施工单位合理的利润补偿；

● 施工合同约定的建设单位应支付的违约金。

b. 因施工单位原因导致施工合同解除时，项目监理机构应按施工合同约定，从下列款项中确定施工单位应得款项或偿还建设单位的款项，并应与建设单位和施工单位协商后，书面提交施工单位应得款项或偿还建设单位款项的证明。

● 施工单位已按施工合同约定实际完成的工作应得款项和已给付的款项；

● 施工单位已提供的材料、构配件、设备和临时工程等的价值；

● 对已完工程进行检查和验收、移交工程资料、修复已完工程质量缺陷等所需的费用；

● 施工合同约定的施工单位应支付的违约金。

c. 因非建设单位、施工单位原因导致施工合同解除时，项目监理机构应按施工合同约定处理合同解除后的有关事宜。

（6）监理文件资料管理。

① 项目监理机构应及时整理、分类汇总监理文件资料，并应按规定组卷，形成监理档案。

② 施工监理单位应根据工程特点和有关规定，保存监理档案，并应向有关单位部门移交需要存档的监理文件资料。

（7）设备采购与设备监造。项目监理机构应根据建设施工监理合同约定的设备采购与设备监造工作内容配备监理人员，以及明确岗位职责。项目监理机构应编制设备采购与设备监造工作计划，并应协助建设单位编制设备采购与设备监造方案。

① 设备采购。

a. 采用招标方式进行设备采购时，项目监理机构应协助建设单位按有关规定组织设备采购招标。采用其他方式进行设备采购时，项目监理机构应协助建设单位进行询价。

b. 项目监理机构应协助建设单位进行设备采购合同谈判，并应协助签订设备采购合同。

② 设备监造。

a. 项目监理机构应检查设备制造单位的质量管理体系，并应审查设备制造单位报送的设备制造生产计划和工艺方案。

b. 项目监理机构应审查设备制造的检验计划和检验要求，并应确认各阶段的检验时间、内容、方法、标准，以及检测手段、检测设备和仪器。

c. 专业监理工程师应审查设备制造的原材料、外购配套件、元器件、标准件，以及坯料的质量证明文件及检验报告，并应审查设备制造单位提交的报验资料，符合规定时应予以签认。

d. 项目监理机构应对设备制造过程进行监督和检查，对主要及关键零部件的制造工序进行抽检。

e. 项目监理机构应要求设备制造单位按批准的检验计划和检验要求进行设备制造过程的检验工作，并应做好检验记录。项目监理机构应对检验结果进行审核，认为不符合质量要求时，应要求设备制造单位进行整改、返修或返工。当发生质量失控或重大质量事故时，应由总监理工程师签发暂停令，提出处理意见，并及时报告建设单位。

f. 项目监理机构应检查和监督设备的装配过程。

g. 在设备制造过程中，如需要对设备的原设计进行变更时，项目监理机构应审查设计变更，并应协调处理因变更引起的费用和工期调整，同时报建设单位批准。

h. 项目监理机构应参加设备整机性能检测、调试和出厂验收，符合要求后应予以签认。

i. 在设备运往现场前，项目监理机构应检查设备制造单位对待运设备采取的防护和包装措施，并应检查是否符合运输、装卸、储存、安装的要求，以及随机文件、装箱单和附件是否齐全。

j. 设备运到现场后，项目监理机构应参加由设备制造单位按合同约定与接收单位的交接工作。

除此之外，专业监理工程师需要按设备制造合同的约定审查设备制造单位提交的付款申请，提出审查意见，并应由总监理工程师审核后签发支付证书；审查设备制造单位提出的索赔文件，提出意见后报总监理工程师，并应由总监理工程师与建设单位、设备制造单位协商一致后签署意见；审查设备制造单位报送的设备结算文件，提出审查意见，并应由总理工程师签署意见后报建设单位。

6.1.4 合同管理

在项目实施阶段，管理的核心是合同管理，即按业主与承包商签订的合同对工程进度、工程质量和工程投资成本的控制和管理。合同管理是指对工程合同的履行、变更和解除进行监督检查，保证合同依法订立和执行。项目实施阶段合同管理主要包括设备材料采购合同和工程施工承包合同。

工程合同管理是对工程项目中相关合同的策划、签订、履行、变更、索赔和争议的管理。合同管理直接为项目总目标和企业总目标服务，保证项目总目标和企业总目标的实现。合同确定工程项目的价格（成本）、工期和质量（功能）等目标，规定着合同双方责权利关系。所以合同管理必然是工程项目管理的核心。广义地说，建筑工程项目的实施和管理全部工作都可以纳入合同管理的范围。合同管理贯穿于工程实施的全过程和工程实施的各个方面。它作为其他工作的指南，对整个项目的实施起总控制和总保证作用。

工程项目全过程工程咨询中的合同架构示意如图 6-3 所示；其合同签订流程示意如图 6-4 所示。

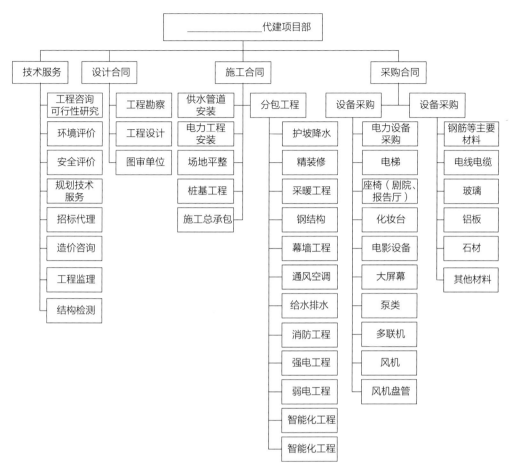

图 6-3　工程项目全过程工程咨询中的合同架构示意

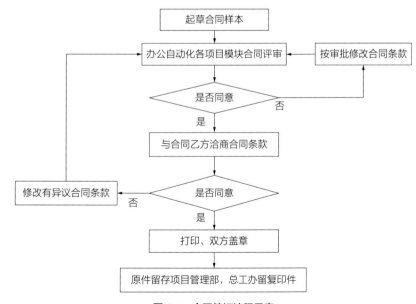

图 6-4　合同签订流程示意

6.1.5 项目沟通管理

在工程项目全过程工程咨询管理过程中，沟通管理是一个重要的组成部分。项目的沟通管理是为确保项目信息及时且恰当地生成、收集、发布、存储、调用，并最终处置所需的各个过程。项目沟通管理包括确定项目利益相关者、编制沟通计划、发布信息、管理项目利益相关者的期望以及报告绩效五个主要过程。

项目的沟通不仅仅是信息的传递，也包括沟通各参与方理解被传递信息的确切意图和真实含义。沟通还带有感情色彩，直接影响沟通各方的观念、情绪、态度和行为决策等方面。在全过程工程咨询中，沟通管理的关键在于取得项目利益相关者的支持与协作，并应贯穿于项目建设的全生命周期。代建单位应针对项目实施过程中的不同阶段、不同场合、不同沟通对象，采取相应的方式和方法进行项目的有效沟通与协调工作。召开会议是利益相关者之间沟通的一个重要途径。全过程工程咨询过程中的会议计划如表6-1所示。

全过程工程咨询过程中的会议计划   表 6-1

序号	会议名称	召开计划	组织单位	参与单位	会议纪要整理单位
1	消防图纸审查会	施工图完成	管理公司	审查部门 建设单位 管理公司	管理公司
2	图纸会审	施工、监理单位收到图纸一周内	管理公司	建设单位 管理公司 设计单位 施工单位 监理单位	管理公司
3	首次会议	施工单位签订合同一周内	管理公司	建设单位 管理公司 施工单位 监理单位	管理公司
4	监理例会	每周五	监理单位	建设单位 管理公司 施工单位 监理单位	监理单位
5	支护方案论证会	支护方案编制完成一周内	施工单位	建设单位 管理公司 施工单位 监理单位	施工单位
6	专题会	按情况随时召开	相关单位	相关单位	相关单位
7	设计单位调度会	每月5日	管理公司	建设单位 管理公司 设计单位 施工单位 监理单位	管理公司

沟通过程中需要遵循以下原则：

（1）坚持项目沟通简捷性原则。首先，沟通的方式方法应尽量简单明了，便于所有项目团队成员掌握和运用，以免降低沟通的效率。其次，采用较短的沟通渠道或路径进行沟通工作，通过减少环节提高信息传递速度、降低信息损耗或扭曲的可能性。最后，沟通的简捷性也体现在沟通内容的编码及解码两个方面，防止将简单的管理信息人为地复杂化，造成沟通各方无法准确理解。

（2）按建设程序和规律办事的原则。按程序和规律办事是代建制项目沟通管理工作的关键，也是沟通管理规范化的重要手段。在项目实施过程中，由于参与单位不同的管理程序、计划部署、单位利益等，在项目实施过程中产生矛盾和冲突是必然的。因此，沟通管理的核心任务是协调各方的观点，争取共识又兼顾各方的利益。

（3）坚持以合同为沟通管理准绳的原则。完善的合同及管理是促使沟通管理条理化、制度化的重要措施。合同本身的疏漏或缺陷是造成纠纷的重要原因，而且咨询单位的沟通管理的主要依据也是各方签订的合同或协议，为此签订合同前应加强沟通，并在实施过程中严格按合同的规定执行。

（4）坚持公平、公正、公开的原则。在项目咨询过程中，咨询单位必须做到管理程序合理合法。通过制定项目冲突协调机制，及时处理项目实施过程中出现的各类问题和矛盾。同时，公平、公正、公开原则也体现了咨询单位的管理素质，有助于为全过程工程咨询项目顺利实施创造良好环境。

（5）沟通管理与目标控制一致的原则。在全过程工程咨询项目中，管理的核心是项目质量、投资、进度、环保、安全等方面的协调统一，不能有所偏废。避免强调某一目标而忽视其他目标去进行沟通管理工作，而是要站在项目总控制目标的立场上，维护项目投资及其他相关单位的利益。

通过有效的沟通管理，咨询单位能够在来自不同文化和组织背景、不同专业和技能水平的项目成员和项目利益相关者之间架起合作的桥梁，有助于各方协调一致，建立和保持良好的团队精神，共同完成项目的总目标。咨询单位与各单位及部门的沟通措施如表 6-2 所示。

与各单位的沟通措施　　　　　　　　　　　　　　　　表6-2

序号	沟通部门	单位及部门沟通措施
1	建设单位	（1）定期召开与委托人、使用人的会议； （2）通过代建周报（每周周一）、月报（每月25日）、年报（12月31日）、阶段性报告（根据阶段要求）、竣工报告（竣工后1月内）等函件形式向委托人、使用人回报工作进展情况；

序号	沟通部门	单位及部门沟通措施
1	建设单位	（3）不同问题通过请示、通知、邀请等不同函件与委托人、使用人进行沟通； （4）与委托人、使用人通过电话沟通进展及管理情况
2	设计单位	（1）根据项目建设计划，项目单位要制订出图计划，并催促设计单位保质、保量地按期出图； （2）认真熟悉图纸，发现图纸存在问题及时提出，组织设计交底、图纸会审会议，对于会审及交底结果应及时发出文件或修改要求； （3）对到达现场图纸进行盘点检查，避免漏项； （4）加强对设计变更的审核与管理，并要求施工单位按设计变更文件施工； （5）处理质量事故时要求设计人员参加并提出处理措施，施工前做好双方之间的沟通与协商； （6）必要时可请勘察、设计人员参加现场例会、专题工地会议和技术研讨等有关会议
3	有关政府主管部门及公共事业管理部门	（1）积极与政府主管及公共事业管理部门进行沟通，接受其管理。 政府主管部门包括建设管理、规划管理、环保管理、卫生防疫、市容、消防、公安保卫等部门。 公共事业管理部门包括供电、给水排水、供热、电信等。 （2）与工程质量监督部门的沟通。工程质量监督部门作为政府的机构，对工程质量进行宏观控制，并对现场质量进行监督与指导。项目管理部应在项目经理的领导下，认真执行工程质量监督部门发布的各项工程质量管理的规定；管理人员应及时地、如实地向工程质量监督人员反映情况，接受其指导。项目经理应与负责本工程项目的质量监督联系人加强联系，尊重其职权，双方密切配合。 监督部门包括财政局、审计局、检察院、规划局、质检站等
4	各参建单位	（1）各合作单位（设计单位、监理单位、承包商、供应商等）应按照相关的管理规范和合同要求开展工作，并定期向业主单位提交相关文件、图纸、影像资料等； （2）施工单位应按时参加业主单位或监理单位组织的工作会议，会后施工单位的项目经理需在会议纪要上签字，并在施工过程中严格执行会议决定； （3）施工单位应邀请业主单位代表及专业技术人员和监理单位参加工程进度、工程质量、安全、文明施工的现场会或检查会，使业主单位人员获得第一手资料； （4）监理单位在召开现场会议、延长工期、费用索赔、处理工程事故、支付工程款、工程变更的签认等管理活动之前，应事先和业主单位沟通，获得业主单位的同意

6.2 工程项目施工阶段咨询实务要点

工程项目施工阶段咨询实务要点包括施工阶段工程管理的流程、工程项目变更、工程项目索赔、工程项目竣工验收内容。

6.2.1　施工阶段工程管理的流程

如图 6-5 所示。

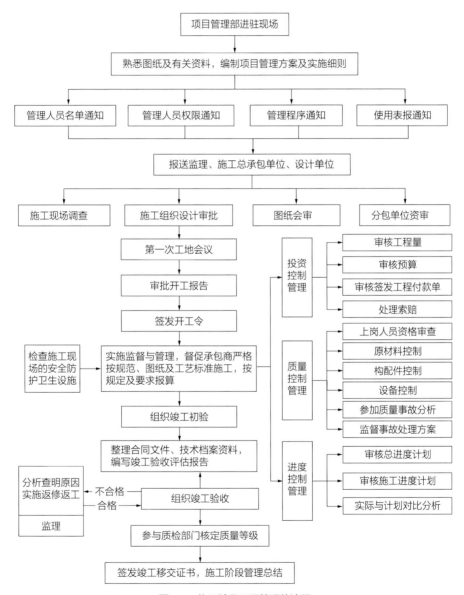

图 6-5　施工阶段工程管理的流程

6.2.2　工程项目变更

建设工程施工阶段工程造价的控制关键是控制合同价，工程合同价的突破，主要来源于设计变更和现场签证，由于每个工程都是唯一的产品，因此，在施工中或多或少的会产生变更工程，控制合同价款首先控制变更工程。工程变更是指设计文件或技术规范个性而引起的合同变更，它是由监理工程师签发的，具有一定的强制性。

1. 工程变更的分类

在 FIDIC 条款中，工程变更指设计文件或技术规范变化而引起的合同变更。其变更范围在表现形式上有设计变更或工程规模变化引起的工程量增减，设计变更使得某些工程内容被取消，设计变更或技术规范改变导致的工程性质、质量或类型的改变，设计变更导致的工程任何部分的位置、标高、尺寸的改变，为使工程竣工而实施的任何种类的附加工作，规范变更使得工程任何部分规定的施工顺序或时间安排的改变。

由于设计变更在工程变更中的重要性，所以主要将工程变更分为设计变更和其他变更两大类。

（1）设计变更。能够构成设计变更的事项包括更改有关部分的标高、基线、位置和尺寸增减合同中约定的工程量；改变有关工程的施工时间和顺序；其他有关工程变更需要的附加工作在施工过程中如果发生设计变更，将对施工进度产生很大的影响。因此，应尽量减少设计变更，如果必须对设计进行变更，必须严格按照国家的规定和合同约定的程序进行。由于发包人对原设计进行变更，以及经工程师同意的、承包人要求进行的设计变更，导致合同价款的增减及造成的承包人损失，由发包人承担，延误的工期相应顺延。

（2）其他变更。合同履行中发包人要求变更工程质量标准及发生其他实质性变更的，由双方协商解决。

2. 工程变更的处理要求

（1）如果出现了必须变更的情况，应当尽快变更。变更既已不可避免，无论是停止施工等待变更指令，还是继续施工，都会增加损失。

（2）工程变更后，应当尽快落实变更。工程变更指令发出后，应当迅速落实指令，全面修改相关的各种文件。承包人也应当抓紧落实，如果承包人不能全面落实变更指令，就扩大的损失应当由承包人承担。

（3）对工程变更的影响应当作进一步分析。工程变更的影响往往是多方面的，影响持续的时间也往往比较长，对此应当有充分的分析。

3. 工程变更的范围和内容

由于工程建设的周期长、涉及的经济关系和法律关系复杂、受自然条件和客观因素影响大，导致在合同履行过程中，项目的实际情况与项目招标投标时的情况相比存在出入。项目在发生如下情形之一时，经发包人同意，监理人可履行合同约定的变更程序。

向承包人发出变更提示：

（1）取消合同中任何一项工作，被取消的工作不能转由发包人或其他人实施。

（2）改变合同中任何一项工作的质量或其他特征。

（3）改变合同工程的基线、标高、位置或尺寸。

（4）改变合同中任何一项工作的施工时间或改变已批准的施工工艺或顺序。

（5）为完成工程需要追加的额外工作。

4. 工程变更的程序

（1）设计变更的程序。

① 发包人对原设计进行变更。施工中发包人如果需要对原工程设计进行变更，应不迟于变更前 14 天以书面形式向承包人发出变更通知。承包人对于发包人的变更通知没有拒绝的权利，这是合同赋予发包人的一项权利。变更超过原设计标准或者批准的建设规模时，须经原规划管理部门和其他有关部门审查批准，并由原设计单位提供变更的相应图纸和说明。

② 承包人对原设计进行变更。承包人应当严格按照图纸施工，不得随意变更设计。施工中，承包人提出的合理化建议涉及对设计图纸或者施工组织设计的更改及对原材料、设备的更换，须经工程师同意；在工程师同意变更后，也须经原规划管理部门和其有关部门审查核准，并由原设计单位提供相应的图纸和说明。

（2）其他变更的程序。从合同角度看，除设计变更外，其他能够导致合同内容变更的都属于其他变更，无论何种情况确认的变更，变更指示只能由监理人发出。变更指示应说明变更的目的、范围、变更的内容以及变更的工程量及其进度和技术要求，并附有关图纸和文件。承包人收到变更指示后，应按变更指示进行变更工作。

无论何种变更，变更的处理流程示意如图 6-6 所示。

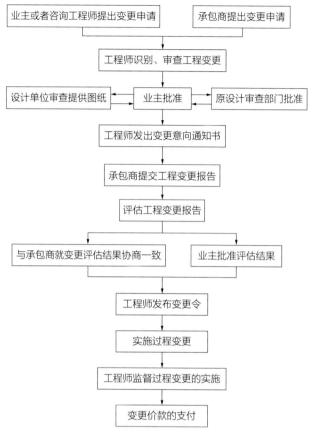

图6-6 工程变更的处理流程示意

在实行工程量清单计价的情况下，确定变更项目的价格是一项比较复杂的工作。它的复杂就在于没有一套合同双方都认可的估价方法。确定新价格的项目有两类：一类是工程量清单的项目中数量增加超过规定范围的变更项目；另一类是工程量清单以外的变更项目，也就是新增工程项目。过去在传统定额计价模式下，对于此类新增工程项目的价格套用国家定额。对于此类需确定新价格的项目，一般是由承包商提出变更项目所需费用的细节及单价组成的有关说明和计算，由工程师审核。此时，承包商就会千方百计把价格抬高。所以，在工程实施过程中，业主应尽量避免提出变更，对于可变更或可不变更的项目，最好是不变更。但是，工程中总会有如下一些变更项目出现，在合同条款中应事先规定此类新增项目价格的确定方法。

① 工程量清单项目中数量增加超过规定范围的变更项目。招标文件要求承包商对投标价格中所有清单项目的综合单价进行详细的拆分，这样可以很明显地看出其消耗量的标准和费率大小。将此消耗量标准与政府颁布的消耗量定额进行比较，

如果消耗量小于政府颁布的消耗量定额标准，就参照原报价中的消耗量标准；如果消耗量大于政府颁布的消耗量定额标准，就参照政府颁布的消耗量定额标准执行。费率参照原报价中的费率进行调整，事先规定一个下调比例。

② 工程量清单以外的变更项目，也就是新增工程项目。其消耗量标准可以参照政府颁布的消耗量定额，其费率可以参照大多数清单项目报价的费率来确定价格。

6.2.3　工程项目索赔

索赔是指在履行合同过程中，由于对方的过错而要求对方承担责任并提出经济补偿或时间补偿要求。索赔是一种经济补偿行为，而不是惩罚，处理好合同履行中的索赔对于控制工程造价有至关重要的作用。在索赔处理过程中，要处理好索赔时间和索赔原因。承包商应在规定的时间内处理好索赔事项，否则视为索赔事项自动被认可。在我国引起的施工索赔主要有不利的自然条件与人为障碍引起的索赔，如地质条件变化引起的索赔、工程中设计变更引起的索赔、延误工期的索赔、加速施工的索赔、业主不正当地终止工程而引起的索赔、拖欠支付工程款引起的索赔、因合同条款模糊不清甚至错误引起的索赔等。

由于以上原因引起的施工索赔，在处理上要分清责任和风险是归业主还是承包商，在设计合同条款时就要考虑承包商可能会提出的索赔：一是在合同条款中规避此类风险；二是在合同规定关于索赔价款确定的原则。

在工程项目中，索赔是十分普遍的。监理工程师应正确对待索赔，按合同要求秉公办事，保持自己工作的独立性，以有力的证据争取在友好协商中解决分歧。

监理工程师在索赔管理中的主要任务是：

（1）对导致索赔的原因要有充分的预测和防范；

（2）通过有力的合同管理防止干扰事件的发生；

（3）对已发生的干扰事件及时采取措施，以降低它的影响和损失；

（4）参与索赔的处理过程，审查索赔报告，反驳一方不合理的索赔要求或索赔要求中不合理的部分，同意并敦促对方接受合理的索赔要求，使索赔得到圆满的解决。

1. 索赔的种类

在实际工程建设工作中，业主向承包商，承包商向业主，都有可能提出索赔要求。业主向承包商提出的索赔一般称之为"回收款项"。如由业主付出的保险费，将从承包商应得的款项中扣回；当工期延误时，业主扣回误期损害赔偿费；当价格降低时，业主可回收降低的部分费用等。比较常见且有代表性的是承包商向业主提出的索赔。

（1）工期即合同期索赔：目的是争取业主对已经延误了的工期作补偿，以维护或推卸自己的合同责任，不支付或少支付工期罚款；

（2）费用索赔：承包商由于外界干扰的影响使其成本增加，可以根据合同规定提出费用索赔要求，以补偿其损失。由于市场竞争激烈，承包商为了赢得工程，往往会以低报价投标，而通过工程中的索赔来提高合同价格，减少或转移工程风险。承包商的索赔又可以按索赔责任分为三类：业主责任引起的索赔、监理工程师的责任引起的索赔、不可预见的外部条件引起的索赔。

2. 索赔的程序

当合同当事人一方向另一方提出索赔时，要有正当的索赔理由，且有索赔事件发生时的有效证据。发包人未能按合同约定履行自己的各项义务或发生错误以及第三方原因，给承包人造成延期支付合同价款、延误工期或其他经济损失，包括不可抗力延误的工期。

（1）承包人提出索赔申请。合同实施过程中，凡不属于承包人责任导致项目拖延工期和成本增加事件发生后的一定天数内，必须以正式函件通知工程师，表明对此事项要求索赔，同时仍须遵照工程师的指令继续施工。逾期申报时，工程师有权拒绝承包人的索赔要求。

（2）发出索赔意向通知后一定天数内，向工程师提出补偿经济损失和（或）延长工期的索赔报告及有关资料；正式提出索赔申请后，承包人应抓紧准备索赔的证据资料，包括事件的原因、对其权益影响的证据资料、索赔的依据，以及其他计算出的该事件影响所要求的索赔额和申请展延工期天数，并在索赔申请发出的一定天数内报出。

（3）工程师审核承包人的索赔申请。工程师在收到承包人送交的索赔报告和有关资料后，于一定天数内给予答复，或要求承包人进一步补充索赔理由和证据。接到承包人的索赔信件后，工程师应该立即研究承包人的索赔资料，在不确认责任属谁的情况下，依据自己的同期记录资料客观分析事故发生的原因，并依据有关合同条款，研究承包人提出的索赔证据。必要时还可以要求承包人进一步提交补充资料，包括索赔的更详细说明材料或索赔计算的依据。工程师在 28 天内未予答复或未对承包人做进一步要求的，视为该项索赔已经认可。

（4）当该索赔事件持续进行时，承包人应当阶段性地向工程师发出索赔意向，在索赔事件终了后一定天数内，向工程师提供索赔的有关资料和最终索赔报告。

（5）工程师与承包人谈判。双方各自依据对这一事件的处理方案进行友好协商，若能通过谈判达成一致意见，则该事件较容易解决。如果双方对该事件的责任、索赔款额或工期展延天数分歧较大，通过谈判达不成共识，那么按照条款的规定，工程师有权确定一个他认为合理的单价或价格作为最终的处理意见报送业主并相应通知承包人。

（6）发包人审批工程师的索赔处理证明。发包人首先根据事件发生的原因、责任范围、合同条款审核承包人的索赔申请和工程师的处理报告，再根据项目的目的、投资控制、竣工验收要求，以及针对承包人在实施合同过程中的缺陷或不符合合同要求的地方提出反索赔方面的考虑，决定是否批准工程师的索赔报告。

（7）承包人是否接受最终的索赔决定。承包人同意了最终的索赔决定，则索赔事件即告结束。若承包人不接受工程师的单方面决定或业主删减的索赔或工期展延天数，就会导致合同纠纷。通过谈判和协调双方达成互让的解决方案是处理纠纷的理想方式。如果双方不能达成谅解，就只能诉诸仲裁或者诉讼。承包人未能按合同约定履行自己的各项义务和发生错误给发包人造成损失的，发包人也可按上述时限向承包人提出索赔。

3. 索赔的计算

（1）工期索赔。在通常情况下，引起工期索赔的情况有业主违约造成工期拖延、工程变更、不可预见事件或不可抗力的影响三类。

工期索赔的计算方法一般采用网络法和比例法来计算干扰事件对整个工期的影响，即计算工期索赔值。

（2）费用索赔。费用索赔是整个工程合同索赔的重点。工期索赔在很大程度上是为了费用索赔。费用索赔只能是承包商在费用索赔事件发生期间实际发生的费用，它必须符合有关规定，如合同中规定的赔偿条件和范围、计算方法，通常适用会计核算方法、工程惯例等。费用索赔的项目通常有人工费、机械费、材料费、管理费及其他等。在费用索赔中绝大部分的索赔不包括利润，通常费用索赔的计算方法有总费用法和分项法两种。

4. 防止索赔

为防止索赔，监理工程师在工作中要努力完成合同规定的义务和责任，同时也要帮助业主和承包商按合同的规定办事，为此监理工程师应遵循以下原则：

（1）应尽早地开始监理的准备工作，最好在工程招标之前就能进行。准备工作包括熟悉合同文件的有关规定；熟悉工地环境；认真分析研究承包商的施工进度、组织方案等。

（2）要严格履行自己的义务，尽可能地减少由于自己的失误给承包商造成的索赔机会和理由。

（3）建立、健全工作制度和监理程序，并严格执行。

（4）整理和保存完整的记录，以备判断索赔的合理性。

（5）指定专人负责索赔事务，并与有关人员建立良好和畅通的联系。

（6）在工作中要积极主动，发现问题要迅速采取防范和补救措施，减少或避免索赔事件的发生。

5. 反索赔

监理工程师索赔管理的任务还包括代表业主反驳承包商的索赔要求。反索赔的任务通常有：

（1）预测和防止干扰事件的发生；

（2）对干扰事件要有充分的准备和对策；

（3）公平地对待和评价承包商的索赔报告。

反索赔的主要步骤包括：

（1）全面分析：依据有关的法律、法规和合同文件，合理进行评价，正确划分双方的责任，审核索赔理由。

（2）事件调查：对干扰事件的起因、经过和结果进行调查，对合同实施的情况和干扰事件的真实性进行评估。

（3）干扰事件的影响分析：通过对合同的计划情况，受到干扰时可能产生的情况以及计划执行的实际情况进行分析、评价，以确定干扰事件与实际结果之间的关系状态。

（4）对索赔要求进行分析、评价：通过对干扰事件真实性分析，否定承包商的不合理要求，确定索赔的合理性和合法性。

（5）结论：经过对上述各步骤进行总结，提出解决意见，附上有关证据作为正式的法律文件，提交给业主、承包商、调解人和仲裁人。

6.2.4　工程项目竣工验收

竣工验收是指建设工程的竣工验收，即建设工程已按照设计要求完成全部工作任务，准备交付给发包人投入使用时，由发包人或者有关主管部门依照国家关于建设工程竣工验收制度的规定，对该项工程是否合乎设计要求和工程质量标准所进行的检查、考核等验收工作。建设工程的竣工验收是工程建设全过程的最后一道程序，是对工程质量实行控制的最后一个重要环节。工程项目竣工验收的交工主体是施工单位，验收主体是项目法人，工程验收的客体应是设计文件规定、施工合同约定的特定工程对象。

《建设工程质量管理条例》（国务院令第 279 号）规定："建设单位收到建设工程竣工报告后，应当组织设计、施工、工程监理等有关单位进行竣工验收"，国家实行竣工验收制度，可全面考核工程项目决策、设计、设备制造安装质量，总结项目建设经验，提高工程项目管理水平。建设单位和施工单位可通过工程验收全面考核基本建设成果、检验设计和工程质量，总结经验教训，从而加强固定资产投资管理，促进工程项目达到设计能力和使用要求，提高项目的运营效果。

由于工程项目竣工验收的综合性强、复杂程度和精准程度高，单建设单位是很难完成的，这就需要建设单位组织成立专业工程验收团队。

1. 建设工程竣工验收需要具备的条件

（1）完成工程设计和合同约定的各项内容；

（2）有完整的技术档案和施工管理资料；

（3）有工程使用的主要材料、构配件和设备进场试验报告；

（4）有勘察、设计、施工、监理等单位签署的质量合格文件；

（5）有施工单位签署的工程保修书；

（6）有重要分部（子分部）的中间验收证书；

（7）有结构安全和使用功能的检查和检测报告；

（8）建设单位已按合同支付工程款；

（9）初验时质监机构及设计、建设、监理单位提出的责令整改的内容已全部整改完毕；

（10）取得了规划、消防、环保、城建档案管理等部门的认可文件或准许使用文件。

2. 竣工验收组织模式

视工程的规模和性质，项目验收组织有以下三种模式：

（1）业主＋项目管理团队模式，即以业主为主体独立或请专业人员参与的验收检测组织模式，这种模式可以降低验收成本，适合单一中小型建筑工程。

（2）业主独立验收部分工程，而将剩余的专业性要求较强的部分委托验收部门来完成，对于既想控制验收成本又想尽量做到专业化的业主，这是个不错的验收组模式。

（3）将项目全部委托给专业的验收商，如大型复合类工程项目。

3. 竣工验收阶段的主要任务

（1）组织进行试运行；

（2）组织有关方面对施工单位拟交付的工程进行竣工验收和工程决算；

（3）办理工程接收手续；

（4）做好项目有关资料的接收与管理工作；

（5）安排有关管理与技术人员的培训，并及时接管；

（6）进一步明确项目运营后与施工方、咨询工程师等各方的关系。

4. 竣工验收阶段的主要程序

（1）竣工验收准备；

（2）编制竣工验收计划；

（3）组织现场验收；

（4）进行竣工结算；

（5）移交工资料；

（6）办理交工手续。

5. 竣工验收报告的内容

竣工验收报告是建设项目建设全过程的总结报告。内容包括但不限于封面、目录、项目概况、项目管理、勘察设计、施工、监理、采购、生产准备及试运考核、专项验收、外事工作、未完工程、遗留问题及其处理和安排意见、项目总评语、附图、附表和附件等。

（1）封面。封面分外封面和内封面。外封面包括竣工验收报告的名称、建设单位名称和报出日期等内容，内容可直接打印。内封面包括项目名称、建设性质、建设单位、编制人、审核人、项目负责人、建设单位负责人和报出日期等内容。其中，编制人、审核人、项目负责人和建设单位负责人要签字，报出日期上盖建设单位章。

（2）目录。目录是工程项目竣工验收报告正文前所载的目次，章节的名称及页码，不包括封面。

（3）项目概况。项目概况主要是对工程项目建设依据和项目进行简述。

① 建设依据。列出政府项目备案（核准）、立项、可行性研究、初步设计（基础工程设计）、开工报告、施工许可证批复等建设依据文件的名称、文号、发文日期和发文单位。

② 项目概述。简述建设工程项目的地理位置、占地面积、总投资、建设规模及内容、开工时间、建成投产时间等。

（4）项目管理。其主要是对项目管理模式及发包方式、项目管理机构、招标投标及合同管理、进度、质量、投资、HSE 控制目标的实现及控制的主要措施、项目管理的经验教训等内容进行简述。

① 项目管理模式及发包方式。简述项目管理模式及发包方式，说明项目建设的管理机构设置、职能分工情况。

② 项目管理机构。绘出项目管理机构框图和简述项目管理机构的职能。

③ 招标投标与合同管理。简述招标投标情况及合同管理情况。

④ 进度、质量、投资、HSE 控制目标的实现。其主要对进度、质量、投资、HSE 控制目标实际完成情况与计划目标进行比较，并对差异性进行分析说明。

⑤ 进度、质量、投资、HSE 控制的主要措施。简述进度、质量、投资、HSE 控制采取了哪些主要措施以及取得的效果。

⑥ 项目管理的经验教训。对项目管理进行评价，总结经验教训。

（5）勘察设计。简述工程勘察、设计概况及设计分工、设计控制与管理、设计的特点及采用的新技术和对设计进行评价。

① 工程勘察。简述承担工程勘察任务的单位、勘察范围、进度和完成时间；工程勘察特点及采用的新技术；对勘察工作进行评价，总结经验教训。

② 设计概况及设计分工。简述设计依据、设计原则和设计分工。

③ 设计控制与管理。简述初步设计、施工图设计完成情况;重大设计修改;存在的主要问题和采取的措施。

④ 设计的特点及采用的新技术。简述设计特点;采用的新技术、新工艺、新设备、新材料情况及效果;引进新技术和设备情况及效果;节能降耗情况。

⑤ 对设计进行评价。对设计完成情况进行评价,总结经验教训;对设计质量进行评价(包括初步设计深度,施工图变更及错、漏、碰、缺等情况和经验与教训);对设计的合理性、先进性、可靠性、经济性等进行评价(包括经验与教训);对初步设计及概算编制水平进行评价;对施工图设计进行评价(包括经验与教训)。

(6)施工。简述施工单位及分工情况;施工工期、工日及主要实物工程量;施工质量管理及工程质量验收;工程交接和对施工进行评价。

① 施工单位及分工情况。简述承包方式及招标、施工单位中标情况。

② 施工工期、工日及主要实物工程量。简述工程开工、中间交接、工程交接日期,工期水平情况(与同类装置或先进水平相比)实耗工日数及主要实物工程量。

③ 施工质量管理及工程质量验收(评定)。简述现场质量保证体系的建立及运行情况;施工质量管理和施工质量水平情况;对工程质量进行验收(评定),简述土建单位工程质量验收结果,安装单位工程质量评定结果,投产后对工程质量验收(评定)验证情况和存在的主要问题。

④ 工程交接。简述单项工程、单位工程交接情况和存在的主要问题。

⑤ 对施工进行评价。从施工管理、工期、工程质量、HSE、文明施工和服务配合等方面进行评价,总结经验教训。

(7)监理。简述工程监理单位及承担项目和工程监理实施情况。

(8)采购。简述物资采购的组织机构;关键设备订货及配套设备采购情况;设备材料质量;设备监造;进口及大型超限设备接、保、检、运;投资控制和对设备材料采购工作的评价。

① 采购的组织机构。简述采购的组织机构建立情况。

② 关键设备订货及配套设备采购情况。简述关键设备订货及配套设备采购情况和存在的主要问题。

③ 设备材料质量。简述设备材料质量情况、存在的主要问题及采取的措施。

④ 设备监造。简述主要监造单位及承担的监造任务,设备监造过程中发现的重大问题及采取的措施。

⑤ 进口及大型超限设备接、保、检、运。简述进口及大型超限设备接、保、检、运情况，与工程进度的衔接情况及主要问题。

⑥ 投资控制。简述设备材料采购投资控制情况及存在的主要问题。

⑦ 对设备材料采购工作的评价。对设备材料采购工作进行评价，总结经验教训。

（9）生产准备及试运考核。简述生产准备情况；投料试车组织、方案和投料试车情况；生产考核概况及考核结果和对生产准备、投料试车和生产考核工作进行评价。

① 生产准备概况。简述组织、人员、技术、物资、资金、外部条件及营销准备情况，存在的主要问题及采取的措施。

② 投料试车组织、方案和投料试车情况。简述投料试车工作的组织；总体试车方案及单元开车方案编制审批情况；投料试车情况；投料试车出现的主要问题及处理结果。

③ 生产考核概况及考核结果。简述公用工程、生产装置生产考核情况及考核结果。

④ 对生产准备、投料试车和生产考核工作进行评价。对生产准备、投料试车和生产考核工作进行评价，总结经验教训。

（10）专项验收。专项验收即包括政府行政主管部门对消防、职业卫生、劳动安全卫生和环境保护等设施和实施效果的验收，也包括档案的竣工验收及竣工决算审计。

① 消防验收。简述消防组织机构与消防管理；消防设施"三同时"执行情况；消防培训、预案及演练情况；消防验收情况。

② 职业卫生验收。简述职业卫生组织机构与管理；职业卫生设施"三同时"执行情况及预防措施；职业卫生教育和培训情况；职业危害因素及作业场所监测点分布及监测数据；上岗人员身体检查情况；职业卫生评价及验收情况。

③ 劳动安全卫生验收。简述劳动安全卫生组织机构与管理；劳动安全卫生设施"三同时"执行情况及防范措施；劳动安全卫生培训情况；劳动安全卫生评价及验收情况。

④ 环境保护验收。简述环境保护管理（包括环境保护机构与管理，环境保护设施"三同时"执行情况和环境保护监测情况）、"三废"（包括废水治理、废气治理、废渣治理）及噪声治理、绿化情况和环境影响评价及验收情况。

⑤ 档案的竣工验收。简述项目文件的形成、收集、整理、汇编和归档的概况和数量；项目档案管理机构、设施和人员配置情况和档案工作评价及验收情况。

⑥ 竣工决算审计。按照批准的概算或调整概算与竣工决算进行对比，并分析概算执行情况；简述竣工决算及固定资产移交情况和竣工决算审计意见及整改情况。

（11）外事工作。简述外事工作机构与管理、合同内容与用途以及合同的执行情况。

（12）未完工程、遗留问题及其处理和安排意见。简述主要未完工程、遗留问题及处理和安排意见。

（13）项目总评语。对工程项目进度、质量、投资、HSE 控制和项目文件编制以及消防、环境保护、安全设施、职业病防护设施"三同时"情况进行简要评价，总结经验教训。

（14）附图、附表和附件。

① 附图。竣工验收报告附图主要指化工建设工程项目区域位置图、总平面布置图和项目鸟瞰图。

② 附表。竣工验收报告附表主要包括项目重要阶段计划执行时间表、竣工工程概况表、未完工程明细一览表、工程竣工验收清册及交付使用财产明细表、移交设备、工具、器具清册、库存节余设备、材料表、重大事故一览表、重大设计变更一览表、竣工验收单项工程质量评定表、设计质量评定表、关键设备质量评定表、进口项目工程竣工决算表、"三废"治理和噪声治理情况表和工业卫生、劳动保护情况表。

③ 附件。竣工验收报告附件主要包括批复文件、专项验收文件和总结文件等。批复文件包括政府项目备案（核准）文件、立项批准文件、可行性研究报告批准文件、初步设计批准文件、概算调整批准文件、消防设计审核批准（备案）文件、环境影响评价批准文件、建设项目设立安全审查意见书、建设项目安全设施设计审查意见书、职业病危害预评价报告批准（备案）文件、职业病防护设施设计批准（备案）文件、城市规划批准文件、征用土地批准文件、开工报告和试生产方案备案批复文件等。专项验收文件主要包括消防验收文件、环境保护验收文件、安全设施竣工验收文件、职业病防护设施竣工验收文件、档案验收文件和竣工决算审计文件。总结文件主要包括勘察设计总结、采购总结、外事工作总结、施工总结、工程总承包总结、监理总结和生产准备及试运行考核总结。

6. 竣工验收阶段的档案管理

承包人应按竣工验收条件的规定，认真整理工程竣工资料。企业应建立健全竣工资料管理制度，实行科学收集，定向移交，统一归口，便于存取和检查。竣工资料的整理应符合下列要求：

（1）工程施工技术资料的整理应始于工程开工，结束于工程竣工，真实记录施工全过程，可按形成规律收集，采用表格方式分类组卷；

（2）工程质量保证资料的整理应按专业特点和根据工程的内在要求进行分类组卷；

（3）工程检验评定资料的整理应按单位工程、分部工程、分项工程划分的序进行分类组卷；竣工图的整理应区别情况按竣工验收的要求组卷。交付竣工验收的施工项目必须有与竣工资料目录相符的分类组卷档案。承包人向发包人移交由分包人提供的竣工资料时，检查验证手续必须完备。

7. 竣工验收备案

未经竣工验收备案工程不得投入使用。

竣工验收备案文件报送时间：报送竣工验收备案文件为工程竣工验收合格后15 日内。

报送文件内容包括竣工验收备案表；建设单位在工程竣工验收合格后应及时到备案管理部门领取"竣工验收备案表"，并由建设单位组织填写，准备相关文件，参建单位签署竣工验收意见并由负责人签字，加盖单位公章；施工单位的工程竣工报告；工程施工许可证（复印件）；规划许可证（复印件）；施工图设计审查文件；单位工程质量综合验收文件；监理单位出具的质量评估报告；勘察、设计单位出具的质量检查报告；建设单位的工程竣工验收报告；规划、公安消防、环保等部门出具的认可文件或者准许使用文件；施工单位签署的工程质量保修书；住宅工程还应当提交《住宅质量保证书》和《住宅使用说明书》；法规、规章规定必须提供的其他文件。

办理竣工验收备案手续：竣工验收备案机构根据工程质量监督机构签署的工程质量监督报告，对建设单位报送的竣工验收备案文件进行审查，符合条件的，给予办理备案手续，填写"工程建设竣工验收备案表"。对审查不符合备案条件的，如工程质量不合格、不符合验收程序或者文件不符合备案管理规定的，不予备案，并要责令限期改正，符合要求后重新申请备案。

8. 竣工结算与决算

（1）工程结算又称工程价款结算，是指施工企业（承包商）在工程实施过程中，依据承包合同中关于付款条件的规定和已经完成的工程量，按照规定的程序向建设单位（业主）收取工程价款的一项经济活动。

（2）竣工决算是指在竣工验收交付使用阶段，由建设单位编制的建设项目从筹建到竣工投产或使用全过程的实际造价和投资效果的经济文件。

9. 工程质量保修管理

为了确保建设工程保修期内的保修问题得到及时有效的维修处理，杜绝同一部位的同一质量问题重复发生，建设工程项目实行质量保修制度。

（1）建设工程承包单位在向建设单位提交工程竣工验收报告时，应当向建设单位出具质量保修书。质量保修书中应当明确建设工程的保修范围、保修期限和保修责任等。

（2）在正常使用条件下，建设工程的最低保修期限分为：

① 基础设施工程、房屋建筑的地基基础工程和主体结构工程，为设计文件规定的该工程的合理使用年限。

② 屋面防水工程、有防水要求的卫生间、房间和外墙面的防渗漏，为 5 年。

③ 供热与供冷系统，为 2 个采暖期、供冷期。

④ 电气管线、给水排水管道、设备安装和装修工程，为 2 年。其他项目的保修期限由发包方与承包方约定。建设工程的保修期自竣工验收合格之日起计算。

（3）建设工程在保修范围和保修期限内发生质量问题的，施工单位应当行保修义务，并对造成的损失承担赔偿责任。

（4）建设工程在超过合理使用年限后需要继续使用的，产权所有人应当委托具有相应资质等级的勘察、设计单位鉴定，并根据鉴定结果采取加固、维修等措施，重新界定使用期。

第7章

工程项目运营阶段的咨询

工程项目进入运营期后，要完成项目的后评价咨询工作，因此，工程项目运营阶段咨询主要是项目后评价咨询。

7.1 工程项目运营阶段咨询的内容

项目后评价是指对已经完成的项目（或规划）的目的、执行过程、效益、作用和影响所进行的系统、客观的分析；通过项目活动实践的检查总结，确定项目预期的目标是否达到，项目或规划是否合理有效，项目的主要效益指标是否实现；通过分析评价找出成败的原因，总结经验教训；并通过及时有效的信息反馈，为未来新项目的决策和提高提出建议，同时也为后评价项目实施运营中出现的问题提出增进建议，从而达到提高投资效益的目的。

7.1.1 工程项目后评价概述

1. 工程项目后评价的意义

工程项目后评价的意义如下：

（1）总结项目的管理经验教训，提高项目管理水平。投资项目管理是一项庞大的系统工程。它涉及银行、主管部门、企业、施工单位等诸多部门，涉及从项目选定、评价论证、项目的准备计划、组织实施、竣工验收、生产运营与管理等诸多环节。只有各个部门密切合作，各个环节紧密衔接，才能保证项目的顺利完成。如何协调各部门、各环节间的关系，各部门、各方面应采取什么样的具体协作形式仍在不断摸索中。项目后评价通过对已经投入运营的项目实际情况与项目预期目标的对比分析，总结管理经验教训，以指导未来同类项目的投资与管理，有利于减少浪费和最大限度地提高建设工程的回报，有利于项目管理水平的提高。

（2）提高项目决策科学化水平。项目前评价是项目投资决策的重要依据，但是由于受到诸如国家宏观经济政策、技术因素以及社会环境因素的交叉影响，特别是市场因素的复杂性与多变性的影响，前评价中的预测往往会存在一定的不确定性，存在着误差甚至错误，进而会给项目的建设运营带来一定的风险，这就需要后评价进行检验和监督。这种检验和监督一方面能够增强前评价人员的责任感，督促评价人员努力做好项目前期工作，有利于提高项目预测的准确性；另一方面通过对项目的决策、设计、建设到投入经营各阶段进行后评价，并及时将评价结果进行反复比较，有利于对项目决策中存在的问题进行及时改正，从而提高项目决策的科学化水平。

（3）为国家工程项目计划和政策的优化提供依据。当前，我国处于转型的关键时期，经济结构性调整任务仍然非常繁重，投资日益扩张，泡沫经济的风险仍然在一定范围内存在。通过开展项目后评价，总结项目建设的经验教训，有利于及时发现宏观投资管理中的不足，并对某些不适合经济发展的技术经济政策、已经过时的指标与参数等进行修正或修订。同时，还可根据后评价成果的反馈信息，调整投资规模和投资流向，并对各产业、各部门之间及其内部的各种比例关系进行协调后评价的反馈信息也是建立工程项目管理的法令、法规、制度和机构的重要参考。

（4）对项目开展进行监督，督促项目运营状态的正常化。项目后评价的监督功能与项目的前期评价、项目实施过程的监督结合在一起，构成了对建设过程全面、系统的监督机制。项目后评价是在项目运营阶段进行的，具有透明性和公开性的特点，把项目后评价纳入基本建设程序，通过对投资活动管理者和建设者存在的实际问题后评价是增强决策者和执行者责任心的重要手段。如果决策者和执行者提前知道自己的行为后果将要受到事后的评价、检查，将成功经验和失败教训的主、客观原因进行分析，可以客观有效地督促投资决策者、执行者，促使他们在主观上认真努力的履行职责、做好工作，避免决策和执行失误。从这一点上说，后评价对项目建设具有监督和检查的作用。

（5）保证项目预定目标的实现。由于项目后评价具有如前所述四个方面的重要作用。能够针对项目出现的问题提出切实可行的对策措施，为投资决策部门重新制定或优选方案提供决策依据，为项目执行部门改进项目建设运营提供思路和参考。因此，项目后评价是保证预定目标实现的重要举措。

2. 工程项目后评价的分类

在实际工作中，从项目开工之后，由监督部门所进行的各种评价都属于项目后评价的范围，因此，根据评价时点，项目后评价可细分为跟踪评价、实施效果评价和影响评价。

（1）工程项目跟踪评价。工程项目跟踪评价是指在项目开工以后到项目竣工之前任何一个时点所进行的评价。其主要目的是检查评价项目评估和设计的质量；评价项目在建设过程中的重大变更（如项目产出市场发生变化、概算调整、重大方案调整、主要政策变化等）及其对项目效益的作用和影响；诊断项目发生的重大难点和问题，寻求对策和出路等。

（2）工程项目实施效果评价。项目实施效果评价就是我们通常所称的项目后评价。它是指在项目竣工以后的一段时间内所进行的评价。其评价的时点依不同的项目有所区别，一般认为，生产性项目在竣工后两年左右，基础设施项目在竣工后 5 年左右，社会发展项目可能在竣工后更长一些时间。这种后评价的主要目的是检查确定投资项目达到预期效果的程度，总结经验，吸取教训，为新项目的宏观导向、政策制订和管理反馈信息，为完善已建项目、调整在建项目和指导待建项目服务。

（3）工程项目影响评价。项目效益监督评价（或称项目影响评价）是指项目实施效果评价完成一定时间之后所进行的评价。它是在项目实施效果评价报告的基础上，通过调查项目的经营状况，分析项目的发展趋势及其对社会、经济和环境的影响，总结宏观决策等方面的经验教训。

3. 工程项目后评价的特点

建设项目后评价实际上是前评价的延伸和完善，是项目实现科学管理的重要组成部分，是建设项目技术经济评价体系中不可缺少的一环。建设项目后评价具有以下特点：

（1）现实性。项目后评价是分析研究项目从规划、立项决策、勘测设计、施工建设直到生产运行的实际情况，因而要求在项目建成、生产运行一段时间以后进行。后评价所依据的数据是已经发生的实际数据或根据实际情况重新预测的数据。

（2）全面性。进行项目后评价，既要研究项目的实际投入情况，分析项目的投资和建设过程，还要分析生产运行过程，深入分析项目的成败得失，总结项目的经验教训，提出进一步提高项目效益的意见和建议。

（3）探索性和公正性。项目后评价要分析已完成工程现状，发现问题，研究对策并探索未来发展方向，因而要求项目后评价人员具有较高的业务水平和不偏不倚的公正态度。为了不受干扰，独立评价，后评价人员应排除该项目的决策者和前期咨询评估人员。

（4）反馈性。项目后评价的成果和信息，应该及时反馈给委托评价单位和有关部门，使他们能够吸取经验教训，改进和提高今后工作的质量。项目后评价的成果还应有计划、有目的、有针对性地向社会反馈，通过新闻媒介，强化社会各部门的监督作用。

（5）合作性。项目后评价需要和多方面合作，如与工程运行管理单位、规划设计、施工建设、工程监理、财务审计以及投资项目主管部门等各方融洽合作，以利于后评价工作顺利进展。

（6）重点性。后评价既要全面分析项目的投入和产出，总结经验教训，又要突出重点，针对项目存在的主要问题，提出切实可行的改善措施和建议。因此，后评价切记面面俱到，没有重点，不解决主要问题。建设项目后评价的基本原则是客观、公正和科学。

7.1.2 工程项目后评价的主要内容

工程项目后评价的内容包括项目决策后评价、建设过程后评价、项目效益后评价、项目可持续性后评价、管理后评价和综合后评价。

1. 项目决策评价

项目决策评价主要从决策依据、投资方向、技术水平、引进效果、协作条件、土地使用状况、决策程序和方法、社会和经济效益等方面，将项目实施现状进行比较，如果项目实施结果偏离目标较远，要分析产生偏差的原因，提出相应的补救措施。

项目决策评价的指标体系包括项目决策周期和项目决策周期变化率。

（1）项目决策周期是指项目从提出《项目建议书》起，至《项目可行性研究报告》被批准为止所经历的时间。该指标反映了投资者与有关部门投资决策的效率。将拟建项目的实际决策周期与当地同类项目的决策周期或计划决策周期进行比较，以便考察项目的决策效率。

（2）项目决策周期变化率的计算公式如下：

$$项目决策周期变化率 = \frac{项目实际决策周期 - 项目计划决策周期}{项目计划决策周期}$$

该指标大于零，表明项目的实际决策周期超过了预计的决策周期；反之，则小于预计的决策周期。

2. 建设过程后评价

项目建设过程后评价是建筑工程项目后评价的主要内容。它是指依据现有的法律法规、制度和相关规定，在项目投产后，将投资项目的前期—建设期—生产经营过程中的目标与预期目标进行比较和分析，找出偏差，总结经验教训。项目建设过程评价包括项目开工评价、项目施工组织与管理评价、项目建设资金供应与使用情况的评价、项目建设工期的评价、项目建设成本的评价、项目工程质量和安全的评价、项目变更情况的评价、项目竣工验收的评价、项目生产能力和单位生产能力投资的评价等。

项目建设过程后评价指标主要包括实际建设工期与建设工期变化率、实际投资总额和实际投资总额变化率、实际单位生产能力投资、工程质量指标。

（1）实际建设工期与建设工期变化率。实际建设工期指已建项目从开工之日起到竣工验收之日止所实际经历的有效天数，它不包括开工后停建、缓建所间隔的时间，是反应项目实际建设速度的指标。

建设工期变化率的计算公式为：

$$建设工期变化率 = \frac{项目实际建设工期 - 项目计划建设工期}{项目计划建设工期}$$

该指标大于零，表明项目的实际建设工期超过预期的建设工期，说明工期拖延；反之，则说明工期提前。

（2）实际投资总额和实际投资总额变化率。实际投资总额是指项目竣工投产后重新核定的实际完成投资额，包括固定资产投资和流动资金投资。实际投资总额变化率是反映实际投资总额与项目前评估中预期的投资总额变差大小的指标，有静态实际投资总额变化率和动态实际投资总额变化率之分。该指标大于零，表明项目的实际投资额超过预期或估算的投资额；反之，则小于预期或估算的投资额。

（3）实际单位生产能力投资。实际单位生产能力投资反映竣工项目实际投资效果。实际单位生产能力投资越少，项目实际投资效果越好；反之，投资效果越差。

（4）工程质量指标。反应工程质量的指标主要有两项：项目实际工程合格率和项目实际工程停工返工损失率。项目实际工程合格率是指项目单位工程合格数量与项目实际单位工程总数之比。该比值越大，说明项目质量控制做得越好。项目实际工程停工返工损失率是指项目因质量事故停工返工增加的投资额与项目总投资额之比。该比值越小，说明项目管理水平越高，项目管理水平与质量管理水平越高。

3. 项目效益后评价

项目效益后评价是项目后评价理论的重要组成部分。它以项目投产后实际取得的效益（经济、社会、环境等）及隐含在其中的技术影响为基础，重新测算项目的各项经济数据，得到相关的投资效果指标，然后将它们与项目前期评估时预测的有关经济效果值（如净现值 NPV、内部收益率 RR、投资回收期等）、社会环境影响值（如环境质量值 IEQ 等）进行对比，评价和分析其偏差情况以及原因，吸取经验教训，从而提高项目的投资管理水平和投资决策服务。项目效益后评价具体包括经济效益后评价、环境影响评价和项目的社会影响评价。

（1）经济效益后评价。根据建筑工程项目投产运营后产生的实际数据或者重新预测项目全生命周期内的各项数据，计算经济指标（如净现值、内部收益率、投资回收期），然后将这些指标与项目前评价中预测的相关指标进行比较、分析。如果实际的指标与前期预测的指标产生了较大的偏差，还要分析为什么产生偏差，总结经验教训。经济后评价是项目后评价的核心内容，实际上是指对建成投产后的项目实际经济效益进行再次评价，经济后评价从内容上来讲包括财务后评价和国民经济后评价。

① 财务后评价。建设工程项目财务后评价是建筑工程项目经济后评价的核心内容之一，属于微观经济后评价范畴，也就是企业经济后评价。它是站在企业或项目的立场，依据我国现有的一些价格体系和财务税收制度，再以实际产生的财务费用和效益或者以重新预测的项目全生命周期内可能产生的财务数据为计算依据，以此来重新计算项目实施并投产实用后产生的一系列财务指标；然后比较后评价指标和前评价指标，如果产生较大的偏差，找出为什么产生偏差；最后根据分析情况得出财务后评价的结论，总结经验教训，为以后的财务预测和项目管理提供帮助。财务后评价分析主要包括盈利能力分析、偿债能力分析和敏感性分析。

a. 盈利能力分析。盈利能力的主要指标为财务内部收益率（Financial Internal

Rate of Returu，FIRR）和财务净现值。项目后评价测算项目财务（包括国民经济）内部收益率的目的是要用测算结果与项目前评估的收益率进行对比，并与行业基准收益率或项目贷款利息（加权综合利息）对比，还要与社会折现率或中央银行的同期体现率对比，用以评价项目的效益好坏。在经济学的成本中，效益分析的基本原则是在计算上述收益率时，一般不考虑同期的物价上涨因素。因此，这种对比必须建立在相同的取值原则上，即必须都不考虑物价的变化，使比较各方的结果具有可比性。

b. 偿债能力分析。偿债能力分析在后评价阶段主要用于鉴别项目是否具有财务上的持续能力。评价者可从项目的损益与利润分配和资产负债表中考查的指标包括资产负债率、流动比率和速动比率。这里的一项重要工作就是按项目的实际偿债能力来计算借款的偿还期。这可根据偿还项目长期借款本金（包括融资租赁扣除利息后的租赁费）的税后利润、折旧和摊销等数据来计算。这些数据可以根据后评价时点的实际值并考虑适当的预测加以确定。

c. 敏感性分析。项目财务后评价的敏感性分析是指在后评价时点以后的敏感性分析，主要用来评价项目的持续性。后评价时项目的投资、开工时间和建设期已经确定，因此，敏感性分析主要是对成本和销售收入两个因素的分析。

② 国民经济后评价。后评价中的国民经济评价是从国家或地区的整体角度考查项目的费用和效益，采用国际市场价格（少数国家用影子价格、影子汇率、影子工资等）、价格转换系数、实际汇率和贴现率（或社会折现率）等参数对后评价时点以前各年度项目日实际发生的效益和费用加以核实，并对后评价时点以后的效益和费用进行重新预测，计算出主要评价指标，即经济内部收益率（Economic Internal Rate of Returu，EIRR）。经济后评价的作用在于：与前评估的结论相比较，分析项目的决策质量；以实际的数据和更现实的预测数据对项目的效益作出评价，以指明项目的持续性和重复的可能性。

工程项目国民经济后评价和财务后评价的出发点和评价角度有所不同，国民经济是站在整个国民经济或者全社会角度，在财务后评价的基础上，以实际数据和国家颁布的影子价格为计算依据，根据经济效益和费用流量表来计算出该项目实际的国民经济成本与盈利指标，分析项目前评估和项目决策质量以及项目实际的国民经济成本效益情况，分析和比较国民经济后评价指标与国民经济前评价指标的偏离程度及其原因，分析和评价项目实际对当地经济发展、相关行业和社会发展的影响，考查项目的国民经济实际状况，这为提高将来的项目决策科学化水平有很大的帮助。

由于有些项目后评价时点处于项目投产达产以后，项目的固定资产已经移交，此时项目的效益测算比较复杂。在可能的情况下，后评价不仅要分析项目的效益指标，而且应分析企业的效益状况。此外，不少后评价项目属于改造和扩建工程，这些项目的后评价不仅分析其增量效益，而且分析和评价工程项目对企业整体效益的作用和影响显得更为重要。根据国家有关部门的规定，考核企业经济效益主要包括以下几项指标：销售利润率、总资产报酬率、资本收益率、资本保值增值率、资产负债率、流动比率（或称速动比率）、应收账款周转率、存货周转率、社会贡献率、社会积累率等。

项目后评价效益的分析一般应对比项目前后和有无项目的主要指标，用以分析原因。采用该分析方法可以分析项目后评价效益指标与前评估效益指标的偏离程度并找出原因，一般表述主要影响因素的变化及其影响程度的指标有：项目实施周期变化率；投资总额变化率；产品（或服务）产量和价格变化率；主要原材料或动力价格变化率；项目财务内部收益率的变化；项目经济内部收益率和净现值的变化。除了以上对比外，应将项目的财务收益率与行业基准收益率或银行同期贷款的平均利率相比较，分析其财务效益；还应将项目的经济收益率与社会折现率或银行同期的贴现率相比较，分析其经济效益。

（2）环境影响评价

项目后评价的环境影响评价是指对照项目前期评估时批准的《环境影响评价》，重新审定项目环境影响的实际结果，审核项目环境管理的决策、规定、规范和参数的可靠性和实际效果。在审核已实施的环评报告和评价环境影响现状的同时，要对未来进行预测。对有可能产生突发事件的项目，要有环境影响的风险分析。环境影响后评价一般包括项目的污染控制、区域的环境质量、自然资源的利用、区域的生态平衡和环境管理能力。

（3）项目的社会影响评价

从社会发展的观点来看，项目的社会影响评价是分析项目对国家或地方发展目标的贡献和影响，包括项目本身和对周围地区社会的影响。社会影响评价一般定义为，对项目的经济、社会和环境方面产生的有形和无形的效益和结果所进行的一种分析社会影响评价，是对项目在社会经济发展方面有形和无形的效益与结果的分析，重点评价项目对国家（或地区）社会发展目标的贡献和影响。包括项目本身和对周围地区的影响，即就业影响、居民生活条件和生活质量影响、地区收入分配影响、项目受益范围及受益程度、对地方社区发展的影响、当地政府和居民的参与度等社会效益评价的方法是定性和定量相结合，以定性为主。评价的调查和分析方法的选择非常重要。在诸要素评价分析的基础上，社会效益评价做出综合评价。综合评价可以采用两种方法，即多目标评价法和矩阵分析法。

4. 项目可持续性后评价

项目可持续性后评价的要点包括确立项目目标、产出和投入与相关持续性因素间的真实关系（即因果联系）；区别在无控制条件下可能产生影响的因素，即行为因素与须执行者调整的结构因素；区分在项目立项、计划、投资（决策）、项目运作和维持中各种因素的区别。

5. 项目管理后评价

项目管理后评价是以项目竣工验收和项目收益后评价为基础，结合其他相关资料对项目整个生命周期中各阶段管理工作进行评价。其目的是通过对项目各阶段管理工作的实际情况进行分析研究，形成项目管理情况的总体概念。通过分析、比较和评价，了解目前项目管理的水平。通过吸取经验和教训，以保证更好地完成以后的项目管理工作，促使项目预期目标更好地完成。项目管理后评价包括项目的过程后评价、项目综合管理后评价及项目管理者评价，主要包括以下四个方面：

（1）投资者的表现

评价者要从项目立项、准备、评估、决策和监督等方面来评价投资者和投资决策者在项目实施过程中的作用和表现。

（2）借款人的表现

评价者要分析评价借款者的投资环境和条件，包括执行协议能力、资格和资信以及机构设置、管理程序和决策质量等。

（3）项目执行机构的表现

评价者要分析评价项目执行机构的管理能力和管理者的水平，包括合同管理、人员管理和培训以及与项目受益者的合作等。

（4）外部环境的分析

影响到项目成果的还有许多外部的管理因素，例如价格的变化、国际国内市场条件的变化、自然灾害、内部形势不安定等，以及项目其他相关机构的因素，例如联合融资者、合同商和供货商等。评价者要对这些因素进行必要的分析评价。

6. 项目综合后评价

项目综合后评价包括项目的成败分析和项目管理的各个环节的责任分析。项目综合后评价一般采用成功度评价方法，该评价方法是依靠评价专家或专家组的经验，综合后对各项指标的评价结果，对项目的成功程度作出定性的结论，也就是通常所说的打分方法。

7.1.3 工程项目后评价的方法

1. 对比法

对比法是后评价工作的一条基本原则，包括前后对比法和有无对比法。

① 前后对比法，是指将项目实施之前与项目完成之后的情况加以对比，以确定项目效益的一种方法。在项目评价中，则是指将项目可行性研究与评估时所预测的效益和项目竣工投产运营后的实际结果相比较，以发现变化和分析原因。这种对比用于揭示计划、决策和实施的质量，是项目过程评价应遵循的原则。

② 有无对比法，是指将项目实际发生的情况与若无项目可能发生的情况进行对比，以度量项目的真实效益、影响和作用。对比的重点是要分清项目作用的影响与项目以外作用的影响。这种对比用于项目的效益评价和影响评价，是项目后评价的一个重要方法论原则。"有"与"无"指的是评价的对象，即计划、规划或项目。评价是通过项目的实施所付出的资源代价与项目实施后产生的效果进行对比来判断项目的成功与否。方法论的关键是要求投入的代价与产出的效果口径一致。也就是说，所度量的效果要真正归因于项目。但是，很多项目，特别是大型工程项目，实施后的效果不仅是项目的效果和作用，还有项目以外多种因素的影响。因此，简单的前后对比不能得出真正的项目效果的结论，必须采用有无对比的方法才能判定项目的真实效果。

2. 成本—收益比较法

项目评价就是要对项目收益和成本的比较评价。要正确地评价项目，就要对项目的成本与收益予以正确地识别和计量。在对项目经济评价特别是财务分析时，我们经常用到成本—效益的分析方法，其原理和过程也是在国内外得到普遍认同和广泛采用的。该方法的基本思想是对耗费类指标与效益类指标进行对比分析，考虑在投资增加与经营费用节制的情况下，以盈亏平衡点为基础，对不同方案进行费用和效益的比较，从而全面得到项目的最适生产量（规模），为企业的经营策略提供决策依据。

（1）成本—效益分析的基本原理。成本与效益是相对于目标而言的，效益是目标的前提，成本是为实现目标所付出的代价。因此，明确项目的基本目标是识别成本与效益的基本前提。项目的成本与效益的发生具有时效性和空间性，在考察项目的成本与效益时，需遵循成本与效益在空间分布和时间分布上的一致性原则，否则就会多估或少估收益与成本，使项目的成本与效益失去可比性。

成本—效益分析法是把方案的指标体系分为消耗费用和效益价值两类。为了便于分析，把效益指标又分成可计量的和不可计量的两种。对消耗费用类指标要求越小越好，对效益类指标要求越大越好。成本是指劳动消耗的费用，效益是以价值形式表现的劳动成果或使用价值和收益，分析计算中要求使用净效益和净费用，效益不仅与成本有关，而且还与产品数量有关。它们之间可表示为函数关系。

用成本效益分析法进行多方案比较的标准有两类：侧重于效益比较，即最有效准则；侧重于成本比较，即最经济准则。

成本固定，比较效益大小。此时以效益作为变量，取效益最大的方案。

效益固定，比较成本高低。此时以成本作为变量，取成本最低的方案。

当成本与效益都不固定，即两者都是变量时，则可比较单位成本所取得效益的大小，按两者的比值来决定方案的优劣，比值大者为优。

（2）成本效益分析的步骤。

第一步，根据承办者确定的项目，提出若干实现该项目目标可供选择的方案。

第二步，测算各备选项目或备选方案的成本和收益。在这一步骤中，要明确以下两点内容：

① 界定成本和收益的含义。项目的成本和收益是指该项目的实际成本和实际收益。实际成本是指该项目实际耗用的资源价值。例如，修筑公路，不仅投入构成其成本，而且由此产生的交通运输的污染造成农业产量损失也构成其成本。实际收益则是指该项目的最终消费者获得的收益总和，即社会成员福利的实际增加情况。

② 界定实际成本和实际收益的范围。项目的成本和收益的范围要广泛，这和市场机制领域的范围不同。因为后者只考虑投资者的成本和收益，前者则考虑所有社会成员的成本和收益。实际成本和实际收益有许多类，包括直接的和间接的、有

形的和无形的、中间的和最终的、内部的和外部的等。

对工程项目进行后评价所要考虑的成本和收益是多方面的，包括与该项目直接关联的一切可用货币计量的成本和收益，以及与该项目直接或间接关联的一切无法用货币计量的成本和收益等，因而对其进行测算十分复杂，尤其是以用货币计算的无形的成本和收益。为了解决这一难题，通常是用一些替代的办法求得其近似值。具体而言，一是成本有效性分析法，即对各种备选项目或备选方案对社会的贡献，如果没有市场价格，可通过相互比较推导出人们从该项目中获得的收益；二是影子价格法，即对一些并不存在完全竞争市场价格情况下的公共产品或服务，可用影子价格来估算成本与收益。

计算各备选方案的效益和成本比，这是决定项目是否经济合理的常用方法。

加总各个项目的所有成本和收益，据以估计投资项目的获利能力。

3. 使用价值评价法

使用价值评价法主要用于评价公共管理部门投资项目的目标实现程度。其主要评价步骤为：

（1）确定与项目有关的评价目标。

（2）设计达到这些目标的具体实现步骤，即方案。

（3）结合客观实际，判断这些目标的轻重缓急程度，并按其重要性分别给予不同的权重。

（4）判断各方案对各项目标的实现程度，用各目标的实际实现程度乘以各自的权重，得出各方案的目标实现程度。

（5）各方案的目标实现程度与各方案的成本进行比较，价值系数最大的方案就是最佳方案。

价值系数是功能系数与成本系数的比值；成本系数是以项目概括、预算为基础，根据施工企业自身技术情况及管理水平，结合施工定额进行调整，并计算各分项工程的施工成本与总成本的比值；功能系数是技术经济专家在对多个类似项目的成果资料进行分析的基础上，计算各分项工程的经济技术指标，并根据特定工程项目的技术特点、目标市场客户及建设单位的需求和偏好进行调整，最终确定各分项工程的功能。

功能分析是价值工程的核心和精髓，一般应根据项目的具体情况，从以下三方面来考虑：

（1）设计方面：在施工前期，通过图纸会审，查找设计中存在的问题，如设计标准是否过高、设计内容中有无不必要的功能等。

（2）施工方面：主要是寻找实现设计要求的最佳施工方案，分析施工方法、流水作业、机械设备有无不必要的功能，减少附加值小或无附加值的施工程序。

（3）成本方面：着重于寻求满足质量要求前提下降低成本的途径，选择价值量大的工程及消耗进行重点分析，减少附加值小或无附加值的程序。

4. 逻辑框架法

逻辑框架法（Logic Framework Approach，LFA）是美国国际开发署在 1970 年开发并使用的一种设计、计划和评价的工具，用于项目的规划、实施、监督和评价。目前已有 2/3 的国际组织把逻辑框架法作为援助项目的计划管理和后评价的主要方法。逻辑框架是一种综合、系统地研究和分析问题的思维框架，有助于对关键因素和问题做出系统的合乎逻辑的分析。它主要应用问题树、目标树和规划矩阵三种辅助工具，帮助分析人员厘清项目中的因果关系、目标—手段关系和外部制约条件。

（1）逻辑框架法的模式。逻辑框架法是一种概念化论述项目的方法，即用一张简单的框图来清晰地分析一个复杂项目的内涵和关系，使之更易理解。该方法将几个内容相关、必须同步考虑的动态因素组合起来，通过分析其之间的关系，从设计策划到目的目标等方面来评价一项活动或工作。逻辑框架法为项目计划者和评价者提供一种分析框架，用以确定工作的范围和任务，并通过对项目目标和达到目标所需的手段进行逻辑关系的分析。逻辑框架由 4×4 的模式组成。横行代表项目目标的层次，包括达到这些目标所需要的方法（垂直逻辑），竖行代表如何验证这些目标是否实现（水平逻辑），如表 7-1 所示。

逻辑框架法的模式　　　　　　　　　　　　　　　　表 7-1

层次描述	客观验证指标	验证方法	重要外部条件
目标	目标指标	检测和监督手段及方法	实现目标的主要条件
目的	目的指标	检测和监督手段及方法	实现目的的主要条件
产出	产出物定量指标	检测和监督手段及方法	实现产出的主要条件
投入	投入物定量指标	检测和监督手段及方法	落实投入的主要条件

（2）逻辑框架法的逻辑关系。逻辑框架法把目标及因果关系划分为四个层次，即目标、目的、产出和投入。目标通常是指宏观计划、规划、政策和方针等；目的

是指项目的直接效果和作用，一般应考虑项目为受益目标群带来社会和经济等方面的成果和作用；产出即项目的建设内容或投入的产出物，一般要提供项目可计量的直接结果；投入是指项目的实施过程及内容，主要包括资源的投入量和时间等。垂直逻辑用于分析项目计划做什么。弄清项目手段与结果之间的关系，确定项目本身和项目所在地的社会、物质、政治环境中的不确定因素。

垂直逻辑中的基本要点有项目目标的层次；层次间的因果链；重要的假定条件及前提的含义。水平逻辑的目的是要衡量项目的资源和结果，确立客观的验证指标及其指标的验证方法来进行分析。水平逻辑要求对垂直逻辑四个层次上的结果作出详细说明。由于逻辑框架法能更明确地阐述项目设计者的意图，分析各评价层次间的因果关系，明确描述后评价与其他项目阶段的联系，并适应不同层次的管理需要，所以目前它已成为国外后评价的主要方法。

5. 成功度评价法

成功度评价法是以逻辑框架法分析的项目目标的实现程度和经济效益分析的评价结论为基础，以项目的目标和效益为核心所进行的全面系统的评价。

（1）项目成功度的标准。项目评价的成功度可分为五个等级，如表7-2所示。

项目成功度等级　　　　　　　　　　　　　　　　　　表7-2

等级	等级描述	评价标准
1	完全成功	项目的各项目标已全面实现或超过；相对成本而言，项目取得巨大的效益
2	成功	项目的大部分目标已经实现；相对成本而言，项目达到了预期的效益和影响
3	部分成功	项目实现了原定的部分目标；相对成本而言，项目只取得了一定的效益和影响
4	不成功	项目实现的目标非常有限；相对成本而言，项目几乎没有产生正效益和影响
5	失败	项目的目标是不现实的，无法实现；相对成本而言，项目不得不终止

（2）成功度评价的步骤。在评价具体项目的成功度时，评价人员首先根据具体项目的类型和特点，确定各评价指标相关重要程度，把它们分为"重要""次重要""不重要"三类，在表中第二栏里（相关重要性）填注；然后，测定各项指标的成功度，采用打分制，即按（表7-3）评定标准分别用1、2、3、4、5表示。

之后，通过指标重要性分析和单项成功度的综合，可得到整个项目的总成功度指标，也用1、2、3、4、5表示，填在表的最后一行。在具体操作时，项目评价组成员每人填好一张表后，对各项指标的等级进行内部讨论，或经过必要的数据处理，形成评价组的成功度表（表7-3），再把结论写入评价报告中。

成功度评价表		表 7-3
项目实施评价指标	相关重要性	成功度
经济适应性		
扩大生产能力		
管理水平		
……		
总成功度		

7.2　工程项目运营阶段咨询实务要点

7.2.1　咨询公司从事工程项目后评价的条件和任务

1. 咨询公司从事工程项目后评价的条件

从事后评价工作的咨询公司要具有一定数量的专职后评价工作人员。他们应具有较系统的后评价理论知识，熟悉后评价工作规范，掌握后评价的基本方法，能胜任后评价工作的管理和操作等。后评价队伍要具有科学合理的知识结构、学科结构、职称结构和年龄结构。后评价机构还应具有从社会上不同行业和部门聘请一定权威性专家的条件和能力，并能充分发挥他们的作用进行后评价工作。聘请外部专家参与，既可以弥补执行机构专职评价人员的不足，满足具体项目评价对不同专业人员需要的特殊要求，又能给评价组带来新观念、新思维，提供项目评价所需要的专业技术知识和经验，同时还可以增强后评价的公正性和可信度，有利于提高后评价机构的声誉。

后评价工作机构在独立开展后评价工作前，不仅有从事项目前期评价的实践，而且必须有参与一些项目后评价工作或有关专题方面研究的经历。如果没有这种经历和经验，难以达到后评价工作的要求，难以完成后评价工作任务，难以保证后评价工作的质量，难以实现后评价应有的作用。

2. 咨询公司从事工程项目后评价的任务

咨询公司主要完成的任务包括制订后评价实施计划、建立后评价工程程序、规范后评价方法、建立后评价数据库、进行后评价的行业政策研究、进行具体项目的后评价工作。

7.2.2 工程项目后评价的阶段和程序

1. 项目后评价的阶段

工程项目后评价一般分为以下四个阶段：

（1）项目自评阶段。在项目自评阶段，由项目业主会同行业管理机构按照国家计委或国家开发银行的要求编写项目的自我评价报告，报行业主管或计委、开发银行等部门。后评价项目的自我评价是从项目业主或项目主管部门的角度对项目的实施进行全面的总结，为开展项目后评价做好准备。

项目自我评价的内容基本上与完工报告相同，侧重找出项目在实施过程中的变化以及变化对项目效益等各方面的影响，并分析变化的原因，总结经验教训。

（2）行业或地方初审阶段。在行业或地方初审阶段，由行业或省级主管部门对项目自评报告进行初步审查，提出意见，一并上报。

（3）正式后评价阶段。在正式后评价阶段，由相对独立的后评价机构组织专家对项目进行后评价，通过资料收集、现场调查和分析讨论，提出项目的后评价报告，这一阶段也称之为项目的独立后评价。项目的独立后评价要保证评价的客观公正性，同时要及时将评价结果报告委托单位。为了达到后评价总结经验教训的目的，项目独立后评价的主要任务是，在分析项目完工报告、项目自我评价报告或项目竣工验收报告的基础上，通过实地考察和调查研究，评价项目的结果和项目的执行情况。

（4）成果反馈阶段。反馈是后评价的主要特点，评价成果反馈的好坏是后评价能否达到其最终目的的关键之一。在项目后评价报告的编写过程中应该广泛征求各方面意见，在报告完成之后要以召开座谈会等形式进行发布，同时发布成果报告。反馈是后评价体系中的一个决定性环节，是一个传达和公布评价成果的动态过程，可以保证这些成果在新建或已有项目中以及其他开发活动中得到采纳和应用。后评价反馈系统通过提供和传达已完成项目的执行记录，可以增强项目组织管理的责任制和透明度。反馈过程有两个要素，一是评价信息的报告和扩散，其中包含评价者的工作责任。后评价的成果和问题应该反馈到决策、规划、立项管理、评估、监督和项目实施等机构和部门。二是后评价成果及经验教训的应用，以改进和调整政府的决策程序及相关政策，这是反馈最主要的管理功能之一。在反馈程序里，必须在后评价者及其评价成果与应用者之间建立明确的机制，以保持紧密的联系。

2. 项目后评价的程序

项目后评价的程序一般包括资料收集、现场调查、分析和结论、项目后评价报告。

（1）资料收集。项目后评价的基本资料应包括项目自身的资料、项目所在地区的资料、评价方法的有关规定和指导原则等。项目自身资料一般包括项目自我评价报告、项目完工报告、项目竣工验收报告、项目决算审核报告、项目概算调整报告及其批复文件、项目开工报告及其批复文件、项目初步设计及其批复文件、项目评估报告、项目可行性研究报告及其批复文件等。项目所在地区资料包括地区统计资料、物价信息等。项目后评价方法规定的资料则应根据委托者的要求进行收集。

（2）现场调查。项目后评价现场调查应事先做好充分准备，明确任务，制定调查提纲。调查任务一般应回答的问题包括项目基本情况、目标实现程度、作用和影响。

（3）分析和结论。后评价项目现场调查后，应对资料进行全面认真的分析、回答总体结果、可持续性、方案比选和经验教训等内容。

（4）项目后评价报告。项目后评价报告是评价结果的汇总，是反馈经验教训的重要文件。后评价报告必反映真实情况，报告的文字要准确、简练，尽可能不用过分生的专业化调整；报告内容的结论、建议要和问题分析相对应，并把评价结果与将来规划和政策的制定、修改相联系。

评价报告包括摘要、项目情况、评价内容、主要变化和问题、原因分析、经验教训、结论和建议、基础数据和评价方法说明等。

7.2.3　工程项目后评价报告撰写的主要内容

工程项目后评价报告的内容一般包括项目背景、项目实施评价、效果评价、结论和经验教训四部分。

1. 项目背景

（1）项目情况简述。简单介绍项目的名称、参建单位、建设面积和项目的地址等情况。

（2）项目的目标和目的。简单描述立项的必要性、项目的宏观目标、项目的具体目标和目的、市场前景预测以及与国家、部门或地方规划布局、产业政策和发展战略之间的相关性等。

（3）项目建设内容。项目可行性研究报告中提出的主要产品、运营或服务的内容、品种、规模、项目的投资总额，主要投入和产出情况、效益测算情况和风险分析等。

（4）项目工期。项目原计划工期、项目立项、开工、施工、完工、竣工验收、投产、达到设计能力等实际发生的时间。

（5）项目总投资。项目的投资总额及各建设内容的投资额分布。

（6）资金来源及到位情况。项目批复时对主要资金来源、贷款条件、贷款利率以及资本金比例等资金方面进行的安排。

（7）项目评价的要求。项目自我评价报告的完成时间、项目评价执行者、评价时点、评价程序以及评价的依据和方法。

2. 项目实施评价

项目实施评价要求对项目实施的基本特点进行简单说明，对照可行性研究评估找出实际发生的主要变化，并分析这些变化产生的原因，讨论和评价这些变化对项目实施和效益的影响。项目实施评价的内容包括：

（1）项目前期决策总结。主要是对项目可行性研究报告的评价和批复。

（2）项目设计概述。对项目的设计水平、选用的技术装备水平以及设计规模的合理性等进行评价。对照可行性研究和评估，找出项目设计重大变更的原因并分析其影响，在此基础上提出预防这些变更的对策措施。

（3）项目合同管理。对项目的招标投标以及合同签订、合同执行和合同管理等方面的实施情况进行评价分析，工程承包商、设备材料供应商、工程咨询专家和监理工程师的选择等也是合同评价的重要内容。要对照合同条款，对项目实施中的变化和违约情况及其对项目的影响进行分析和评价。

（4）项目组织管理。组织管理评价主要是指对项目执行机构、借款方和投资者在项目实施过程中的表现和作用进行的评价。在对组织管理进行评价的过程中，要对相关的组织机构、运作机制、监督检查机制、管理人员能力、决策程序、管理信息系统等因素进行逐点分析。

（5）项目实施过程的投资和融资。分析项目总投资的变化及其原因，分清外部原因与内部原因，即分清项目总投资是由于汇率变化、通货膨胀等因素，还是由于工程项目管理方面的问题，并评价投资变化对项目效果的影响程度；对项目主要资金来源和融资成本的变化要认真分析评价，讨论变化的原因及影响，对项目的全投资加权综合利率进行重新测算，并作为项目实际财务效益的对比指标。判断何种因素起主导作用，并有针对性地提出对策措施，为今后其他项目提供参考借鉴。

（6）项目建设实施总结。过程的进度控制、质量控制和投资控制评价。

（7）项目运营情况。根据项目评价时点以前的运营情况，对照可行性研究评估时确定的目标，找出实际运营与预期的差别，分析原因并对项目的未来发展进行预测。

3. 效果评价

效果评价是对项目的成果和作用进行的评价，包括两大部分的内容：对项目所达到和实现的实际效果和作用进行分析评价；根据项目运营和有关情况，预测评价项目未来发展以及可能实现的效益、作用和影响。

（1）项目技术水平评价。关键的技术、设备和工艺，新材料、新工艺的应用，以及应用中取得的效益。

（2）财务状况评价。根据上述项目运营的实际情况及其预测，按照财务分析程序和相关标准的规范，对项目的财务状况进行分析。主要应对项目的债务偿还能力和维持日常运营的财务能力等进行评价。

（3）财务和经济效益的重新评价。一般来说，在项目的评价阶段需要对项目的财务效益和经济效益进行重新测算，要用重新测算得出的相关指标与项目可行性研究评估时的预期值进行对比分析，找出差别并分析其原因。

（4）环境和社会效益评价。对环境和社会效果及影响进行评价的关键是项目相关利益者，重点要分析评价项目相关利益者产生了怎样的影响。具体来说，主要有就业机会、人均收入、环境质量、生态平衡、污染治理等内容。

（5）可持续性评价。项目可持续性评价主要对项目人力资源、组织机构和固定资产等在外部投入结束以后持续发展的可能性进行评价。

4. 结论和经验教训

项目后评价报告的最后部分主要包括项目的综合评价、评价结论、经验教训以及建议对策等内容。

（1）项目的综合评价和评价结论。综合评价对前面几个方面的报告内容进行汇总，从而得出项目实施和成果的定性结论。通常情况下，运用成功度评价方法，作出项目的逻辑框架，对项目的目标合理性、实现程度，及其外部条件进行分析评价。同时，还要求列出项目主要效益指标，对项目的投入、产出和结果等内容进行评价。

（2）经验教训主要包括两个方面：就项目本身而言，所得到的具有该项目特点的重要收获和教训；可供参考的经验教训，这类经验教训可供项目决策者、投资者、借款者和执行者在新项目的决策和实施中提供服务。

（3）建议和措施。根据项目评价报告对问题的分析，提出相应的建议和措施。

第8章

全过程工程造价咨询

工程造价有两种不同的理解：第一种含义，工程造价是指建设一项工程预期开支或实际开支的全部固定资产投资费用。这一含义是从投资者的角度来定义的，包括从项目评估进行决策、设计招标直至竣工验收等一系列投资管理活动所发生的费用。第二种含义，工程造价是指工程价格，即建成一项工程预计或实际在土地市场、设备市场、技术劳务市场以及承发包市场等交易活动中所形成的建筑安装工程的价格和建设工程总价格，也可以理解为建筑工程承发包价格。

全过程造价管理的含义就是把建设总投资费用有效的、合理的控制在限额标准内。前期工程费用、勘测设计工程费用、建筑安装工程费用、设备器具购置费用、建设单位管理费用以及其他工程建设费用等在建设项目上花费的全部费用就是通常所说的工程造价。

工程项目造价管理的目标是按照经济规律的要求，根据社会主义市场经济的发展形势，利用科学管理方法和先进管理手段，合理地确定造价和有效地控制造价，以提高投资效益和建筑安装企业经营效果。

工程项目造价管理的任务是加强工程项目造价的全过程动态管理，强化工程项目造价的约束机制，维护有关各方面的经济效益，规范价格行为，促进微观效益和宏观效益。

8.1 工程项目造价咨询的内容

8.1.1 工程项目各阶段的造价咨询

1. 投资决策阶段的造价控制

建设工程投资决策阶段的工程造价管理是工程造价控制的源头，具有先决性，它对建设全过程的工程造价控制往往起决定性作用，是工程造价管理的一个很重要的阶段。针对投资决策环节来说，应该开展工程可行性探究工作，这样可以有效提升工程的经济性和合理性。在对工程建议书进行审批之后，项目企业可以采用公开招标投标的方式，合理选择工程造价咨询企业，并且建立工程可行性报表。在此环节中，工程造价咨询企业可以给工程企业编制工程建议书，从市场、技术、效益等多方面入手，对工程可行性以及竞技性进行评估和探究，给工程企业决策提供依据。在对工程规模进行明确时，工程造价咨询企业可以结合市场预测、资源预测等来对工程规模进行明确，达到经济合理、技术先进的标准。此外，长期以来，建设项目普遍存在着"三超"现象，即"工程概算超工程估算、工程预算超工程概算、工程决算超工程预算"。而要克服这一现象，使"经批准的投资估算作为建设工程造价的最高限额"，对以后的设计概算、施工图预算和工程竣工结算都起到控制作用。

项目决策阶段的投资估算又可分为以下三种：

（1）项目规划阶段的投资估算，这是肯定或否定一个项目的依据之一；

（2）项目建议书阶段的投资估算，这是建设主管部门审批项目建议书的依据之一；

（3）项目可行性研究阶段的投资估算，这是决策性质的文件，是研究、分析建设项目经济效益的重要依据。本阶段的投资估算是对建设工程造价最大需要值的预测，而不应当是理想中的期望值。

在投资决策阶段，应编制投资估算，在做可行性研究报告时应编制投资估算，由于都是投资估算，所以误差较大。这一阶段建设工程造价控制的难点如下所述：

（1）项目模型还没有，估算难以准确；

（2）此阶段业主往往是为项目能实施，主观意识比较强，投资估算偏小；

（3）投资估算所选用的数据资料信息有时难以真实地反映实际情况。

由于这些分阶段投资估算的编制时间不同，建设方案设计深度不同，投资估算的编制条件及变动因素的不确定性也不尽相同，因此，可针对适时物价、劳动工资、汇率、利率、税率等变动因素，将各分阶段投资估算的静态部分与动态部分区别对待，分别估算，及时调整由上述诸因素引起的价差，及时采用测定造价指数等有效的技术方法，确保投资决策的预期效益。

2. 设计阶段的造价控制

在设计阶段，设计单位应根据业主（建设单位）的设计任务委托书的要求和设计合同的规定，努力将概算控制在委托设计的投资内。在设计阶段内，一般可细分为4个设计阶段；按控制建设工程造价方面分类又可分为如下四个阶段：

（1）方案阶段应根据方案图纸和说明书，做出含有各专业详尽的建安造价估算书。

（2）初步设计阶段。应根据初步设计图纸（含有作业图纸）和说明书及概算定额（扩大预算定额或综合预算定额）编制初步设计总概算；概算一经批准，即为控制拟建项目工程造价的最高限额。

（3）技术设计阶段（扩大初步设计阶段）。应根据图纸、说明书及概算定额（扩大预算定额或综合预算定额）编制初步设计修正总概算。这一阶段往往是针对技术比较复杂，工程比较大的项目而设立的。

（4）施工图设计阶段。应根据施工图纸和说明书及预算定额编制施工图预算，用以核实施工图阶段造价是否超过批准的初步设计概算。以施工图预算为基础进行招标、投标的工程，以经济合同形式确定的承包合同价、结算工程价款的主要依据是中标的施工图预算。

在设计阶段推行限额设计，对于缩短工程建设工期，有效控制工程造价，提高经济效益起着重要作用。限额设计是指按照限定的投资额进行工程设计，确定相应的建设规模和建设标准，确保施工图阶段工程投资不突破概算投资额。也就是说，既要按批准的设计任务书及投资估算控制初步设计及概算，还要按照批准的初步设计总概算控制施工图设计及预算，在保证工程功能的前提下，按各专业分配的造价限额进行设计，严格控制技术设计和施工图设计不合理变更，保证概算、预算起到层层控制的作用，保证总投资限额不被突破。从而为业主筹措资金、控制投资提供较为准确的依据。

设计阶段工程项目造价控制的基本思想是：以预控为主，促使设计在满足功能及质量要求的前提下，不超过计划投资，并尽可能节约投资。为此，就应以初步设计前所匡算的项目计划投资为目标，使初步设计完成后的概算不超过匡算的项目计划投资；技术设计完成后的修正概算不超过概算；施工图设计完成后的预算不超过修正概算。所以在设计的过程中，要进行设计跟踪，及时对设计图纸及工程内容进行估价，及时对设计项目投资与计划投资进行比较。如发现设计投资超过计划投资，则促使修正设计，以保证投资不超过限额。此外，应进行设计方案的技术经济比较，以寻求投资上节约的可能性。

设计阶段的造价控制工作主要包括以下方面：

（1）协助业主编写项目实施的投资计划或投资规划，明确投资目标；

（2）帮助及促使设计者对各设计方案进行技术经济分析及节约挖潜研究，降低工程造价；

（3）对主要设备的选型进行必要的技术经济分析；

（4）协助业主进行设备询价，审查设备采购合同价和有关费用支付的合同条款；

（5）根据业主的总投资目标，审查并控制各项设计的概算金额。

由于选择的设计方案存在差异，导致工程造价结果也会有所不同。通过调查显示，在其他环节一致的状况下，假设设计方案具备较强的技术性和经济性，将会有效减少工程造价。在落实工程项目时，往往结合设计方案来落实，因此，工程进度质量以及造价等内容，在某种程度上将会受到设计质量的影响。在工程结束之后，是否可以获取良好的经济效益，也会受到初期设计方案的影响。所以，在设计环节中，工程造价咨询企业应该给予高度关注。在进行工程设计时，项目企业应该合理选择设计方案，并且由工程造价咨询企业提供相应的针对性建议，结合设计方案，对造价加以预测，之后对其进行比较探究，给工程企业选择设计方案提供依据。在明确设计方案之后，随着设计的逐渐深入，工程企业需要对项目造价有所认识，也就是根据设计方案，对工程完毕后资金投放情况进行确定，给成本管理工作的落实奠定基础。一般状况下，在落实设计工作之后，需要选择承包企业。对于招标情况，工程造价咨询企业可以给客户提供合理的招标方案，制定招标报表。有需要的话，可以给工程企业提供招标标底以及招标报价对比等咨询服务。

3. 招标投标阶段的造价控制

招标投标阶段工程造价管理的任务主要有以下三个方面：

（1）在批准的概算、预算限额以内，在满足工程质量和工期要求的条件下，确定出合理的业主标底；

（2）根据工程的性质和特点，制定出评标办法；

（3）与工程造价有关的合同条款的制定。

三者之间相互联系，应综合考虑，以达到相对最优效果。

建设工程施工招标标底编制主要采用工料单价法和综合单价法。

（1）工料单价法。根据施工图纸及技术说明，按照预（概）算定额确定的分部分项工程子目，逐项计算出工程量，再套用定额单价（或单位估价表）确定直接费，然后按规定的费用定额确定其他直接费、现场经费、间接费、计划利润和税金，还要加上材料调价系数和适当的不可预见费，汇总后即为工程预算，也就是标底的基础。在此基础上还必须考虑以下因素：

① 标底必须反映目标工期的要求，将目标工期对照工期定额，按提前天数给出必要的赶工费和奖励，并列入标底；

② 标底必须反映招标方的质量要求，造价的确定应该体现优质优价；

③ 标底必须考虑建筑材料采购渠道和市场价格的变化，考虑材料差价；

④ 标底必须考虑招标工程的自然地理条件和招标工程范围。

（2）综合单价法。运用综合单价法编制标底分部分项工程的单价，应包括人工费、材料费、机械费、其他直接费、间接费，有关文件规定的调价、利润、税金以及采用固定价格的风险金等全部费用。综合单价确定后，再与各分部分项工程量相乘汇总，即可得到标底价格。

合同条款中有关工程造价的内容包括：

（1）合同类型。按计价方式不同，合同类型有总价合同、单价合同、成本加酬金合同等形式，应根据招标工程的具体情况确定合同类型，做好工程造价控制工作。

（2）工程款的支付方式。工程款的支付包括预付款的支付与扣回方式、进度款的支付、质保金的数量与支付方式等工程款的结算。工程款的支付不仅是对承包商完成建筑产品价值的补偿，同时也是对承包商进行管理和控制工程造价的手段。

（3）合同价的调整。工程变更是工程建设中无法避免的，应本着合理定价和有效控制的基本原则来进行变更工程的造价管理。因此，在合同条款中，对合同价调整的范围和调整的方法应予以明确。

4. 施工环节的造价管控

项目实施是将建设项目的规划、设计方案转变为工程实体的过程。这个过程是工程建设资金的主要使用阶段。因此，工程施工到工程竣工，对建设资金的控制管理，在全过程资金管理中占有很重要的地位，直接影响着工程质量和效益。在工程项目的可行性研究和初步设计等前期阶段，造价管理的主要任务是优化设计方案，合理预测工程投资。而在工程实施阶段，如何将实际造价控制在预测值之内，如何科学地使用建设资金是造价管理的主要目标和任务。

针对施工环节来说，需要由工程企业、监理企业以及施工企业一同落实，此环节的投资管控，一般交由工程监理企业来落实。然而，长时间以来，因为受到诸多因素的影响，监理企业一般把工作重心放置在工程质量监管方案，没有给予工程投资高度注重，此项工作一般交由工程企业来落实。在工程施工环节中，工程企业需要承担诸多工作，例如工程造价管理、合同管理、工程施工管理等。鉴于这些诉求，工程造价咨询企业可以接受工程企业的委托，对工程进度进行管控，做好工程造价估测工作，对存在变更情况，明确变更后产生的影响，有针对性提供给服务，确保工程造价始终把控在合理范畴内。

在该阶段，造价工程师应对施工组织设计认真审核，采用技术经济比较的方法进行综合评审，把计划投资额作为投资控制的目标值，定期分析目标值与实际投资值之间产生偏差的原因，重点审核施工组织设计中因采用各种不合理施工措施所增加的费用。对于发生的工程变更，要仔细审查每一个子目的单价、数量和众额的变化情况，实行事前把关，主动监控，确保投资控制目标的实现。施工过程中往往出现索赔的现象，承包商总是寻找一切机会，既希望索取费用赔偿，更想得到利润和工期补偿，作为造价工程师就应该精通施工合同条款，熟悉工程项目的专业技术标准，维护合同双方的合法权益。

工程项目实施阶段在控制工程造价方面可从如下五点着手：

（1）仔细审查合同标价、工程量清单、基本单价和其他有关文件；

（2）正确进行工程计量，复核工程付款账单，按规定进行工程价款结算；

（3）正确理解设计意图，严格控制设计变更，对设计不妥的地方及时更改；

（4）熟练运用定额，合理进行现场签证；

（5）审查施工组织设计，选择合理的施工方案，有效控制造价。

5. 竣工结算环节造价管控

竣工结算造价环节一般是对相关数据进行汇总和明确，在此环节中，工程造价咨询企业的职责在于工程造价结算核查以及工程评估两项内容。在项目落实完成交付之后，工程企业通常会聘请具备专业资历的工程造价咨询企业来对工程结算进行审核，以此确保工程结算精准、合理。工程造价咨询企业需要给工程企业核查施工企业编制的工作结算，找出结算中存在的问题，进而明确最终造价，出具核查凭证，给后续工程提供数据参考。

建筑工程竣工决算是整个工程造价控制最重要的一环。竣工决算如何能忠实地反映整个工程的实际造价，也反映了发包方和承包方对工程造价管理的能力，及时办好工程竣工决算必须收集、整理竣工结算资料，包括工程竣工图、设计变更通知、各种签证材料等。这些资料的收集和取证还必须注意其有效性。

1）竣工结算审计重点：

（1）工程量的审核。工程量审核是结算中最基础的，它直接影响计算工程直接费和其他各项费用，它的准确与否，直接关系到工程造价的高低，工程量的计算是编制结算最烦琐的环节，是计算规则多，工程量大，最容易出现多算、重算或漏算的地方，因此，必须根据竣工图纸及其他相关资料以及现场情况对工程量的准确性进行核实，从中审查出由于计算上的错误所造成的工程量与图纸和施工现场不符的项目，特别是一些施工单位预算人员做结算时有意加大工程量和重复计算的情况。

（2）定额套价的审核。错套定额、重复套取定额在结算中经常出现，有些施工单位在套用工程预算定额时，本来定额中已包括的工作内容，硬要单列项目，重复套用定额，故意加大工程造价。

（3）取费标准的审核。工程结算是由直接费、间接费、计划利润和税金等费用组成，取费占直接费的 25% 左右。因此，要确定取费标准和准确套用各项费率，取费基础是非常重要的。

（4）建筑材料用量及价差的审核。一般来说，土建工程材料费用占建筑工程造价总费用的 70% 左右。近几年，建筑市场材料变化很大，建设单位对建筑材料用量控制还有很多漏洞，通过审计，可以纠正材料结算费用高的现象，以控制工程造价、提高投资效果。材料供应有两种方式，一是乙方购买材料，工程竣工时甲乙双方按乙方提供的材料价格和地方定额站颁布的指导价进行结算。这种方式施工单位在材料供应上容易弄虚作假。二是由甲方组织采购，甲方按实际价格或预算价格供给乙方，甲方采购其好处有利于对质量和数量的控制，但其不足是：首先，甲方在人力、物力方面投入较大；其次，甲方供应材料一旦出现漏洞，就成了乙方索赔费用的借口。从工程审计实践来看，材料供应最好采用甲方订货，乙方与供货单位签订采购合同并组织进料，甲方监督检查数量和质量。这样既控制了材料价格，又监督了材料质量，必要时，甲方将材料款直接拨付给供料单位，也防止乙方挪用材料款，确保工程材料款及时到位，加快工程进度，降低工程造价。总之，工程材料费的管理是一项专业性较强且工作量又大又复杂的工作。

（5）隐蔽工程记录、变更、签证单的审核。在工程结算中，隐蔽工程的签证常引起争议，因为签证人员往往重视技术及时间，忽视了计费问题，结果签证中出现了在定额内已包括的内容重复签证的现象。隐蔽工程现场管理不好，审计人员实施审计时很被动，工程初期就要为结算着想，做好隐蔽签证，减少竣工结算时的扯皮现象。

2）竣工结算存在的主要问题分为以下三项：

（1）违反工程量计算规则，重算、多算或少算工程量，违反规定，混淆各分项工程的尺寸界限，重算工程量；违反规定，应扣除的工程量不扣除；不同规格的分项工程混合计算；按规定应合并计算的工程量分开计算；定额中已包括在一起的工作内容，另计工程量；预算中已计算的工程量实际未施工，结算时不扣除；由于计算疏忽漏算工程量；包工不包料的工程不扣除材料、机械、运输费等。

（2）违反定额规定，高套定额，多计工程直接费；违反定额规定，同一类分项工程高套定额；定额中包括的工作内容，工程量分开计算，套用两个定额单价；结构相似而定额分别定价，则就高不就低，高套定额单价；不同规格的分项工程，工程量混合计算，造成高套定额；自行提高定额单价强调材料规格与定额不同；建设单位提供的水电费用在结算中不扣除；定额允许换算的分项工程，任意提高材料消耗量，造成换算定额不合规定；多算钢筋调整量，加大钢筋混凝土的含钢量。

（3）违反取费规定和标准，乱计取费；违反规定，随意套用取费基数多取费用；材料差价不实事求是计算；不允许计算直接费的材料价格也计算在内，加大取费基数以提高工程造价；同一项工程不同专业不能按其中一个专业同时取费。

8.1.2 全过程造价管理的控制项目

工程项目造价的合理确定就是在建设各个程序的各个阶段，合理确定投资估算、概算造价、预算造价、承包合同价、结算价、竣工决算价。

（1）在项目建议书阶段，按照有关规定，应编制初步投资估算。经主管部门批准，作为拟建项目列入国家中长期计划和开展前期工作的控制造价；

（2）在可行性研究阶段，按照有关规定编制的投资估算，经有关职能部门批准，即为该项目控制造价；

（3）在初步设计阶段，按照有关规定编制的初步设计总概算，经有关职能部门批准，即作为拟建项目工程造价的最高限额。对初步设计阶段，实行建设项目招标投标承包制签订承包合同协议的，其合同价也应在最高限价（总概算）相应的范围以内；

（4）在施工图设计阶段，按规定编制施工图预算，用以核实施工图阶段预算造价是否超过批准的初步设计概算；

（5）对施工图预算为基础招标投标的工程，承包合同价也是以经济合同形式确定的施工项目造价；

（6）在工程实施阶段，要按照承包方实际完成的工程量，以合同价为基础，同时考虑因物价上涨所引起的造价提高，考虑到设计中难以预计的而在施工阶段实际发生的工程和费用，合理确定结算价；

（7）在竣工验收阶段，全面汇集在工程建设过程中实际花费的全部费用，编制竣工决算，如实体现该施工项目的实际造价。

有效控制工程项目造价应体现以下三个原则：

（1）以策划阶段、设计阶段为重点的建设全过程造价控制。工程项目造价控制贯穿于项目建设全过程，但是必须重点突出。很显然，工程项目造价控制的关键在于项目实施前的投资决策和设计阶段。而在项目做出投资决策后，控制工程项目造价的关键在于设计。据西方一些国家分析，设计费一般只相当于建设工程全部寿命费用的 1% 以下，但正是这少于 1% 的费用，却对施工项目造价的影响度占 75% 以上。由此可见，设计质量对整个项目建设的效益是至关重要的。

（2）主动控制，以取得令人满意的结果。一般说来，造价工程师的基本任务是对建设工程项目的建设工期、工程项目造价和工程质量进行有效的控制。为此，应根据业主的要求及建设的客观条件进行综合研究，实事求是地确定一套切合实际的衡量准则。只要造价控制的方案符合这套衡量准则，取得令人满意的结果，则应该说造价控制就达到了预期的目标。

（3）技术与经济相结合是控制工程项目造价最有效的手段。要有效地控制工程项目造价，应从组织、技术、经济等多方面采取措施。从组织上采取的措施包括明确项目组织结构、明确造价控制者及其任务、明确管理职能分工；从技术上采取措施，包括重视设计多方案选择，严格审查监督初步设计、技术设计、施工图设计、施工组织设计，深入技术领域研究节约投资的可能；从经济上采取措施，包括动态地比较造价的计划值和实际值，严格审核各项费用支出，采取对节约投资的有力奖励措施等。

根据建设项目的实施进度以及管理的内容和管理侧重点不同，可以将建设项目的阶段划分为投资决策阶段、设计阶段、招标投标阶段、实施阶段、竣工验收结算。其中，实施阶段中还包括项目施工和项目采购两个方面内容。

8.1.3 工程造价的计价方式

1. 定额计价方法

定额计价模式是我国长期以来在工程价格形成中采用的计价模式。这种模式是以虚拟的建筑安装产品为对象，制定统一的概算和预算定额及单位估价表，计算出每一单元项（分项工程或结构构件）的费用后，综合形成整个项目的造价。工程定额包括许多种类的定额，如按定额的用途划分，有概算定额、预算定额、施工定额、补充定额等；如按反映的生产要素消耗内容划分，有劳动消耗定额、机械消耗定额、材料消耗定额等。定额计价的特点就是量和价的结合。概预算的单位价格的形成过程，就是依据概预算定额所确定的消耗量乘以定额单价或市场价，经过分部组合的计价达到量与价的结合过程。

我国现行的定额计价有两种计价方式，一种是单位估价法。它是运用定额单价计算的，其具体过程就是首先按定额规定的分部分项子目，逐项计算工程量；然后查定额单价（基价），与相对应的分项工程量相乘，得出各分项工程的人工费、材料费、机械费，再将各分项工程的上述费用相加，得出分部分项工程的直接费；然后按规定的取费标准确定其他直接费、现场经费、间接费、计划利润和税金，加上材料调差系数和适当的不可预见费，经汇总后形成整个工程的价格即为工程造价。另一种是实物估价法，它首先计算工程量，然后套基础定额，计算人工、材料和机械台班消耗量，将所有分部分项工程资源消耗量进行归类汇总，再根据当时、当地的人工、材料、机械单价、计算并汇总人工费、材料费、机械使用费，得出分部分项工程直接费。在此基础上再计算其他直接费、现场经费、间接费、利润和税金，将直接费与上述费用相加，即可得出单位工程造价。

（1）定额项目的消耗量。定额消耗量是指在施工企业科学组织施工生产和资源要素合理配置的条件下，规定消耗量在单位假定建筑产品上的劳动、材料和机械的数量标准。从现行概预算定额中分离出来的定额中的资源消耗量，是经过科学测定的量化标准。它是国家宏观调控资源要素合理配置的重要工具和手段，也是施工企业通过施工活动，保证产品质量，合理计算建筑产品价值量的重要参考。在市场经济条件下，定额量作为概预算计价的重要基础依据。

（2）定额项目的工程定额单价。工程单价，一般是指单位假定建筑产品的不完全价格。通常指建筑安装工程的预算单价和概算单价。工程定额单价与完整的建筑产品（如单位产品和最终产品）价值在概念上是完全不同的一种单价。完整的建筑产品单价，是建筑物在真正意义上的全部价值，即完全成本价值加上利税。定额中单位假定建筑产品的工程定额单价，不是可以独立发挥建筑物价值的价格，也不是单位假定建筑产品的完整价格。因为这种工程单价仅是由某一单位工程直接费中的人工、材料和机械费构成，没有包含间接费用、利润和税金。工程定额单价是以概预算定额量为依据编制概预算时采用的一个特殊术语，是通过定额量确定建筑安装概预算要素直接费的基本计价依据。它不同于清单方式下的综合单价（也称为全费用单价，综合单价不仅包含了定额方式下单价包含的人工、材料和机械费，而且包含了其他直接费、措施费用、间接费用、利润等工程的全部费用，所以称为全费用单价，尽管如此，这种分部分项的综合单价仍然不是建筑产品的完全价格，因为它没有包含规费和税金）。

工程定额单价也不同于市场价格。工程定额单价属于计划价格，是国家或地方价格管理部门有计划地制定和调整的价格。而市场价格是市场经济规律作用下的市场成交价，是完整商品意义上的商品价值的货币表现，它属于自由价格，是受市场调节的一种市场价。工程定额单价虽然相对稳定，但是管得过严、过死，不适应市场竞争和企业自主定价的要求，不能及时反映建筑产品价值变化和供求变化，而市场价则比较灵活，能及时反映市场行情，有利于要素资源的合理配置和市场供求价格变化，但市场价也带有一定的自发性和盲目性。

编制工程定额单价的方法，就是工、料、机的消耗量和工、料、机的单价结合的过程。计算公式如下：

$$基本直接费单价＝人工费＋材料费＋施工机械使用费$$

式中，
$$人工费＝\Sigma（人工工日数量 \times 人工日工资标准）$$
$$材料费＝\Sigma（材料用量 \times 材料预算价格）$$
$$机械使用费＝\Sigma（机械台班用量 \times 台班单价）$$

2. 工程量清单计价方法

（1）工程量清单计价模式是一种主要由市场来定价的模式。它是由买方和卖方在建设市场上根据供求状况、信息状况进行自由竞价，从而最终能够签订工程合同价格的方法，是一种区别于定额计价模式的新计价模式。从定额计价模式到工程量清单计价模式的演变是伴随着我国建设产品价格的市场化过程进行的。因此工程量清单计价模式是在建设市场建立、发展和完善过程中的必然产物。工程量清单计价是指投标人完成由招标人提供的工程量清单所需的全部费用，包括分部分项工程费、措施项目费、其他项目费、规费和税金。工程量清单计价方式，是在建设工程招标投标中，招标人自行或委托具有造价咨询资质的中介机构编制，反映工程实体消耗和措施性消耗的工程量清单，并作为招标文件的部分提供给投标人，由投标人依据工程量清单自主报价的计价方式。在工程招标中采用工程量清单计价是国际上较为通行的做法，也是目前国内采用的主要方法。

（2）工程量清单计价的基本原理：根据设置的统一工程量清单项目及工程量清单计量规则，针对具体工程的施工图纸计算出各个清单项目的工程量，再依据所获得的经验数据及工程造价信息计算得到工程造价。其编制过程可以分为两个阶段：招标对工程量清单的编制和投标方利用工程量清单来编制投标报价。工程量清单计价模式遵循客观、公平、公正的原则，体现了由企业自主报价、由市场形成价格的思想。工程量清单计价包括编制招标标底、投标报价、合同价款的确定和办理工程结算等。工程量清单计价采用综合单价计价。综合单价是有别于现行定额工料单价计价的一种单价计价方式，包括完成规定计量单位合格产品所需的人工费、材料费、机械使用费、管理费、利润，并考虑风险因素，即包括除规费、税金以外的全部费用。综合单价适用于分部分项工程量清单、措施项目清单和其他项目清单。分部分项工程量清单的综合单价不包括招标人自行采购材料的价款。

① 标底的编制。招标工程如设标底，标底应根据招标文件中的工程量清单和有关要求、施工现场实际情况、合理的施工方法以及按照省、自治区、直辖市建设行政主管部门制定的有关工程造价计价办法进行编制。

② 投标报价。投标报价应根据招标文件中的工程量清单和有关要求、施工现场实际情况及拟定的施工方案或施工组织设计，依据企业定额和市场价格信息，或参照建设行政主管部门发布的社会平均消耗量定额进行编制。计价过程如下：

A. 分部分项工程量清单的综合单价，按设计文件或参照"计价规范"附录中的"工程内容"确定。分部分项工程的综合单价包括以下内容：

a. 分部分项工程主体项目的每个清单计量单位的人工费、材料费、机械费管理费和利润；

b. 在不同条件下施工需增加的人工费、材料费、机械费、管理费和利润；

c. 在不同时期应调整的人工费、材料费、机械费、管理费和利润。

分部分项工程综合单价的制定，可参考建设行政主管部门颁发的消耗量定额或企业定额。若套用企业定额，投标报价时，除按招标文件的要求填写分部分项工程量清单外，招标人一般还要求附上相应的综合单价分析和说明，便于评标定标。

分部分项工程费＝分部分项工程量 × 分部分项工程综合单价

B. 措施项目清单的金额，应根据拟建工程的施工方案或施工组织设计，详细分析其所含的工程内容，参照"计价规范"规定的综合单价组成确定。措施项目不同，其综合单价组成内容可能有差异，表中所列的措施项目名称、计算方法及说明，仅供工程招标投标双方参考，计算时按招标文件或合同约定执行。招标人提出的措施项目清单是根据一般情况提出的，没有考虑不同投标人的特点，因此投标人在报价时，应根据本企业的实际情况，调整措施项目的内容及报价。编制人员没有计算或少计算费用，视为此费用已包括在其他费用内额外的费用除招标文件和合同约定外，不予支付。

措施项目费＝Σ措施项目工程量 × 措施项目综合单价

C. 其他项目清单的金额，应按：招标人部分的金额可按估算金额确定；投标人部分的总承包服务费根据招标人提出要求所发生的费用确定；零星工作项目费根据"零星工作项目计价表"确定。其他项目清单中的预留金、材料购置费和零星工作项目费均为估算、预测数量，虽在投标时计入投标人的报价中，但不为投标人所有，工程结算时，应按约定和承包人实际完成的工作量结算，剩余部分仍归招标人所有。

其他项目费＝招标人部分费用＋投标人部分费用

D. 单位工程报价＝分部分项工程费＋措施项目费＋其他项目费＋规费＋税金。

E. 单项工程报价＝Σ单位工程报价。

F. 建设项目总报价＝Σ单项工程报价。

（3）工程量变更及其计价。合同总综合单价因工程量变更需调整时，除合同另有约定外，应按下列办法确定：

① 工程量清单漏项或设计变更引起新的工程量清单项目，其相应综合单价由承包人提出，经发包人确认后作为结算的依据。

② 由于工程量清单的工程数量有误或设计变更引起工程量增减，属合同约定幅度以内的，应执行原有的综合单价；属合同约定幅度以外的，其增加部分的工程

量或减少后剩余部分的工程量的综合单价由承包人提出，经发包人确认后，作为结算依据。

由于工程量的变更，且实际发生了规定以外的费用损失，承包人可提出索赔要求，与发包人协商确认后，给予补偿。

3. 双轨制计价方法

定额是我国历年工程造价工作人员心血的结晶，定额计价是我国工程造价中的传统计价方法。而工程量清单计价是我国为适应市场经济、融入国际工程造价领域，从 2003 年正式大力推行的一种计价方式。目前，现行的工程造价管理模式是定额计价方式与工程量清单计价方式两者并存的状况。即单位估价法（工料单价法）与综合单价法（工程量清单计价法）两者并存，形成"双轨制"的局面。在实际工程计价中，投资估算、设计概算及施工图预算的编制以定额计价为主，投标报价和招标控制价以工程量清单计价为主，过程变更、工程结算根据施工合同的约定以定额计价和工程量清单计价双轨方式执行管理为主（表 8-1）。

各类型合同的计价方式　　　　　表 8-1

序号	合同名称	合同类型	甲方	乙方	计价方式 总价 / 单价	履约保函比例	预付款比例
1	代建合同	咨询	建设单位	代建单位	成本加酬金		
2	工程监理	咨询	代建单位	监理单位	可调价格		
3	施工总承包	总承包	代建单位	施工总承包	固定单价	10%	15%
4	幕墙分包	拟分包	代建单位 施工总承包	幕墙分包单位	固定单价	10%	10%
5	装饰装修	拟分包	代建单位 施工总承包	装饰装修单位	固定总价	10%	10%
6	铝板供应合同	拟采购	代建单位 幕墙分包	铝板供应商	固定单价	10%	10%

8.2　工程项目造价咨询实务要点

8.2.1　工程价款结算

工程价款结算是工程项目承包履约过程中的一项十分重要的工作，主要表现在：

（1）工程价款结算是反映工程进度的主要指标；

（2）工程价款结算是加速资金周转的重要环节；

（3）工程价款结算是考核经济效益的重要指标。

1. 工程价款的主要结算方式

（1）按月结算。实行旬末或月中预支，月终结算，竣工后清算的方法。跨年度竣工的工程，在年终进行工程盘点，办理年度结算。我国现行建筑安装工程价款结算全面推行过程结算的方式，相当一部分是实行按月结算。

（2）竣工后一次结算。建设项目或单项工程全部建筑安装工程建设期在 12 个月以内，或者工程承包合同价值在 100 万元以下的，可以实行工程价款每月月中预支，竣工后一次结算。

（3）分段结算。分段结算可以按月预支工程款。分段的划分标准由各部门、自治区、直辖市、计划单列市规定。

对于以上三种主要结算方式的收支确认，国家财政部在实行的《企业会计准则—建造合同》中作了如下规定：

实行月末或月中预支，月终结算，竣工后清算办法的工程合同应分期确认合同价款收入的实现，与发包单位进行已完工程价款结算时，确认为承包合同已完工部分的工程收入实现，本期收入额为月终结算的已完工程价款金额。实行合同完成后一次结算工程价款办法的工程合同，应于合同完成，施工企业与发包单位进行工程合同价款结算时，确认为收入实现，实现的收入额为承发包双方结算的合同价款总额。实行按工程形象进度划分不同阶段、分段结算工程价款办法的工程合同，应按合同规定的形象进度分次确认已完阶段工程收益的实现。即应于完成合同规定的工程形象进度或工程阶段，与发包单位进行工程价款结算时，确认为工程收入的实现。

（4）目标结款方式。即在工程合同中，将承包工程的内容分解成不同的控制界面，以业主验收控制界面作为支付工程价款的前提条件。也就是说，将合同中的工程内容分解成不同的验收单元，当承包商完成单元工程内容并经业主（或其委托人）验收后，业主支付构成单元工程内容的工程价款。目标结款方式实质上是运用合同手段、财务手段对工程的完成进行主动控制。

（5）结算双方约定的其他结算方式。

2. 工程预付款及其计算

（1）预付备料款的限额。决定预付备料款限额的主要因素包括主要材料（包括外购构件）占工程造价的比重；材料储备期；施工工期。对于施工企业常年应备的备料款限额可按下式计算：

备料款限额＝年度承包工程总值 × 主要材料所占比重 ÷ 年度施工的历天数
× 材料储备天数

一般建筑工程不应超过当年建筑工作量（包括水、电、）的30%，安装工程按年安装工作量的10%；材料占比重较多的安装工程按年计划产值的15%左右支付。

（2）备料款的扣回。发包单位交付给承包单位的备料款在工程实施后，随工程主要材料储备的逐步减少，应以抵充工程价款的方式陆续扣回。扣款的方法如下：

① 可以从未施工工程尚需的主要材料及构件的价值相当于备料款数时起扣，从每次结算工程价款中，按材料比重扣抵工程价款，竣工前全部扣清。

② 扣款的方法也可以在承包方完成金额累计达到合同总价的一定比例后，由承包方开始向发包方还款，发包方从每次应付给承包方的金额中扣回工程预付款，发包方至少在合同规定的完工期前将工程预付款的总计金额逐次扣回。

3. 工程进度款的支付

施工企业在施工过程中，按逐月（或形象进度、控制界面等）完成的工程数量计算各项费用，向建设单位（业主）办理工程进度款支付（即中间结算）。在工程进度款支付过程中，应遵循如下要求：

（1）工程量的确认。根据有关规定，工程量的确认应做到：

① 承包方应按约定时间，向工程师提交已完工程量的报告。

② 工程师收到承包方报告后7天内未进行计量，第8天起，承包方报告中开列的工程量即视为已被确认，作为工程价款支付的依据。

③ 工程师对承包方超出设计图纸范围和（或）因自身原因造成返工的工程量，不予计量。

（2）合同收入的组成。

① 合同中规定的初始收入，即建造承包商与客户在双方签订的合同中最初商定的合同总金额，它构成了合同收入的基本内容。

② 因合同变更、索赔、奖励等构成的收入，这部分收入并不构成合同双方在签订合同时已在合同中商定的合同总金额，而是在执行合同过程中由于合同变更、索赔、奖励等原因而形成的追加收入。

（3）工程进度款支付。原国家工商行政管理总局、住房和城乡建设部颁布的《建设工程施工合同（示范文本）》中对工程进度款支付作了如下详细规定：

① 工程款（进度款）在双方确认计量结果后 14 天内，发包方应向承包方支付工程款（进度款）。按约定时间发包方应扣回的预付款与工程款（进度款）同期结算。

② 符合规定范围的合同价款调整、工程变更调整的合同价款及其他条款中约定的追加合同价款，应与工程款（进度款）同期调整支付。

③ 发包方超过约定的支付时间不支付工程款（进度款），承包方可向发包方发出要求付款通知，发包方收到承包方通知后仍不能按要求付款的，可与承包方协商签订延期付款协议，经承包方同意后可延期支付。协议须明确延期支付时间和从发包方计量结果确认后第 15 天起计算应付款的贷款利息。

④ 发包方不按签订合同支付工程款，双方又未达成延期付款协议，导致施工无法进行，承包方可停止施工，由发包方承担违约责任。

4. 质量保证金的预留和返还

建设工程质量保证金是指发包人与承包人在建设工程承包合同中约定，从应付的工程款中预留，用以保证承包人在缺陷责任期内对建设工程出现的缺陷进行维修的资金。质量保证金的计算额度不包括预付款的支付、扣回已经价格调整的金额。

（1）承发包双方的约定。发包人应当在招标文件中明确保证金预留、返还等内容，并与承包人在合同条款中对涉及保证金的下列事项进行约定：

① 保证金预留、返还方式。

② 保证金预留比例、期限。

③ 保证金是否计付利息，如需计付利息，则应约定利息的计算方式。

④ 缺陷责任期的期限及计算方式。

⑤ 保证金预留，返还及工程维修质量、费用等争议的处理程序。

⑥ 缺陷责任期内出现缺陷的索赔方式。

（2）保证金的预留。从第一个付款周期开始，在发包人的进度付款中，按约定比例扣留质量保证金，直至扣留的质量保证金总额达到专用条款约定的金额或比例为止。全部或者部分使用政府投资的建设项目，按工程价款结算总额 3% 的比例预留保证金。社会投资项目采用预留保证金方式的，预留保证金的比例可参照执行。

（3）保证金的返还。缺陷责任期内，承包人认真履行合同约定的责任；约定的缺陷责任期满，承包人向发包人申请返还保证金；发包人在接到承包人返还保证金申请后，应于 14 日内会同承包人按照合同约定的内容进行核实。如无异议，发包人应当在核实后 14 日内将保证金返还给承包人，逾期支付的，从逾期之日起，按照同期银行贷款利率计付利息，并承担违约责任。发包人在接到承包人返还保证金申请后 14 日内不予答复，经催告后 14 日内仍不予答复，视同认可承包人的返还保证金申请。缺陷责任期满时，承包人没有完成缺陷责任的，发包人有权扣留与未履行责任剩余工作所需金额相应的质量保证金余额，并有权根据约定要求延长缺陷责任期，直至完成剩余工作为止。

5. 工程竣工结算及其审查

（1）工程竣工结算的含义及要求。工程竣工结算是指施工企业按照合同规定的内容全部完成所承包的工程，经验收质量合格，并符合合同要求之后，向发包单位进行的最终工程价款结算。《建设工程施工合同（示范文本）》中对竣工结算作了详细规定：

① 工程竣工验收报告经发包方认可后 28 天内，承包方向发包方递交竣工结算报告及完整的结算资料，双方按照协议书约定的合同价款及专用条款约定的合同价款调整内容，进行工程竣工结算。

② 发包方收到承包方递交的竣工结算报告及结算资料后 28 天内进行核实，给予确认或者提出修改意见。发包方确认竣工结算报告后通知经办银行向承包方支付工程竣工结算价款。承包方收到竣工结算价款后 14 天内将竣工工程交付发包方。

③ 发包方收到竣工结算报告及结算资料后 28 天内无正当理由不支付工程竣工结算价款，从第 29 天起按承包方同期向银行贷款利率支付拖欠工程价款的利息，并承担违约责任。

④ 发包方收到竣工结算报告及结算资料后 28 天内不支付工程竣工结算价款，承包责任。方可以催告发包方支付结算价款。发包方在收到竣工结算报告及结算

资料后 56 天内仍不支付的，承包方可以与发包方协议将该工程折价，也可以由承包方申请人民法院将该工程依法拍卖，承包方就该工程折价或者拍卖的价款优先受偿。

⑤ 工程竣工验收报告经发包方认可后 28 天内，承包方未能向发包方递交竣工结算报告及完整的结算资料，造成工程竣工结算不能正常进行或工程竣工结算价款不能及时支付，承包方要求交付工程的，承包方应当交付；发包方不要求交付工程的，承包方承担保管责任。

⑥ 发包方和承包方对工程竣工结算价款发生争议时，按争议的约定处理。

在实际工作中，当年开工、当年竣工的工程，只需办理一次性结算。跨年度的工程，在年终办理一次年终结算，将未完工程结转到下一年度，此时竣工结算等于各年度结算的总和。办理工程价款竣工结算的一般公式为：

工程竣工结算价款＝预算（概算）成合同价款＋施工过程中调整预算或

合同价款调整数额－预付及已结算工程价款－保修金

（2）工程竣工结算的审查。工程竣工结算审查是竣工结算阶段的一项重要工作。经审查核定的工程竣工结算是核定建设工程造价的依据，也是建设项目验收后编制竣工决算和核定新增固定资产价值的依据。因此，建设单位、监理公司以及审计部门等都十分关注竣工结算的审核把关。

一般重点关注以下七个方面：

① 核对合同条款。

② 检查隐蔽验收记录。

③ 落实设计变更签证。

④ 按图核实工程数量。

⑤ 认真核实单价。

⑥ 注意各项费用计取。

⑦ 防止各种计算误差。

6. 工程价款价差调整的主要方法

（1）工程造价指数调整法。这种方法是甲乙方采用当时的预算（或概算）定额单价计算出承包合同价，根据合理的工期及当地工程造价管理部门所公布的该月度（或季度）的工程造价指数，对原承包合同价予以调整，重点调整那些由于实际人工费、材料费、施工机械费等费用上涨及工程变更因素造成的价差，并对承包商给以调价补偿。

（2）实际价格调整法。在我国，由于建筑材料需要市场采购的范围越来越大，有些地区规定对钢材、木材、水泥三大材的价格采取按实际价格结算的方法。工程承包商可凭发票按实报销，这种方法方便而正确。但由于是实报实销，因而承包商对降低成本不感兴趣，为了避免副作用，地方主管部门要定期发布最高限价，同时合同文件中应规定建设单位或工程师有权要求承包商选择更廉价的供应来源。

（3）调价文件计算法。这种方法是甲乙方采取按当时的预算价格承包，在合同工期内，按造价主管部门调价文件的规定，进行抽料补差，在同一价格期内按所完成的材料用量乘以价差。也有的地方定期发布主要材料供应价格和管理价格，对这一时期的工程进行抽料补差。

8.2.2　工程结算审查

送审的工程结算常发现不准确，甚至有误差较大的现象产生。究其原因，主要源于发包方、承包方等自身方面。因此，咨询单位应该做好结算审查，避免不必要的损失。

1. 工程结算审核的依据

工程结算审核的依据主要有：

（1）有效的工程结算文件；

（2）国家有关法律、法规、规章制度和有关的司法解释；

（3）国务院建设行政主管部门以及各省、自治区、直辖市和有关部门发布的工程造价计价标准、计价办法、有关规定及相关解释；

（4）施工承发包合同、专业分包合同及补充合同，有关材料、设备采购合同；招标投标文件，包括招标答疑文件、投标承诺、中标报价书及其组成内容；

（5）工程竣工图或施工图、竣工图会审记录，经批准的施工组织设计，以及设计变更、工程洽商和相关会议纪要；

（6）经批准的开、竣工报告或停、复工报告；

（7）建设工程工程量清单计价规范、工程预算定额、费用定额及价格信息、调价规定等；

（8）工程结算审查的其他专项规定；

（9）影响工程造价的其他相关资料。

2. 工程结算审查方法

（1）工程结算的审查应依据施工承发包合同约定的结算方法进行，根据施工承发包合同类型，采用不同的审查方法。

① 采用总价合同的，应在合同价的基础上对设计变更、工程洽商以及工程索赔等合同约定可以调整的内容进行审查；

② 采用单价合同的，应审查施工图以内的各个分部分项工程量，依据合同约定的方式审查分部分项工程价格，并对设计变更、工程洽商、工程索赔等调整内容进行审查；

③ 采用成本加薪合同的，应依据合同约定的方法审查各分部分项工程以及设计变更、工程洽商等内容的工程成本，并审查酬金及有关税费的取定。

（2）结算审计中设计工程单价调整时，参照结算编制单价编制调整的方法实行。

（3）除非已有约定，对已被列入审查范围的内容，结算应采用全面审查的方法。

（4）对法院、仲裁或承发包双方合意共同委托的未确定计价方法的工程结算审查或鉴定，结算审查受托人可根据事实和国家法律、法规和建设行政主管部门有关规定，独立选择鉴定或审查适用的计价方法。

3. 工程结算审查内容

工程结算审查内容主要有：

（1）审查结算的递交程序和资料的完备性。

① 审查结算资料递交手续、程序的合法性，以及结算资料具有的法律效力；

② 审查结算资料的完整性、真实性和相符性。

（2）审查与结算有关的各项内容。

① 建设工程承发包合同及补充合同的合法性和有效性；

② 施工承发包合同范围以外调整的工程价款；

③ 分部分项、措施项目、其他项目工程量及单价；

④ 发包人单独分包工程项目的界面划分和总包人的配合费用；

⑤ 工程变更、索赔、奖励及违约费用；

⑥ 取费、税金、政策性以及材料价差计算；

⑦ 实际施工工期与合同工期发生差异的原因和责任，以及对工程造价的影响程度；

⑧ 其他涉及工程造价的内容。

4. 工程结算审查的程序

工程结算审查应按准备、审查和审定三个工作阶段进行，并实行编制人、校对人和审核人分别署名盖章确认的内部审核制度。

（1）结算审查准备阶段。

① 审查工程结算手续的完备性、资料内容的完整性，对不符合要求的应退回限时补正；

② 审查计价依据及资料与工程结算的相关性、有效性；

③ 熟悉招标投标文件、工程承发包合同、主要材料设备采购合同及相关文件；

④ 熟悉竣工图纸或施工图纸、施工组织设计、工程状况，以及设计变更、隐蔽工程验收记录、工程洽商和工程索赔情况等。

（2）结算审查阶段。

① 审查结算项目范围、内容与合同约定的项目范围、内容的一致性；

② 审查工程量计算准确性、工程量计算规则与计价规范或定额保持一致性；

③ 审查结算单价时应严格执行合同约定或现行的计价原则、方法。对于清单或定额缺项以及采用新材料、新工艺的，应根据施工过程中的合理消耗和市场价格审核结算单价；

④ 审查变更身份证凭据的真实性、合法性、有效性，核准变更工程费用；

⑤ 审查索赔是否依据合同约定的索赔处理原则、程序和计算方法以及索赔费用的真实性、合法性、准确性；

⑥ 审查取费标准时，应严格执行合同约定的费用定额标准及有关规定，并审查取费依据的时效性、相符性；

⑦ 编制与结算相对应的结算审查对比表。

（3）结算审定阶段。

① 工作结算审查初稿编制完成后，应召开由结算编制人、结算审查委托人及结算审查受托人共同参加的会议，听取意见，并进行合理的调整；

② 由结算审查受托人单位的部门负责人对结算审查的初步成果文件进行检查、校对；

③ 由结算审查受托人单位的主管负责人审核批准；

④ 承发包双方代表人和审查人应分别在"结算审定签署表"上签认，并加盖公章；

⑤ 对结算审查结论有分歧的，应在出具结算审查报告前，至少组织两次协调会；凡不能共同签认的，审查受托人可适时结束审查工作，并作出必要说明；

⑥ 在合同约定的期限内，向委托人提交经结算审查编制人、校对人、审核人和受托人单位盖章确认的正式结算审查报告。

5. 工程结算审查的要求

工程结算审查的要求主要有：

（1）严禁采取抽样审查、重点审查、分析对比审查和经验审查的方法，避免审查疏漏现象发生；

（2）应审查结算文件和与结算有关的资料的完整性和符合性；

（3）按施工承发包合同约定的计价标准或计价方法进行审查；

（4）对合同未作约定或约定不明的，可参照签订合同时当地建设行政主管部门发布的计价标准进行审查；

（5）对工程结算内多计、重列的项目应予以扣减；对少计、漏项的项目应予以调增；

（6）对工程结算与设计图纸或事实不符的内容，应在掌握工程事实和真实情况的基础上进行调整。工程造价咨询单位在工程结算审查时发现的工程结算与设计图纸或与事实不符的内容应约请各方履行完善的确认手续；

（7）对由总承包人分包的工程结算，其内容与总承包合同主要条款不相符的，应按总承包合同约定的原则进行审查；

（8）工程结算审查文件应采用书面形式，有电子文本要求的应采用与书面形式内容一致的电子版本；

（9）结算审查的编制人、校对人和审核人不得由同一人担任；

（10）结算审查受托人与被审查项目的承发包双方有利害关系，可能影响公正的，应予以回避。

8.2.3　工程量清单的编制

工程量清单是招标文件的组成部分，是由招标人发出的一套注有拟建工程各实物工程名称、性质、特征、单位、数量及开办项目、税费等相关表格组成的文件。在理解工程量清单的概念时，首先应该注意到，工程量清单是一份由招标人提供的文件，编制人是招标人或其委托的工程造价咨询单位。其次，在性质上，工程量清单是招标文件的组成部分，一经中标且签订合同，即成为合同的组成部分。因此，无论招标人还是投标人都应该慎重对待。最后，工程量清单的描述对象是拟建工程，其内容涉及清单项目的性质、数量等，并以表格为主要形式。

1. 工程量清单的主要内容

（1）分部分项工程量清单。在编制分部分项工程量清单时做到四个统一，即项目编码统一、项目名称统一、计量单位统一和工程量计算规则统一。

① 项目编码。项目编码以五级编码设置，用十二位阿拉伯数字表示。其中，前九位为全国统一编码，编制分部分项工程量清单时不得变动，其中一、二位为附录顺序码，三、四位为专业工程顺序码，五、六位为分部工程顺序码，七、八、九位为分项工程项目名称顺序码；后三位为清单项目名称顺序编码，由编制人根据设置的清单项目编制。

② 项目名称。分部分项工程单项目的设置，原则上按形成的工程实体设置，实体是由多个子项综合而成的，在清单编制中项目名称的设置可以按"计价规范"附录中的项目名称为主体，考虑该项目的规格、型号、材质等特殊要求，结合拟建工程的实际情况而命名。在"计价规范"附录中清单项目的表现形式是由主体项目和辅助项目（或称"组合项目"）构成（主体项目即"计价规范"中的项目名称，辅助项目即"计价规范"中的工程内容）。"计价规范"对各清单项目可能发生的辅助项目均做了提示，列在"工程内容"一栏内，供工程量清单编制人根据拟建工程实际情况有选择地对项目名称描述时参考和投标人确定报价时参考。如果发生了在"计价规范"附录中没有列出的工程内容，在清单项目设置中应予以补充。项目名称如有缺项，招标人可按相应的原则进行补充并报当地工程造价管理部门备案。

③ 计量单位。计量单位采用基本单位，按照"计价规范"附录中各项目规定的单位确定。

④ 工程数量。除另有说明外，所有清单项目的工程量应以实体工程量为准，并以完成后的净值计算；投标人报价时，应在单价中考虑施工中的各种损耗和需要增加的工程量。工程量计算规则应按照《建设工程工程量清单计价规范》GB 50500附录中给定的工程量计算规则计算得出。

（2）措施项目清单。措施项目是指为完成工程施工，发生于该工程施工前和施工过程中技术、生活、安全等方面的非工程实体项目。措施项目清单的编制除考虑工程本身因素外，还涉及水文、气象、环境、安全等和施工企业的实际情况列项，可参考"计价规范"提供的"措施项目一览表"列项，包括各专业工程均可列的通用项目和建筑工程装饰装修工程、安装工程和市政工程分别所列的措施项目。不足部分可补充。

（3）其他项目清单。其他项目清单应根据拟建工程的具体情况列项。"计价规范"提供了两部分四项作为列项参考，不足部分可补充。

① 招标人部分。包括预留金、材料购置费等。其中，预留金是指招标人认为可能发生的工程量变化而预留的金额。

② 投标人部分。包括总承包服务费、零星工作项目费等。其中，总承包服务费是指为配合协调招标人进行的工程分包和材料采购所需的费用；零星工作项目费是指完成招标人提出的不能以实物量计量的零星工作所需的费用。

项目建设标准的高低、工程的复杂程度、工期长短等直接影响其他项目清单中的具体内容。其项目清单内的预留金、材料购置费、零星工作项目费，由招标人根据拟建工程实际情况提出估算或预测数量。零星工作项目费由招标人根据拟建工程实际情况，列出人工、材料、机械的名称、计量单位和相应数量。人工应按工种列项，材料和机械应按规格、型号列项，并随工程量清单发至投标人。在工程招标时，工程量由招标人估算后提出。工程结算时，工程量按承包人实际完成的计算，单价按承包人中标时的报价不变。

2. 编制工程量清单的要求

（1）工程量清单由封面签署页、编制说明和工程量清单三部分组成。

（2）编制说明内容包括编制依据，分部分项工程项目工作内容的补充要求，施工工艺特殊要求，主要材料品牌、质量、产地的要求，新材料及未确定材料的价格设定（暂定价格），拟使用商品混凝土情况及其他需说明的问题。

（3）工程量清单应按照招标施工项目设计图纸、招标文件要求和现行的工程量计算规则、项目划分、计量单位的规定进行编制。

（4）分部分项工程项目名称应使用规范术语定义，对允许合并列项的工程在工程量清单列项中需进行准确描述。

（5）按现行项目划分规定，在工程量清单中开列建筑脚手架费、垂运费、超高费、机械进出场及安拆费等有关技术措施项目。

（6）工程量清单应采用统一制式表格，计量单位执行统一基础定额规定的单位标准，工程数量保留两位小数。

8.2.4　工程造价咨询档案管理

按照《建设工程造价咨询规范》GB/T 51095，工程造价咨询档案可分为成果文件和过程文件两类。成果文件应包括工程造价咨询企业出具的投资估算、设计概算、施工图预算、工程量清单、最高投标限价、工程计量与支付、竣工结算、竣工决算编制与审核报告以及工程造价鉴定意见书等，过程文件应包括编制、校核、审核和审定人员的工作底稿、相应电子文件等。按照《工程造价咨询企业管理办法》（建设部令第 149 号）工程造价咨询业务范围共有 5 种类型，按照《建设工程造价咨询规范》GB/T 51095，工程造价咨询业务范围共有 15 种服务类别。无论何种咨询服务类别，咨询人管理的档案都包括成果文件和过程文件。

1. 工程造价咨询成果文件

成果文件是指咨询人提交给委托方的成果报告，也就是咨询人在完成委托的咨询项目后，向委托方出具书面表达咨询成果的文件。工程造价咨询成果文件是咨询人承担工程造价咨询业务时，为委托方出具的反映各阶段工程造价确定与控制等成果以及管理要求的文件，通常称某某咨询报告书，主要由封面、扉页、目录、咨询成果报告四部分组成。工程造价咨询成果文件的格式、内容、深度和精度等要求应符合建设项目工程造价咨询合同、委托方提供的相关资料等的要求，以及国家和行业相关规定，达到公正、合法、合理、准确的要求，同时要达到委托方快捷方便将成果文件归档的要求。委托人和咨询人各自归档的成果文件应为同一版本的签字盖章手续完备的纸质原件和电子版文件。

2. 工程造价咨询过程文件

过程文件是支撑成果文件的基础和依据，不包括在成果文件中，但具有可追溯性，便于成果质量检查和咨询人各岗位责任追究。不仅包括编制、审核和审定人员的工作底稿、相应电子文件等，而且包括该工程造价咨询项目来源、委托合同、项目咨询实施过程中一切有价值的数据、文字和音像资料等所有完整资料，也包括该咨询人与委托人合同签订至履行合同终结所有文件资料往来、合同款支付等文件资料凭证，并满足该项目咨询服务全过程的资料达到咨询人过程文件归档的要求。

过程文件可分为以下六类：

（1）合同双方履行材料：委托人与咨询人之间的项目来源、委托合同、成果报告交付函件、合同款项申报支付手续凭证、咨询成果文件回访记录及评价意见等；

（2）建设项目文件资料：委托人提交给咨询人的所有与项目咨询有关的工程事项资料文件（根据内容，按工程建设管理程序和实施时序排列）；

（3）咨询参考依据资料：咨询人收集的所有与项目咨询有关的参考依据资料和文件，以及咨询服务中所有借阅和使用的各类设计文件、施工合同文件、竣工资料等有关可追溯性资料的文件目录和接收归还记录台账；

（4）咨询服务过程资料：咨询人在该项目咨询服务中与委托人及相关当事方沟通洽谈会议纪要、函电、文件往来、现场考察记录（包括采集数据）、调查取证材料等资料；

（5）工作内部管理资料：咨询人形成咨询报告书的编制、校核、审核、审定和批准签发人员的工作底稿、工程量计算书、相应电子文件等内部管理流程所有资料；

（6）咨询服务声像材料：咨询项目服务全过程（包括会议和现场考察等）的录音、录像、照片等所有声像材料。

第 9 章

全过程工程咨询实施模式

9.1 全过程工程咨询的模式

咨询公司进行全过程工程咨询可以选择的模式主要有以下四种：

模式一：代建（交钥匙）。由管理方代行建设期间法人职责，从立项到移交全过程管理，管理方为合同主体。实施过程中的组织关系如图 9-1 所示。

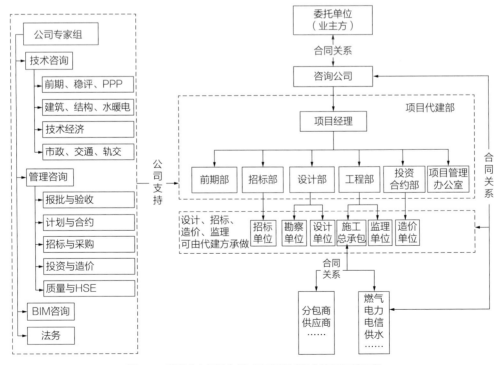

图 9-1　代建（交钥匙）模式在实施过程中的组织关系图

模式二：委托管理。受委托方委托，由管理方单方组建项目部对工程从立项到移交全过程管理，委托方为合同主体。实施过程中的组织关系如图9-2所示。

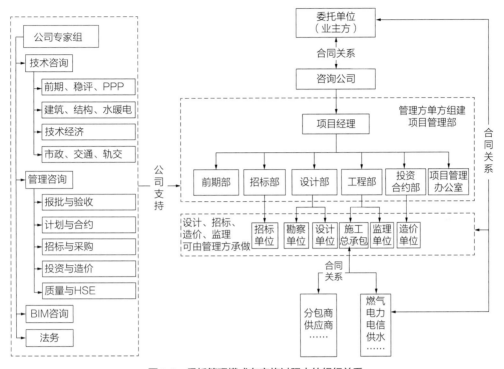

图9-2 委托管理模式在实施过程中的组织关系

模式三：一体化管理。受委托方委托，以管理方为主，结合委托方优势及有利运行与维护的原则，共同组建项目部，从立项到移交全过程管理，委托方为合同主体。一体化管理模式在实施过程中的组织关系如图9-3所示。

模式四：顾问。受委托方委托，不直接参与管理，以规划、预控为重点，定期巡查、会议、报告等方式来进行立项到移交全过程管理，委托方为合同主体。顾问模式在实施过程中的组织关系如图9-4所示。

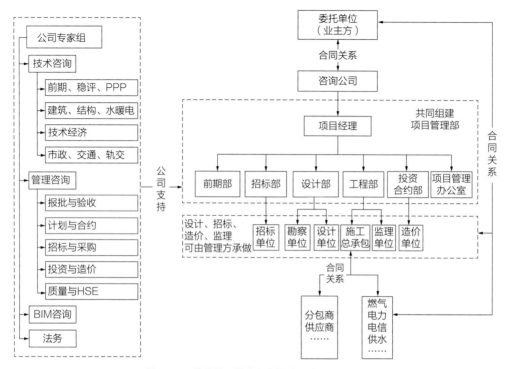

图 9-3　一体化管理模式在实施过程中的组织关系

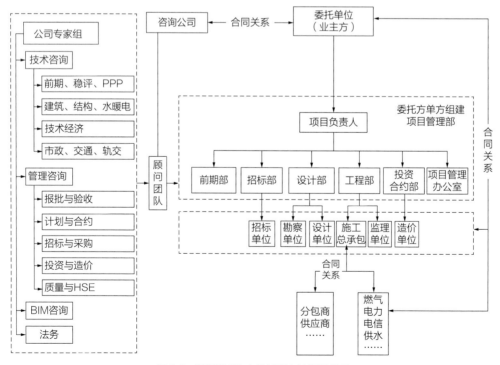

图 9-4　顾问模式在实施过程中的组织关系

9.2 全过程工程咨询组织管理

9.2.1 全过程工程咨询的组织结构

全过程工程项目咨询的组织结构包括项目组和支持组两部分。

项目组是根据项目而成立的，负责完成一个项目的全部工作，项目组实行三级管理：第一级为项目经理，项目经理是项目组的负责人，负责组织项目组的工作，同时作为公司的代表向客户提交技术文件和相关报告等；第二级为设计经理、施工管理经理、采购经理等；第三级为专业组。项目经理往往由公司总裁或部门的管理人员担任，根据项目的大小来确定由哪一级负责。对于建设周期长、建设规模大的项目，项目经理常常由部门负责人或者公司总裁一级人员出任，便于在全公司范围内调动人员。同时，为了提高公司的经营效率，可以实行公司内部专业人员的动态配置的运行机制，项目组成员和项目经理可在多个项目间流动。

除了项目组之外，过程咨询公司还可以为一些大型复杂项目组成项目支持组，与项目组一起完成工作任务。支持组主要负责完成计算机辅助设计、工程计算、工程制图等项目设计后续工作以及文件出版等辅助性工作。在矩阵型组织结构的工程咨询公司里，支持组的阵容可能更为庞大，便于提高项目经理对人员调度的机动性。

项目组人员主要指设计管理、现场管理、造价过程管理、办公室人员；而支持组人员主要指前期、设计、招标、造价（前期测算、清单限价、结算等）人员。项目组与支持组人员在参加项目工作上并没有什么实质的区别，所不同的是，在管理上，他们分别属于项目组管理与行政管理两个体系。全过程工程咨询项目部与成员所在部门及职能部门为强矩阵组织关系，当支持组人员的管理出现冲突时，以项目经理的意见为主，成员所在部门及职能部门负责人意见为次。当全过程工程咨询项目所属部门意见与职能部门意见不一致时，首先以项目经理的意见为准，如有不一致，业务问题以所属部门负责人意见为主，职能管理问题以职能部门负责人意见为主。

因此，项目经理除全权负责项目组的工作的同时，还要与公司部门之间进行协调，在各方支持下完成既定任务。

9.2.2 全过程工程咨询的项目管理

项目管理在公司管理体系中占有极重要的位置，咨询公司的机构设置和经营管理活动都与项目管理密切相关。项目管理贯穿于项目开发、实施直至结束的全过程中；而项目实施管理是其中最主要的环节之一。全过程工程咨询项目的管理工作流程如图 9-5 所示。

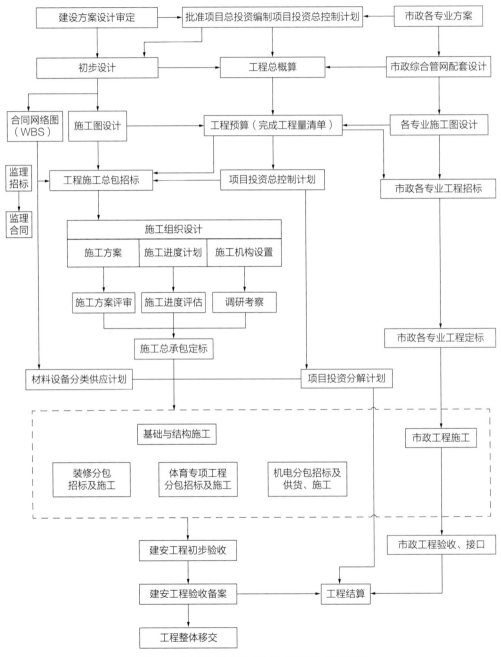

图 9-5　全过程工程咨询项目的管理工作流程示意

在这一过程中管理工作的主要内容如下所述：

1. 质量管理

建筑工程质量是指工程项目必须满足业主的需要和期望，符合行业的相关规定，核心是注重项目的实体质量，如建筑主体是否牢固以及排水、采光设计等是否合理。建设工程质量的影响因素多，建筑工程的实施是个非常复杂的过程，从立项到项目投入运营，经历了政府的审批、项目建设方的相互协作、政府职能部门的监督等一系列过程，若有一个细微的环节存在问题都将对工程造成安全隐患，危害到工程的整体质量；并且，质量检测局限性大，对于基础、水电等隐蔽性工程，单从外观上很难发现存在的问题；其施工方法随着地区、环境、湿度等的不同而不同。

工程项目的质量关系到项目目标的实现乃至成败。如果一个项目的勘察设计阶段出现重大缺陷，给客户带来的损失将很难弥补。因此，咨询公司应十分严格地实行全面质量控制。以工程计算和图纸的审查为例，报告的提出要经两个路径的审查，如图 9-6 所示。

影响建设工程质量的因素很多，主要可以分为以下五类：

（1）人的因素。德国的研究小组曾对工程质量事故进行调查研究，相关数据表明，事故的发生有 80% 左右都是人为因素造成的。人的因素包括工作能力的欠缺、施工经验不足等方面。

（2）材料和机械设备因素。材料是构成工程实体质量的物质基础，它的优劣程度直接影响着工程结构安全。设备方面，一种是安装在工程上的设备，它作为建筑产品的一部分交付用户使用。另外，就是搅拌机吊篮等机械，它们是生产的一种手段，是施工方面的工具。施工机械的优化配置，在一定程度上可以提高施工效率。机械型号的选用不当、未对设备进行及时更新等都将影响施工进度，甚至将导致质量事故的发生，故在施工中必须充分发挥机械效能。

（3）施工方法因素。施工方法的恰当与否对工程质量将产生直接影响。因此，在制订和审核施工方案时，必须结合工程实际，从技术、管理、工艺、组织、操作、经济等方面进行全面分析、综合考虑，以保证方案有利于提高质量、加快进度、降低成本。方法的先进与否决定着工程能否又好又快的完成，合适的施工组织方案，合适的工艺，有利于工程质量的提高。

（4）环境因素。一方面，工程作业环境包括施工现场平面布置、劳动工具等；另一方面，工程技术环境包括温度、湿度、工程地质等。环境因素是工程的不可抗力，具有变化无常的特点，是人为所不可控制的。因此，我们必须保证施工环境。

（5）资金因素。资金问题是建设工程普遍存在的现象。比如建设方资金未到位、工程款拨付不及时或数额不足，也包括工程结算、索赔过程中存在的问题。施工方未按定额要求进行施工管理、滥用施工资金等，这些问题严重影响了施工正常有序地进行。

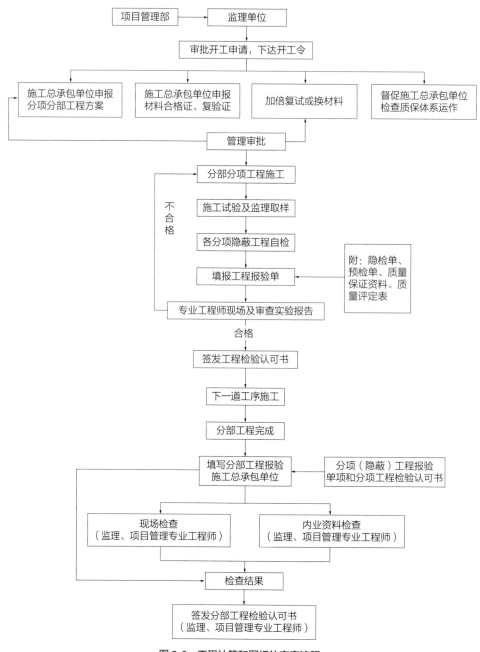

图9-6　工程计算和图纸的审查流程

　　面对多个影响因素，咨询公司在实施咨询之前，需要首先了解建设工程质量管理的目标，以目标为出发点进行管理。在建设项目的不同阶段，质量管理的目标有所不同，各阶段质量管理的目标如表 9-1 所示。

全过程工程咨询中各阶段的质量管理目标　　　　　　　　　　　　　表 9-1

序号	质量计划时段	质量管理目标
1	项目决策阶段	可行性研究报告编制经济合理并符合国家法律法规要求；满足使用单位功能要求
2	初步设计阶段	初步设计图纸经济合理并符合设计法规要求；满足使用单位功能要求
3	施工图设计阶段	施工图纸经济合理并符合国家设计法规要求；各专业施工图纸可行；满足施工要求
4	招标采购阶段	招标选择的监理和施工单位有实力满足施工要求；设备和材料满足施工图品质要求
5	施工和竣工验收阶段	工程实体的分部分项质量满足国家验收规范要求
6	保修阶段	及时检修，确保使用单位满意

　　为了更好地实现项目各阶段的质量目标，咨询公司在进行质量管理的过程中，需要了解各阶段的质量控制要点。项目各阶段质量控制要点如图 9-7 所示。

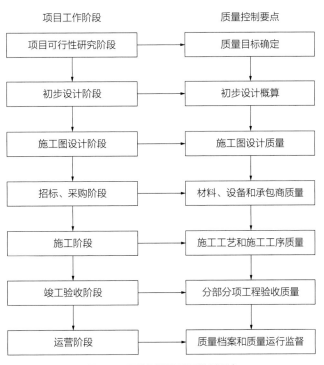

图 9-7　项目各阶段质量控制要点

　　针对各阶段质量管理的要点，全过程工程咨询中各阶段的质量管理具体措施和计划如表 9-2 所示。

项目各阶段质量管理要点和具体措施计划 表 9-2

管理阶段	质量管理要点	质量管理具体内容（通用条款）
可行性研究阶段	可行性研究编制单位选择	邀请三家以上的工程咨询资质的专业单位，综合评判后择优选择确定可行性研究报告的编制单位
	可行性研究报告编制	根据项目特点，明确可行性研究报告质量目标为经济合理并满足功能要求；将其层层分家并具体落实到执行者，责权利明确；计划执行中，要不断要求反馈执行信息，及时解决执行中出现的问题
	组织专家评审	由项目管理部牵头，对可行性研究报告进行公司内部评审；内部评审通过后邀请社会上的专家进行评审
	建立咨询成果评价标准	咨询成果必须符合要求；咨询成果必须符合国民经济和社会事业发展的根本利益；咨询成果必须符合业主或用户的功能要求
设计阶段	设计任务书	详细细化用户的功能使用要求，提供全面的可行性研究报告及周边环境调查资料，明确所采用的标准、规范和设计规定
	设计单位选择	设计单位选择不仅是选择优秀的设计单位，更要落实设计合同中严谨的工作界面和职责要求（如细化的设计范围和图纸内容、专业接口、现场设计配合等），实行"限额设计"
	设计接口	设计接口是为了使各设计专业之间做到协调，必须明确工作范围，并严格按照设计接口程序实施，避免遗忘、错漏或设计内部的不协调。设计文件应进行设计会签
	设计评审	初步设计评审的重点放在使用功能、标准和方案经济可行性等方面，施工图纸会审的重点放在解决各专业施工图纸可行性及接口是否吻合等方面
	施工图纸审查	要求设计单位做好自查工作，对专业间配合和接口、图纸完整性、规范性等做好内部质量控制； 将施工图送审查机构审查。施工图未审查合格的，不得使用，并不得颁发施工许可证； 要求监理单位、总承包施工单位、专业承包单位和材料设备供应商进行图纸会审，对图纸的规范性、平面空间布局、各专业之间接口、施工的可行性等提出针对性意见
采购阶段	监理、施工单位选择	对监理、施工单位进行资格预审，考查其业绩、组织架构及服务能力；审查监理、施工单位的质量管理体系，监理及施工过程中质量控制能力、经验、技术水平；组织对投标文件质量保证措施进行评审
	设备和材料供应商选择	对设备和材料供应商在生产过程中的质量控制能力、生产技术水平进行审查，并要求提供形成文件的质量控制程序，该程序应明确标明设备过程中的质量要求、控制环节、检验标准、检验方法、检测设备等
施工阶段	组织保证	要求监理单位、施工单位建立健全施工质量保证体系，配备经验丰富、管理水平高、业务素质好的人员，从事施工过程的质量控制工作
	落实质量实施方案	审核施工单位的质量实施方案，督促施工单位制订分部分项及重点难点施工部位的施工方案，对重点施工方案进行重点审核，必要时请专家进行论证
	主要材料设备抽检	督促监理单位对主要的材料和设备进行检查或抽查，验规格、验数量、验品种、验质量，做到合格证、化验单与材料实际质量相符

续表

管理阶段	质量管理要点	质量管理具体内容（通用条款）
施工阶段	不定期检查	组织监理、施工单位进行重点部位的不定期抽查
	工程质量持续改进	以质量目标为标准，对发现的质量问题认真分析原因，找出解决问题的方法，以确保工程质量的持续改进。发现施工存在重大质量隐患，以下达工程暂停令，要求承包单位停工整改
	中间验收证书	对完成的分部分项工程进行中间验收，监督监理工程师签发"中间验收证书"，对存在质量缺陷的，要求整改
	功能试验	对需要进行功能试验的工程项目，督促监理工程师和承包单位及时进行试验，并对重要项目进行现场监督
	预验收和正式验收	工程全部施工完成后，组织进行验收准备、预验收和正式验收
	工程资料	审查竣工验收资料，督促及时整改，提出工程质量评估报告

2. 进度控制

1）进度控制的含义

进度控制是指在限定的工期内，以事先拟定的合理且经济的工程进度计划为依据，对整个建设过程进行监督、检查、指导和纠正的行为过程。工期是由从开始到竣工的一系列施工活动所需的时间构成的。工期目标包括总进度计划实现的总工期目标；各分项进度计划（采购、设计、施工等）或子项进度计划实现的工期目标；各阶段进度计划实现的里程碑目标。

2）进度控制的方法

咨询公司较常用的进度控制方法是工作分解法（Work Breakdown Structure，WBS），以应对项目咨询服务的阶段性和人员参加不同项目组的交叉流动性，使得很多咨询公司使用实施进度控制。对于项目的工作分解，一般分解为项目、工作、任务、作业四级，这样就能达到准确预计工作量的程度。时间进度计划可使用线条图，对于大型复杂的项目，有时还应用网络计划技术来控制、协调其整体进度。

通过项目的工作分解和进度计划，项目经理将项目的工作和任务逐层地分配到部门，分配到项目组成员，并对其工作任务完成情况实施监督；部门经理则统一协调部门内参加项目组、项目支持组人员的安排，将多个项目所需时间按进度排在每个人的工作日内。通过这种办法可以有效地保证项目进度的控制，而且极大地提高公司整体运行效率。

进度控制法主要有如下两种：

（1）横道图比较法。此方法适用于各个阶段，包括前期手续、设计、施工等进度控制。

周计划：以天为单位进行分析控制，计划由相关参建单位依据下发的总控计划和审核通过的月计划编制完成；实际完成由项目管理部编制，并进行分析，分析结果及要求通过"工作联系单"下发相应参建单位，按照上述的进度偏差纠偏流程图并进行纠偏处理，同时将此项工作编入工作周报中。

在合同中增加进度处罚条款，如合同中无条款约束，通过合同控制措施执行。

（2）挣得值分析。此方法适用于施工单位的进度控制。根据周横道图计划、预算编制周计划完成产值（BCWS），根据实际完成周横道图计划编制实际完成产值（BCWP），每周数据累计形成两条曲线，增加实际支付额（ACWP），通过 CV、SV 分析进度和费用情况。

3）项目各阶段进度管理结构（图 9-8）

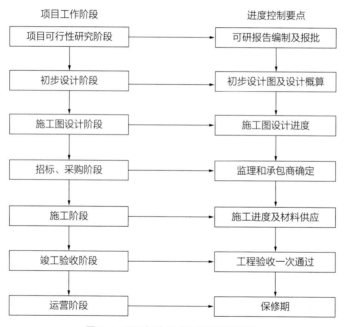

图 9-8　项目各阶段进度管理结构示意

4）进度控制的级别

进度控制计划采取分级控制，即一级计划为总进度计划，二级计划为年度控制计划，三级计划为季（月）度控制计划，四级计划为周控制计划，使周计划保季（月）计划、季（月）计划保年计划、年计划保总计划，达到分级控制目的（表 9-3）。

进度控制计划表　　　　　　　　　　　　　　　　表 9-3

级别	名称	编制依据	编制单位	审核单位	审批单位
一级计划	建设项目总进度计划（里程碑）	业主单位要求	代建单位		业主单位
二级计划	总控进度计划	里程碑计划	代建单位		业主单位
	总控投资计划				
	总控采购计划				
三级计划	年（按月）度进度实施计划	总控进度计划	参建单位	代建单位 监理单位	代建单位
	年（按月）度资金使用计划	总控投资计划			
	年（按月）度采购工作实施计划	总控采购计划			
四级计划	月（按周）度工作计划 周（按天）计划	三级计划	施工总承包	监理单位	代建单位

5）进度控制的工作流程

进度控制的工作流程如图 9-9 所示。

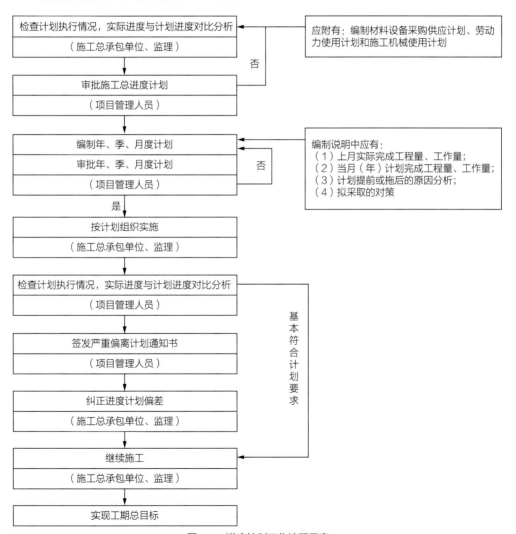

图 9-9　进度控制工作流程示意

进度纠偏是指通过计划进度目标与实际进度完成目标值的比较，找出偏差及其原因，采取措施调整纠正，从而实现对项目进度的控制。进度纠偏的流程如图 9-10 所示。

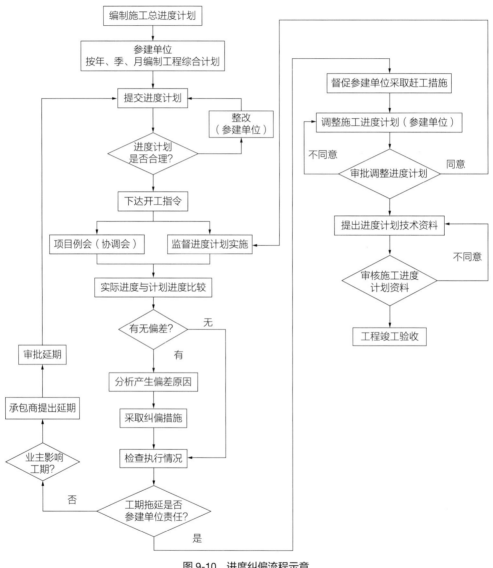

图 9-10　进度纠偏流程示意

3. 投资控制

工程项目投资控制的目标，就是通过有效的投资控制工作和具体的投资控制措施，在满足进度和质量要求的前提下，力求使工程实际投资不超过计划投资。各项建设工程在建设期都会出现一些不可预料的变化因素，如国家利率调整、工程设备、材料价格变化、不可抗力等，必然会引起建设工程投资的变化。所以，建设工程投资在整个建设期内都需随时进行动态跟踪、调整。建设工程投资控制的动态原理是指在投资决策阶段、设计阶段、发包阶段、施工阶段以及竣工阶段，把建设工程投资控制在批准的投资限额以内，随时纠正发生的偏差，以保证项目投资管理目标的实现，以求在建设工程中能合理使用人力、物力、财力，取得较好的投资效益和社会效益。

投资控制是项目全过程的动态控制，应贯穿于工程项目建设中的各个阶段，包括项目决策阶段、设计阶段、承发包阶段、施工阶段以及竣工验收阶段等全方位、全系统的投资体系中。项目投资的准备阶段需要对该项目是否可行进行必要的研究，确定出具体的评价报告。同时，在项目前期的准备工作中，需要对整个项目进行综合性的评估，推算出该项目后期所能创造的最大价值。因此，工程设计应该做好这一阶段的投资估算。项目施工阶段的内容较多，这也是关系整个工程成败的关键所在。施工前需要做好工程的招标工作、合同签订工作、施工方案的制定等。工程设计过程中应该做好项目施工阶段的预算及估算工作，将施工成本控制在合理的范围内。当工程投入使用后，需要对工程进行全方位的概预算和估算，为后期运营工作的顺利开展奠定坚实的基础。工程投资控制流程如图 9-11 所示。

要特别强调早期控制的重要性，越早进行控制，投资控制的效果越好，节约投资的可能性越大。投资控制贯穿于项目建设的全过程，建设工程投资控制重点在于施工以前的投资决策和设计阶段，在项目作出投资决策后，控制项目投资的关键就在于设计。设计阶段是影响建设工程投资的关键阶段，设计质量的好坏直接影响建设费用，决定着人力、物力和财力投入的多少。合理的设计，可降低工程造价10%以上。但是，在一些工程设计中，由于设计人员重技术、轻经济，任意提高安全系数，从而直接提高了工程项目成本。因此，要在设计阶段的早期就开始对投资进行控制（表 9-4）。

工程项目的投资控制主要控制投资决策估算、初步方案设计概算、施工图预算、招标限价、合同中标价、施工过程的结算、竣工决算七个方面的费用。

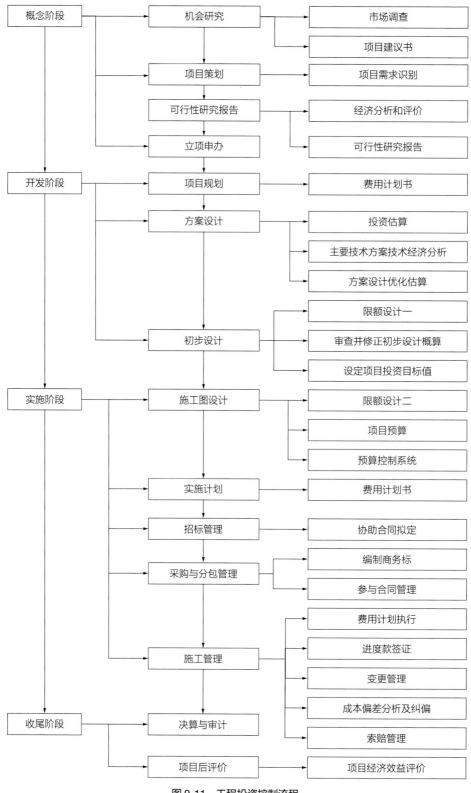

图 9-11 工程投资控制流程

各投资费用控制依据及方法　　　　　　　　表 9-4

费用名称	阶段	控制依据	控制方法
估算	前期阶段	业主期望	严格按国家取费标准测算
概算	前期阶段	估算	1. 限额设计，单项不超估算； 2. 严格按国家取费标准测算
预算	招标阶段	概算	1. 选择优秀造价咨询单位； 2. 严格审查预算，单项不超概算
限价	招标阶段	预算	预算的基础上制定，不超预算
中标价	实施阶段	限价	按招标文件编制，超限价废标
期中支付	实施阶段	中标价	1. 合同编制合理付款比例，并严格落实，不超中标价； 2. 严格审批工程变更及洽商等
竣工结算	收尾阶段	期中支付 变更洽商	略

9.3　全过程工程咨询服务的内容

全过程工程咨询服务的内容如表 9-5 所示。

全过程工程咨询服务的内容　　　　　　　　表 9-5

序号	服务内容
1	代业主方管理服务
1.1	手续办理服务
1.1.1	建议书批复
1.1.2	可行性研究报告批复
1.1.3	节能报告批复
1.1.4	地质灾害批复
1.1.5	压矿报告批复
1.1.6	用地预审（政府投资类）
1.1.7	选址意见书（划拨类）、出让合同（商业）
1.1.8	水土保持方案批复
1.1.9	防洪评价报告批复
1.1.10	水资源论证报告批复
1.1.11	环评批复（可后置，开工前完成）
1.1.12	社会稳定性风险评估批复
1.1.13	市政配套意见
1.1.14	初步设计及概算批复

续表

序号	服务内容
1.1.15	土地登记、土地证手续
1.1.16	用地规划许可
1.1.17	工程规划许可
1.1.18	施工图审查报告（含防雷、地震）
1.1.19	施工图消防图审
1.1.20	施工图人防图审
1.1.21	墙体节能、散装水泥备案
1.1.22	招标备案
1.1.23	施工、监理合同备案
1.1.24	质量、安全备案
1.1.25	施工许可
1.1.26	其他手续办理
1.2	设计管理服务（选单位、定原则、管过程）
1.3	造价管理服务（选单位、定原则、管过程）
1.4	招标、合约管控服务
1.4.1	招标管理服务（选单位、定原则、管过程）
1.4.2	合约规划
1.4.3	界面划分
1.4.4	审核技术条件
1.4.5	合约起草、谈判、签订
1.5	现场管理服务
1.5.1	进度
1.5.2	质量
1.5.3	档案、信息
1.5.4	HSE
1.5.5	试运行
1.5.6	验收
1.5.7	移交
2	报告编制服务
2.1	建议书编制
2.2	可行性研究报告编制
2.3	节能报告（可后置，开工前完成）
2.4	社会稳定性风险报告编制
2.5	地质灾害评估编制（委托）

续表

序号	服务内容
2.6	压矿报告编制（委托）
2.7	水土保持方案编制（委托）
2.8	防洪评价报告编制（委托）
2.9	水资源论证（委托）
2.10	环评编制（可后置，开工前完成，委托）
2.11	施工图审查（含防雷、地震，委托）
3	设计服务
3.1	方案设计
3.2	初步设计
3.3	施工图设计
4	造价咨询服务
4.1	估算编制（对应方案设计）
4.2	工程概算编制
4.3	工程量清单编制
4.4	招标控制价编制
4.5	工程预算编制（不能与 4.3、4.4 同时选）
4.6	施工阶段（标函分析、计量支付、合同价款调整）
4.7	竣工结算审核
4.8	竣工决算编制（委托）
5	招标服务
5.1	服务类招标（勘察、设计、监理、咨询）
5.2	工程类招标（工程总承包、施工总承包、分包）
5.3	材料设备类招标
6	监理服务
7	BIM 咨询
7.1	项目准备
7.1.1	制订项目级《BIM 实施规划大纲》
7.1.2	明确 BIM 工作目标及工作流程
7.1.3	制定项目级 BIM 标准（建模、应用）
7.1.4	指导各参与方 BIM 工作或培训
7.2	设计阶段
7.2.1	建立全专业模型（BIM 2.0 正向设计）
7.2.1.1	多方案比选
7.2.1.2	设计阶段投资分析
7.2.1.3	模型动画渲染

续表

序号	服务内容
7.2.1.4	性能分析
7.2.1.5	碰撞检查
7.2.1.6	深化设计（节点大样）
7.2.2	建立全专业模型（设计院提供图纸，翻模）
7.2.2.1	设计阶段投资分析
7.2.2.2	模型动画渲染
7.2.2.3	碰撞检查
7.2.2.4	图纸问题梳理及反馈
7.3	施工及竣工阶段
7.3.1	管线综合
7.3.2	图纸交底
7.3.3	协助合约规划 \ 界面划分
7.3.4	出具工程量
7.3.5	变更管理
7.3.6	编制投资使用计划
7.3.7	4D 进度模拟、流水段划分、优化、控制
7.3.8	5D 投资控制、三算对比及纠偏
7.3.9	辅助质量、安全控制
7.3.10	物料跟踪
7.3.11	协助竣工结算审核
7.3.12	竣工模型
7.3.13	出具竣工图
7.4	精装修阶段
7.4.1	建立精装修模型
7.4.2	模型动画渲染
8	惠管理 / 惠造价平台
8.1	协同管理
8.2	同步现场
8.3	同步数据
8.4	形象展示
8.5	移动应用
8.6	永久保存
8.7	终身追溯
8.8	全生命周期
8.9	支持多项目

9.4　全过程工程咨询的委托

根据相关法律规定，建设单位应将全过程工程咨询中的前期研究、规划和设计等工程设计类服务，以及项目管理、工程监理、造价咨询等工程项目控制和管理类服务委托给一家工程咨询企业或由多家企业组成的联合体或合作体。建设单位在进行全过程工程咨询的委托过程需要注意以下五点：

1. 全过程工程咨询服务的转委托

工程咨询企业应当自行完成自有资质证书许可范围内的业务，在保证整个工程项目完整性的前提下，按照合同约定或经建设单位同意，将约定的部分咨询业务择优转委托给具有相应资质或能力的企业，工程咨询企业应对转委托企业的委托业务承担连带责任。

2. 提供全过程工程咨询服务企业的能力要求

提供全过程工程咨询服务的企业应当具有相应的组织、管理、经济、技术和法规等咨询服务能力，同时具有良好的信誉、相应的组织机构、健全的工程咨询服务管理体系和风险控制能力。

全过程工程咨询服务企业承担勘察、设计或监理咨询服务时，应当具有与工程规模及委托内容相适应的资质条件。

3. 全过程工程咨询项目负责人及相关执业人员的基本要求

全过程工程咨询项目负责人应取得工程建设类注册执业资格或具有工程类、工程经济类高级职称，并具有类似工程经验。

对于承担全过程工程咨询服务中勘察、设计或监理岗位的人员应具有现行法规规定的相应执业资格。

4. 提供全过程工程咨询服务企业的义务和责任

全过程工程咨询服务企业对其咨询成果的数据真实性、有效性和科学性负责，通过勤勉工作履行合同约定的各项义务，承担相应的责任。

5. 计费方式

全过程工程咨询服务费应在工程概算中列支。建设单位应当根据工程项目的规模和复杂程度，工程咨询的服务范围、内容和期限等与工程咨询企业协商确定服务酬金。

全过程工程咨询各项专项服务的费用如表9-6所示。

全过程工程咨询各项专项服务的费用　　　　　　　表9-6

序号	项
1	前期费
1.1	项目建议书编制费
1.2	可行性研究报告编制费
1.3	项目建议书评估费
1.4	可行性研究报告评估费
1.5	节能报告编审费
1.6	地震安全性分析评价报告编制费
1.7	地质灾害评估报告编制
1.8	压矿报告编制
1.9	环境影响评价报告编制费
1.10	环境影响评价报告评审费
1.11	水土保持报告编制费
1.12	水资源论证报告编制费
1.13	防洪评价报告编制费
1.14	社会稳定性评价编制费
1.15	施工图审查费
2	建设单位管理费
3	工程勘察费
4	工程设计费
4.1	方案设计费（15%）
4.2	初步设计（30%）
4.3	施工图设计（55%）
5	工程监理费
6	招标代理服务费
6.1	服务类（计费额20%）
6.2	工程类（计费额60%）
6.3	采购类（计费额20%）

续表

序号	项
7	造价咨询费用
7.1	估算编制（对应方案设计）
7.2	工程概算编制
7.3	工程量清单编制
7.4	招标控制价编制
7.5	工程预算编制
7.6	施工阶段造价管理
7.7	竣工结算审核
7.8	竣工决算编制
8	施工阶段费用
8.1	沉降观测费
8.2	检验试验费
8.3	防雷检测
8.4	节能检测
8.5	室内环境质量检测费用

全过程工程咨询服务的酬金可按各项专项服务的费用相叠加并增加相应统筹费用后计取，也可按照国际上通行的人员成本加酬金的方式计取。

9.5 全过程工程咨询项目合同模板

项目名称：_____

委 托 人：_____

咨 询 人：_____

××××年××月

第一部分 合同协议书

委 托 人：_____

咨 询 人：_____

依照《中华人民共和国合同法》《中华人民共和国建筑法》《中华人民共和国招标投标法》、国务院投资体制改革等有关法律、法规，遵循平等、自愿、公平和诚实信用的原则，委托人委托咨询人对_____工程进行全过程工程咨询服务工作，有关事项协商一致，订立本合同。

一、项目概况

1. 工程名称：_____

2. 建设地点：_____

3. 建设规模：

_____

_____

_____

二、全过程工程咨询模式、服务范围及服务期限

1. 全过程工程咨询服务类型

服务类型：□ 代建　□ 委托　□ 一体化　□ 顾问（即 2.1 全过程项目管理的非驻场指导性服务）

2. 全过程工程咨询范围

2.1　全过程工程项目管理

项目策划管理、报建报批服务、勘察设计管理服务、投资管理服务、招标采购管理服务、合约管控服务、现场管理服务（参建单位管理、验收管理以及质量、计划、安全、信息、沟通、风险、人力资源等管理与协调工作）；选择顾问模式为以上全过程工程项目管理的顾问咨询服务。

□ 其他（填写）_____。

2.2　全过程各专业咨询服务：

• 报告编制服务：□ 建议书编制　□ 可研报告编制　□ 节能报告　□ 社会稳定性风险报告编制　□ 地质灾害评估编制　□ 压矿报告编制　□ 水土保持方案编制　□ 防洪评价报告编制　□ 水资源论证　□ 环评编制　□ 施工图审查　□ 其他（填写）_____。

• 设计服务：□ 方案设计　□ 初步设计　□ 施工图设计　□ 其他（填写）_____。

• 造价咨询服务：□ 估算编制　□ 工程概算编制　□ 工程量清单编制　□ 招标控制价编制　□ 工程预算编制　□ 施工全过程造价控制　□ 竣工结算审核　□ 竣

工决算编制　□ 其他（填写）＿＿＿＿＿＿＿。

　　· 招标服务：□ 服务类招标　□ 工程类招标　□ 材料设备类招标　□ 其他（填写）＿＿＿＿＿＿＿。

　　· 监理服务：＿＿＿＿＿＿＿＿＿＿＿＿＿＿。

　　· BIM 咨询服务：＿＿＿＿＿＿＿＿＿＿＿＿。

　　· 信息化服务：＿＿＿＿＿＿＿＿＿＿＿＿＿。

详见附件一。√选取的服务范围为本合同的服务范围。

　　3. 全过程工程咨询服务期限

自××××年××月××日至××××年××月××日止。

三、全过程工程咨询服务目标

工程质量标准：＿＿＿＿＿＿＿＿＿＿＿＿＿＿＿＿＿＿＿。

工期控制目标：自××××年××月××日至××××年××月××日止。

全过程工程咨询服务期限：＿＿＿＿＿＿＿＿＿＿＿＿＿＿＿＿。

投资控制目标：＿＿＿＿＿＿＿＿＿＿＿＿＿＿＿＿＿＿＿＿＿。

安全控制目标：＿＿＿＿＿＿＿＿＿＿＿＿＿＿＿＿＿＿＿＿＿。

其他控制目标：＿＿＿＿＿＿＿＿＿＿＿＿＿＿＿＿＿＿＿＿＿。

四、全过程工程咨询服务费

合同总价为人民币（大写）＿＿＿＿＿＿元（小写：¥＿＿＿＿＿元）。

具体各项目管理的全过程工程咨询费及计算方法详见附件二。

五、本合同由以下文件组成

下列文件构成本全过程工程咨询合同（以下简称"本合同"）不可分割的整体，各文件相互补充，若有不明确或不一致之处，以下列文件次序在先者为准。

　　1. 在本合同履行中甲乙双方共同签订的补充协议；

　　2. 本合同协议书；

　　3. 本合同专用条款；

　　4. 本合同的通用条款；

　　5. 本合同附件（含专项服务的从合同）；

　　6. 甲乙双方同意列入本合同的其他文件。

六、委托人承诺，遵守本合同中的各项约定，为咨询人提供项目建设的必要条件，协助咨询人完成全过程工程咨询服务工作。

七、咨询人承诺，遵守本合同中的各项约定，按照全过程工程咨询服务工作范围，承担项目管理任务。

八、本合同自双方签字盖章之日起生效。

九、本合同一式____份。其中：正本____份，双方各执____份；副本____份，双方各执____份，具有同等法律效力。

委托人 （盖章）		咨询人 （盖章）	
法定代表人 （签字）		法定代表人 （签字）	
委托代理人 （签字）		委托代理人 （签字）	
住所		住所	
开户银行		开户银行	
账号		账号	
单位税号		单位税号	
邮政编码		邮政编码	
电话		电话	
传真		传真	
电子信箱		电子信箱	
	202 年 月 日		202 年 月 日

第二部分　通用合同条款

第一章　词语定义、适用的法律法规、语言

第一条　词语定义

下列词语除另有约定外，应具有本条所赋予的定义：

（1）"项目"是指委托人委托咨询人实施全过程工程咨询服务的项目。

（2）"全过程工程咨询"是指从事工程咨询服务的企业受建设单位委托，在授权范围内对工程建设全过程提供专业化咨询服务和其他管理服务的活动，包括正常

工作、附加工作和额外工作。

（3）"委托人"是指承担投资责任并委托项目管理任务，对管理项目提出使用功能，协助咨询人完成项目建设工作，并在项目建成后实际接收、使用、管理项目的一方。

（4）"委托人代表"是指委托人委派的该工程项目的全权负责人并行使业主职能。

（5）"咨询人"是指按照项目管理合同约定承担项目组织管理工作的一方。

（6）"项目管理部"是指由咨询人组建实施具体项目管理工作的机构。

（7）"项目经理"是指由咨询人任命全面履行本合同的负责人。

（8）"第三方"指除委托人、咨询人以外与本合同所管理建设项目有关的当事人。

（9）"正常工作"是指合同中约定，委托人委托的工程项目管理工作范围和内容。

（10）"附加工作"是指，①委托人委托的工程项目管理范围以外，通过双方书面协议另外增加的工作内容；②由于委托人或其委托的承包人原因，使工程项目管理工作受到阻碍或延误，因增加工作量或持续时间而增加的项目管理工作。

（11）"额外工作"是指正常工作和附加工作以外或非咨询人自身原因而暂停或终止工程项目管理业务，其善后工作及恢复工程项目管理业务的工作。

（12）"日"是指任何一个午夜至下一个午夜间的时间段，也称"天"。

（13）"月"是指根据公历从一个月份中任何一天开始到下一个月相应日期前一天的时间段。

（14）"代建模式"是由咨询人代行建设期间法人职责，从立项到移交全过程管理，咨询人为合同主体。

（15）"委托管理模式"是指咨询人受委托人委托，由咨询人单方组建项目部对工程从立项到移交全过程管理，委托人为合同主体。

（16）"一体化管理模式"是指咨询人受委托人委托，以咨询人为主，结合委托人优势及有利运维的原则，共同组建项目部，从立项到移交全过程管理，委托人为合同主体。

（17）"顾问模式"是指咨询人受委托人委托，不直接参与管理，以规划、预控为重点，定期巡查、会议、报告等方式来进行立项到移交全过程管理，委托人为合同主体。

第二条 建设工程委托项目管理合同适用的法律是指国家的法律、行政法规，以及合同专用条款中约定的部门规章或工程所在地的地方法规、地方规章。

第三条 本合同文件使用汉语语言文字书写、解释和说明。

第二章 各方的权利

委托人权利

第四条 委托人有选定工程设计单位和承包单位以及与其签订合同的权利。

第五条 委托人有与任何有关的分包商、材料设备供应商签订合同的权利。

第六条 委托人有对工程规模、设计标准、规划设计、生产工艺设计和使用功能要求的认可权，有权提出工程变更意见，有权对因技术、水文、地质等原因造成的设计变更及工程洽商、材料设备的选型、价格进行核准。

第七条 委托人有权对项目管理进行稽查，对违规行为予以纠正。

第八条 委托人有权要求咨询人提交月工作报告及有关问题的专项报告。

第九条 咨询人更换项目经理须提前7日书面通知委托人，经委托人书面同意后方可更换。

第十条 委托人有权要求咨询人更换不称职的管理人员。

咨询人权利

第十一条 咨询人根据委托人的授权以及有关法律、法规的规定，享有以下项目建设的组织、管理及协调权：

（1）代表委托人对施工总包方、设计方以及各分包单位进行管理并协调相互之间的关系，制订各方的工作流程；

（2）工程建设有关事项包括工程规模、设计标准、规划设计、生产工艺设计和使用功能要求，向委托人的建议权；

（3）工程结构设计和其他专业设计中的技术问题，按照安全和优化的原则，自主向设计单位提出建议，并向委托人提出书面报告；如果由于拟提的建议会提高工程造价、延长工期，应当事先取得委托人的同意；

（4）工程建设有关的协作单位的组织协调的主持权，重要协调事项应当事先向委托人报告；

（5）工程上使用的材料和施工质量的检验权。对重点部位、关键节点、隐蔽工程进行监督检查并且进行现场签证，确保项目的顺利实施；对于不符合设计要求及国家质量标准的材料设备，有权通知停止使用，限期清理出场；不符合规范和质量标准的工序、分项分部工程和不安全的施工作业，有权通知承包商停工整改返工；对于已发布停工令的项目，承包商取得项目管理机构认可的复工令后才能复工；

（6）工程施工进度的检查、监督权，以及工程实际竣工日期提前或超过工程承包合同规定的竣工期限的签认权。

第十二条　咨询人在委托人授权下，可对任何第三方合同规定的义务提出变更。

第十三条　在委托的范围内，委托人或第三方向对方的任何建议和要求（包括索赔要求），均需首先向咨询人提出，由咨询人研究处置意见，再同双方协商确定。

第十四条　咨询人有权取得项目管理报酬。

第三章　各方的义务

委托人义务

第十五条　委托人应当在双方约定的时间内免费向咨询人提供与工程有关的资料，并将授予咨询人的权利通知与建设项目有关的单位和负责人，以便为咨询人提供配合与保障。

第十六条　为了不影响项目管理工作，委托人应当在约定的时间内就咨询人书面提交并要求作出决定的事宜在 48 小时内作出书面回复。

第十七条　委托人应授权一名熟悉本工程情况、能迅速作出决定的委托人代表，负责与咨询人联系。更换委托人代表要提前 7 日通知咨询人。

第十八条　委托人按照本合同支付条款中约定按时向咨询人支付酬金，委托人免费向管理机构提供合同专用条件约定的办公用房以及其他设施，对咨询人自备的设施给予合理的经济补偿。

第十九条　委托人应将咨询人的工程项目管理权利以及咨询人主要成员的职能分工、管理权限及时书面通知已确定的承包人。

第二十条　委托人就有关工程事项有变更意向时，应及时通知咨询人。

咨询人义务

第二十一条　咨询人根据委托人的委托对建设项目各阶段进行管理，完成本合同条件中约定的服务范围内的工程项目管理工作。

第二十二条 咨询人按照合同约定根据管理工作的需要组织人员设立项目管理机构，并向委托人报送委派的项目经理以及管理机构主要成员名单。

第二十三条 咨询人在履行本合同的义务期间，应充分利用咨询人的人力资源，运用合理的技能，为委托人提供与管理项目水平相适应的服务，帮助委托人实现项目预定目标。

第二十四条 咨询人依据委托人的授权，代表委托人管理其与第三方签订的所有合同，但对影响费用、质量、进度的重大事项，估算价格在授权范围以内（含）的，咨询人直接处置，事后汇报；估算价格在授权范围以上的，应取得委托人的事先批准，授权范围在专用条款中约定。

第二十五条 咨询人有义务向工程参建各方宣传国家、省、市各项新法律、法规和各级建设行政主管部门的行业新规定。

第二十六条 咨询人按照委托人指定地点办公，并承担生活所有费用，指定地点在专用条款中约定。

第二十七条 咨询人接受委托人指派人员介入项目管理工作，但须接受咨询人的管理，指派人员名单及职务在专用条款中约定。

第二十八条 项目管理现场管理人员、技术人员必须在工程建设现场办公。如有特殊原因需要更换，那么新进场的人员的管理技术水平及资质必须等于或高于被更换人，并获得委托人同意。咨询人管理人员如确须离岗，必须安排资质相当的人员替岗，并获得委托人批准。

第二十九条 咨询人在每个月向委托人书面汇报项目管理工作进展情况，具体日期在专用条款中约定。

第四章 各方的责任

委托人责任

第三十条 委托人的联系人在专用条款中约定。

第三十一条 委托人应全面实际地履行本合同约定的各项合同义务，任何未按合同的约定履行或未适当履行的行为，应视为违约，并承担相应的违约责任。

第三十二条 委托人有权就因其他方原因造成的损失提出索赔，如果该索赔要求未能成立，则索赔提出方应补偿由该索赔给他方造成的各项费用支出和损失。

第三十三条 因不可抗力或政府强制性法令导致合同不能全部或部分履行，委托人同其他各方协商解决。不可抗力包括因战争、动乱、空中飞行物体坠落或非合同双方责任造成的爆炸、火灾，一定级别的风、雨、雪、洪、震等自然灾害。

第三十四条 委托人负责筹措工程项目资金，保证工程项目实施和项目管理业务正常进行，并应及时审定用款计划和工程项目总体进度计划，按时拨付回购款。

第三十五条 委托人有责任及时研究解决建设过程中出现的重大问题。

咨询人责任

第三十六条 咨询人的项目经理及权限限额在专用条款中约定。

第三十七条 咨询人应全面实际地履行本合同约定的各项合同义务，任何未按合同的约定履行或未适当履行的行为，应视为违约，并承担相应的违约责任。

第三十八条 咨询人有权就因其他方原因造成的损失提出索赔，如果该索赔要求未能成立，则索赔提出方应补偿由该索赔给他方造成的各项费用支出和损失。

第三十九条 因不可抗力或政府强制性法令导致合同不能全部或部分履行，咨询人同委托人协商解决。不可抗力包括因战争、动乱、空中飞行物体坠落或非合同双方责任造成的爆炸、火灾，一定级别的风、雨、雪、洪、震等自然灾害。

第五章 全过程工程咨询费用的支付

第四十条 全过程工程咨询费支付方式

（1）支付酬金所采用的货币币种、汇率由本合同专用条件约定。

（2）对咨询人的酬金，委托人应按照专用条件约定的方法计取，并按约定的时间和数额支付。

（3）如果委托人在专用条款规定的支付期限内未支付服务酬金，应按专用条款规定承担相应罚则。

（4）如果委托人对咨询人提交的支付通知书中酬金或部分酬金项目提出异议，应当在收到支付通知书24小时内向咨询人发出异议通知，但委托人不得拖延其他无异议酬金项目的支付。

第六章 合同生效、违约赔偿、变更与终止

第四十一条 本合同自签订之日起生效。

第四十二条 由于委托人的原因致使项目管理工作发生延误、暂停或终止，咨询人应将此情况与可能产生的影响及时通知委托人，委托人应采取相应的措施。由

于委托人未采取相应措施，咨询人可继续暂停执行全部或部分项目管理业务，直至提出解除合同。委托人承担违约责任。

第四十三条 对咨询人的附加工作和额外工作的酬金，委托人按照专用条件约定的方法计取，并按约定的时间和数额支付。

第四十四条 当咨询人未履行全部或部分项目管理义务，而又无正当理由，委托人可发出警告直至解除合同，咨询人承担违约责任。

第四十五条 当事人一方要求变更或解除合同时，应当在30日前以书面形式通知对方。因解除合同使其他各方遭受损失的，除依法可以免除责任的情况外，应由责任方负责赔偿。

第四十六条 项目竣工后，并经委托人审核通过工程结算，咨询人收到项目管理报酬尾款后，本合同即终止。

第七章 其 他 规 定

第四十七条 委托人要求管理机构人员以委托人名义外出考察、订货、提货等的费用由委托人承担。

第四十八条 在工程项目管理工作中，根据咨询人自己需要而聘用专家咨询或协助工作时，其费用由咨询人自己承担；由于委托人需要而聘用的专家，其费用由委托人承担。

第四十九条 咨询人在工程项目管理工作中提出的合理化建议被采纳，使委托人工程造价或费用得到了降低，委托人应按照专用条件中的约定给予经济奖励。

第五十条 未经委托人同意，咨询人不应获得也不应接受本合同规定以外的与项目有关的利益和报酬；工程项目管理机构人员不得参与和委托人利益相冲突的有关活动。

第五十一条 本合同中的通知应为书面的，可以采用递送、传真或邮寄的方式，从到达对方驻地代表时生效。

第五十二条 咨询人对于由其编制的所有文件资料都拥有版权，委托人只得用于本工程，不得向任何无关第三方泄露；咨询人如果在服务完成或终止后一年内出版有关工程内容的书籍，则须征得委托人的同意。

第五十三条 工程项目通过竣工验收后21日内，咨询人应向委托人办理工程交接手续，同时移交全部工程档案。

第八章　争议的解决

第五十四条　因违反或终止合同而引起的对方损失和损害的赔偿，委托人与咨询人之间应协商解决。如未能达成一致，根据双方专用条件约定提交仲裁或向人民法院起诉。

第三部分　专用合同条款

第二条　本合同适用的法规及依据：

1.《中华人民共和国建筑法》（2019年修正）（主席令第91号）

2.《中华人民共和国民法典》

3.《中华人民共和国招标投标法》《中华人民共和国招标投标法实施条例》（国务院令第613号）

4.《建设部关于培育发展工程总承包和工程项目管理企业的指导意见》（建市〔2003〕30号）

5. 国家及河北省其他有关工程项目管理的相关法规、规章、规范性文件的规定

6. 现行的工程设计规范、施工规范、工程质量检验评定标准、工程定额

7. 设计文件、地质勘查报告及有关的资料说明

8. 招标文件、施工合同等相关合同文件

9. 本项目管理合同

10.＿＿＿＿＿＿＿＿＿＿＿＿＿＿＿＿＿＿＿

第十八条　甲方免费向管理机构提供如下设施：

适宜的办公室、简单的办公、住宿家具、网络等。

咨询人自备的，甲方给予经济补偿的设施如下：＿＿＿＿＿＿＿＿＿＿＿＿＿＿

＿＿＿＿＿＿＿＿＿＿＿＿＿＿＿＿＿＿＿＿＿＿＿＿＿＿＿＿＿。

第二十四条　授权额度为＿＿万元。

第二十六条　咨询人按照委托人指定＿＿＿＿＿＿＿地点办公，并承担生活所有费用。

第二十七条　咨询人接受委托人指派以下人员介入项目管理工作，但须接受咨询人的管理。

＿＿＿＿＿＿（姓名）＿＿＿＿＿＿＿＿（职务）；

＿＿＿＿＿＿（姓名）＿＿＿＿＿＿＿＿（职务）；

_____（姓名）_____（职务）。

第二十九条 咨询人在每个月____日前向委托人书面汇报项目管理工作进展情况。

第三十条 委托人的联系人：_____。

第三十六条 咨询人的项目经理：_____。

以下事项的项目经理权限限额

权限名称	授权额度（万元）
变更、签证费用审批	——
索赔费用审批	——
材料（设备）询价采购	——
工程款审批	——
工程建设其他费用审批	——
合同审批与签订	——

注：以上权限限额外，事项须由咨询人审核并签章，否则咨询人不予认可。

第四十条 全过程工程咨询费支付方式

（1）双方同意用人民币支付酬金，按____/____汇率计付。

（2）委托人同意按____的计算方法、支付时间与金额，支付咨询人的酬金。

1）按项目进度支付：

① 咨询人员进场一周内支付预计全过程工程咨询费总额的____%作为预付款；

② 第二次及以后的支付方式为：工程开工后，按该工程项目管理周期，将剩余全过程工程咨询费等比例每____个月支付一次（即每月支付____元，每月25日前支付完成，支付至合同总额的97%时停拨）；

③ 竣工结算完成后____天内，将剩余全过程工程咨询费一次性支付。

2）按各单项业务完成情况支付：

① 咨询人员进场一周内支付预计全过程工程咨询费总额的____%作为预付款；

② 勘察：勘察报告成果完成或基坑评审完成后，支付____%，____元；

③ 设计：完成初步设计、施工图设计，支付____%，____元（不低于已完成的前期工程咨询费、勘察或勘察咨询费、设计或设计咨询费）；

④ 工程咨询：委托人验收确认咨询成果后7日内，应一次付清工程咨询费用，支付____%，____元；

⑤ 招标代理：各单项招标，应于中标公示发出后7日内，由委托人或中标人一次付清该单项咨询费用，支付____%，____元；

⑥ 造价咨询：按月度或季度，或根据招标控制价编制完成、施工阶段、竣工结算阶段按造价咨询费总额 30%、40%、30% 比例支付；

⑦ 监理：按月度或季度，或根据完成工程进度，分＿＿＿次支付，按＿＿＿比例支付；

⑧ 项目管理（代建）：按月度或季度，或根据完成工作进度，分＿＿＿次支付，按＿＿＿比例支付；

⑨ 其他：＿＿＿＿＿＿＿＿＿＿＿＿＿＿＿＿＿＿＿＿。

（3）如果委托人未在专用条款第四十条（1）（2）规定的支付期限内支付服务酬金，自规定支付之日起，应向咨询人补偿该部分酬金的利息。利息额按照＿＿＿规定利息率乘以拖欠酬金时间计算。

1）＿＿＿% 利息率。

2）支付期限最后一日银行贷款利息率。

第四十三条　附加及额外项目管理费用：

（1）非咨询人原因造成服务期延长的，延长在一个月之内，项目管理费不另行支付，超过一个月的应予支付，超过天数不足一个月时，15 日以前按半个月支付，超过 15 日按整月支付，并按照服务费总额的月平均值按月支付额外工作报酬（即每月支付＿＿＿＿元，每月 25 日前支付完成）。月数计算按"第一部分　协议书"项目管理期限条款规定的合同起止时间计算。

（2）因资金不到位、地质条件变异、图纸不到位等非咨询人原因造成一个月及以上停工时按第四十三条（1）款执行。

第四十九条　奖励办法：

1. 投资控制目标节资部分的＿＿＿% 作为咨询人的节资奖励。

2. ＿＿＿＿＿＿＿＿＿＿＿＿＿＿＿＿＿＿＿＿＿。

第五十四条　本合同在履行过程中发生争议时，委托人与咨询人应及时协商解决。协商不成时，双方同意由＿＿＿＿＿＿＿＿仲裁委员会仲裁。

第四部分 附 件

附件一

项目管理范围

序号	服务类型	服务范围选项
1	全过程工程项目管理	
1.1	报建报批服务	√
1.1.1	建议书批复	
1.1.2	可行性研究报告批复	
1.1.3	节能报告批复	
1.1.4	地质灾害批复	
1.1.5	压矿报告批复	
1.1.6	用地预审（政府投资类）	
1.1.7	选址意见书（划拨类）、出让合同（商业）	
1.1.8	水土保持方案批复	
1.1.9	防洪评价报告批复	
1.1.10	水资源论证报告批复	
1.1.11	环评批复（可后置，开工前完成）	
1.1.12	社会稳定性风险评估批复	
1.1.13	市政配套意见	
1.1.14	初步设计及概算批复	
1.1.15	土地登记、土地证手续	
1.1.16	用地规划许可	
1.1.17	工程规划许可	
1.1.18	施工图审查报告（含防雷、地震）	
1.1.19	施工图消防图审	
1.1.20	施工图人防图审	
1.1.21	墙体节能、散装水泥备案	
1.1.22	招标备案	
1.1.23	施工、监理合同备案	
1.1.24	质量、安全备案	
1.1.25	施工许可	
1.1.26	其他手续办理	
1.2	设计管理服务（选单位、定原则、管过程）	√

续表

序号	服务类型	服务范围选项
1.3	造价管理服务（选单位、定原则、管过程）	√
1.4	招标、合约管控服务	√
1.4.1	招标管理服务（选单位、定原则、管过程）	
1.4.2	合约规划	
1.4.3	界面划分	
1.4.4	审核技术条件	
1.4.5	合约起草、谈判、签订	
1.5	现场管理服务	√
1.5.1	进度	
1.5.2	质量	
1.5.3	档案、信息	
1.5.4	HSE	
1.5.5	试运行	
1.5.6	验收	
1.5.7	移交	
2	报告编制服务	
2.1	建议书编制	□
2.2	可行性研究报告编制	□
2.3	节能报告（可后置，开工前完成）	□
2.4	社会稳定性风险报告编制	□
2.5	地质灾害评估编制（委托）	□
2.6	压矿报告编制（委托）	□
2.7	水土保持方案编制（委托）	□
2.8	防洪评价报告编制（委托）	□
2.9	水资源论证（委托）	□
2.10	环评编制（可后置，开工前完成。委托）	□
2.11	施工图审查（含防雷、地震。委托）	□
3	设计服务	
3.1	方案设计	□
3.2	初步设计	□
3.3	施工图设计	□
4	造价咨询服务	

续表

序号	服务类型	服务范围选项
4.1	估算编制（对应方案设计）	☐
4.2	工程概算编制	☐
4.3	工程量清单编制	☐
4.4	招标控制价编制	☐
4.5	工程预算编制（不能与4.3、4.4同时选）	☐
4.6	施工阶段（标函分析、计量支付、合同价款调整）	☐
4.7	竣工结算审核	☐
4.8	竣工决算编制（委托）	☐
5	招标服务	☐
5.1	服务类招标（勘察、设计、监理、咨询）	☐
5.2	工程类招标（工程总承包、施工总承包、分包）	☐
5.3	材料设备类招标	☐
6	监理服务	☐
7	BIM咨询	
7.1	项目准备	☐
7.1.1	制订项目级《BIM实施规划大纲》	
7.1.2	明确BIM工作目标及工作流程	
7.1.3	制定项目级BIM标准（建模、应用）	
7.1.4	指导各参与方BIM工作或培训	
7.2	设计阶段	
7.2.1	建立全专业模型（BIM2.0正向设计）	☐
7.2.1.1	多方案比选	
7.2.1.2	阶段投资分析	
7.2.1.3	模型动画渲染	
7.2.1.4	性能分析	
7.2.1.5	碰撞检查	
7.2.1.6	深化设计（节点大样）	
7.2.1.7	图纸问题梳理及反馈	
7.2.2	建立全专业模型（设计院提供图纸，翻模）	☐
7.2.2.1	多方案比选	
7.2.2.2	方案设计阶段投资分析	
7.2.2.3	模型动画渲染	

续表

序号	服务类型	服务范围选项
7.2.2.4	性能分析	
7.2.2.5	碰撞检查	
7.2.2.6	深化设计（节点大样）	
7.2.2.7	图纸问题梳理及反馈	
7.3	施工及竣工阶段	□
7.3.1	管线综合	
7.3.2	图纸交底	
7.3.3	协助合约规划＼界面划分	
7.3.4	BIM 方式出具工程量清单	
7.3.5	BIM 变更管理	
7.3.6	编制投资使用计划	
7.3.7	4D 进度模拟、流水段划分、优化、控制	
7.3.8	5D 投资控制、三算对比及纠偏	
7.3.9	辅助质量、安全控制	
7.3.10	物料跟踪	
7.3.11	协助 BIM 竣工结算审核	
7.3.12	竣工模型	
7.3.13	出具竣工图	
7.4	精装修阶段	□
7.4.1	建立精装修模型	
7.4.2	模型动画渲染	
8	信息化服务	□
8.1	协同管理	
8.2	同步现场	
8.3	同步数据	
8.4	形象展示	
8.5	移动应用	
8.6	永久保存	
8.7	终身追溯	
8.8	全生命周期	
8.9	支持多项目	

注：∨选取的服务范围为本合同的服务范围。

附件二：

各项目管理的项目管理费按如下方法计算：

序号	服务内容	报价（万元）	备注
1	代甲方管理服务		
2	报告编制服务		
3	设计服务		
4	造价咨询服务		
5	招标服务		
6	监理服务		
7	BIM 咨询		
8	信息化服务		
9	合计	（小写）：_____ （大写）：_____	

注：若需列出详细清单，则可在此表单后附清单，此清单是本合同的组成部分。

附件三

从合同：

☐ 项目管理服务合同

☐ 建设工程设计合同

☐ 前期业务合同：

　　☐ 规划咨询服务协议书

　　☐ 技术服务合同

　　☐ 评估咨询服务协议书

　　☐ 一般前期咨询服务协议书

☐ 造价服务合同：

　　☐ 竣工结算造价咨询合同

　　☐ 清单限价造价咨询合同

　　☐ 全过程造价咨询合同

☐ 招标服务合同：

　　☐ 工程建设项目招标代理合同

　　☐ 其他招标委托代理协议书

　　☐ 省级政府采购委托代理协议书

　　□ 石家庄市政府采购委托代理协议书

　　□ 物业招标代理服务书

□ 建设工程委托监理合同

□ BIM 咨询服务合同

□ 信息化服务合同

参考文献

[1] 赵振宇，姚健波．全过程工程咨询服务管理体系构建 [J]．建筑经济，2021，42（3）：5-9．

[2] 蒋涛．政府投资项目全过程工程咨询服务效果提升策略研究 [J]．建筑经济，2021，42（10）：11-14．

[3] 赵峰．城市轨道交通推进全过程工程咨询关切点研究 [J]．建筑经济，2021，42（7）：28-30．

[4] 周涛，王孟钧，唐晓莹，等．知识价值链与全过程工程咨询核心能力作用机理研究——基于系统动力学的建模与仿真 [J]．铁道科学与工程学报，2021，18（5）：1349-1363．

[5] 严玲，张亚琦，张思睿．全过程工程咨询项目多层级组合控制模式研究——基于组态分析视角 [J]．土木工程学报，2021，54（4）：107-119．

[6] 贺晓东，何亮．基于运筹学下全过程工程咨询项目管理综合调控模型分析 [J]．公路，2021，66（3）：201-205．

[7] 彭志光，王刚毅．基于模糊层次分析的公路工程咨询全过程服务模式选择 [J]．公路，2020，65（4）：261-264．

[8] 王艳艳，蔡寒．全过程工程咨询下造价咨询企业现状与转型发展的机理、路径分析 [J]．建筑经济，2021，42（7）：31-34．

[9] 洪菲，马文彦，孙建超，等．从天津国家会展中心项目设计总包管理展望全过程工程咨询 [J]．建筑科学，2020，36（9）：134-141．

[10] 于中海，徐洁，于利娜．全过程工程咨询中的设计咨询示范项目解析 [J]．中国给水排水，2020，36（12）：76-80．

[11] 刘朝松，王春苗，李欣．造价咨询企业发展全过程工程咨询服务的 SWOT-PEST 分析及对策研究 [J]．建筑经济，2020，41（8）：48-52．

[12] 侯小霞．全过程工程咨询下造价咨询企业发展的问题与对策 [J]．建筑经济，

2020, 41 (7): 24-27.

[13] 吴小丽. 全过程工程咨询组织架构与技术瓶颈效应宏观响应 [J]. 公路, 2020, 65 (3): 200-203.

[14] 刘栋, 蔡东升, 李镇, 等. 代建项目全过程工程咨询管理制度设计探讨 [J]. 建筑经济, 2019, 40 (10): 66-70.

[15] 阮明华, 贺晓东. 全过程工程咨询的实践研究 [J]. 建筑经济, 2019, 40 (10): 9-12.

[16] 周翠. 监理企业发展全过程工程咨询业务的关键技术探索 [J]. 建筑经济, 2020, 41 (7): 18-23.

[17] 孙宁, 曹泽芳, 张娜, 等. 全过程工程咨询组织模式及取费模式研究 [J]. 建筑经济, 2020, 41 (3): 5-10.

[18] 王小玲, 王晓宇. 全过程工程咨询创新实践及应用建议研究 [J]. 建筑经济, 2019, 40 (8): 5-9.

[19] 孙继德, 傅家雯, 刘姝宏. 工程总承包和全过程工程咨询的结合探讨 [J]. 建筑经济, 2018, 39 (12): 5-9.

[20] 张梦. 全过程工程咨询企业的知识管理研究 [D]. 南京: 东南大学, 2021.

[21] 曹泽芳. 全过程工程咨询服务组合方式研究 [D]. 南京: 东南大学, 2020.

[22] 田立平. 全过程工程咨询组织管理研究 [D]. 哈尔滨: 哈尔滨工业大学, 2019.

[23] 赵颖. 全过程工程咨询负责人职业能力评价体系构建 [D]. 北京: 清华大学, 2019.

[24] 张江波. 全过程工程咨询实施导则 [M]. 北京: 化学工业出版社, 2021.

[25] 中国建设监理协会. 全过程工程咨询典型案例解析 [M]. 北京: 中国建筑工业出版社, 2020.

[26] 吴玉珊. 建设项目全过程工程咨询理论与实务 [M]. 北京: 中国建筑工业出版社, 2020.

[27] 皮德江. 全过程工程咨询内容解读和项目实践 [M]. 北京: 中国建筑工业出版社, 2019.

[28] 中国建筑业协会. T/CCIAT0024—2020 全过程工程咨询服务管理标准 [S]. 北京: 中国建筑工业出版社, 2020.